亚洲邮轮旅游
协同创新发展研究

Regional Integration, Innovation
& Development of Cruise Industry in Asia

李小年 / 著

上海社会科学院出版社
SHANGHAI ACADEMY OF SOCIAL SCIENCES PRESS

引 言

本书深入挖掘"一带一路"倡议的核心内涵，充分分析其对于邮轮经济发展的战略意义，研究如何把握国家"一带一路"建设带来的机遇，特别是"21世纪海上丝绸之路"倡议下如何推动亚洲邮轮港口城市加强合作，共同推动区域邮轮经济发展。全书分四个部分共十章。

第一部分为理论篇。其中第一章从"一带一路"倡议和区域经济一体化的背景和理论出发，探讨"21世纪海上丝绸之路"建设给亚洲邮轮旅游带来的机遇和挑战；第二章研究国际邮轮旅游区域协同发展现状和经验；第三章是对亚洲邮轮旅游合作现状和问题的分析。

第二部分是实践篇。其中第四章阐述了全球邮轮产业发展态势；第五章分析了中国邮轮市场发展现状和趋势；第六章分析了国内区域邮轮协同发展现状。

第三部分是创新篇。其中第七章分析了上海从全国第一个邮轮旅游发展实验区到邮轮旅游服务贸易示范区再到邮轮旅游发展示范区的经验和举措，特别对邮轮旅游服务贸易理论创新和统计指标体系建立、试点邮轮旅游服务贸易统计监测制度做了深入的分析，并提出了对策建议；第八章对中国邮轮产业政策和制度创新进行了梳理。

  第四部分是路径篇。其中第九章探索政府、企业、智库层面共同推进亚洲邮轮旅游合作路径；第十章对亚洲邮轮旅游合作机制和具体举措提出了具体的建议。本书可以为国内外邮轮旅游相关的政府部门、企业和智库、科研机构提供较前沿的理论和实践参考。

目　录

引言 ··· 001
绪论 ··· 001

理　论　篇

第一章　"21世纪海上丝绸之路"建设与邮轮旅游发展 ········· 017
　　第一节　21世纪海上丝绸之路建设的重要意义 ············ 017
　　第二节　促进邮轮港口基础设施联通 ·························· 020
　　第三节　丰富亚洲邮轮旅游产品，加强邮轮先进制造业和
　　　　　　现代服务业的合作 ·· 022
　　第四节　推进邮轮旅游签证、通关便利化 ···················· 025

第二章　国际邮轮旅游区域协同发展经验 ························· 028
　　第一节　欧盟邮轮旅游区域协同发展经验 ···················· 028
　　第二节　北美邮轮旅游区域协同发展经验 ···················· 033
　　第三节　内河邮轮与邮轮旅游协同发展的国际经验 ······ 035

第三章　亚洲邮轮旅游区域协同发展可行性（研究）分析 ····· 037
　　第一节　亚洲邮轮旅游区域合作具有良好的基础 ········· 037
　　第二节　亚洲邮轮旅游区域协同发展现状 ···················· 042

第三节　亚洲邮轮港口城市区域合作的现状与困难 …… 043

实　践　篇

第四章　全球邮轮产业发展现状与趋势 …………………… 053
　第一节　全球邮轮市场发展概述 ………………………… 053
　第二节　全球邮轮建造市场发展情况 …………………… 063
　第三节　全球邮轮经济发展情况 ………………………… 074
　第四节　全球邮轮旅游产业发展趋势 …………………… 078

第五章　中国邮轮产业发展现状与趋势 …………………… 087
　第一节　2018年中国邮轮市场发展现状 ………………… 088
　第二节　中国邮轮产业发展趋势研判 …………………… 110

第六章　国内区域邮轮旅游协同发展现状与建议 ………… 122
　第一节　区域邮轮旅游发展不均衡 ……………………… 122
　第二节　中国粤港澳地区邮轮旅游协同发展现状与对策
　　　　　 …………………………………………………… 124
　第三节　长三角邮轮旅游协同发展现状与对策 ………… 127

创　新　篇

第七章　上海邮轮旅游服务贸易试点创新 ………………… 141
　第一节　上海邮轮旅游服务贸易示范区建设与发展情况
　　　　　 …………………………………………………… 141

第二节　2018年上海市邮轮服务贸易内向FATS统计分析 …………………………………………………… 148

第三节　上海邮轮旅游服务贸易国际竞争力分析 …… 162

第四节　邮轮旅游服务贸易统计的现状和对策建议 … 190

第八章　邮轮产业政策及制度创新 …………………… 200

第一节　中国邮轮产业政策概述 …………………… 200

第二节　中国邮轮旅游发展实验区建设制度创新 …… 203

第三节　中国邮轮产业政策和法律制度不足之处 …… 225

第四节　国外促进邮轮产业发展的经验借鉴 ………… 231

第五节　中国邮轮产业发展的对策建议 ……………… 241

路　径　篇

第九章　亚洲邮轮旅游合作路径探析 ………………… 251

第一节　借RCEP谈判契机达成邮轮旅游合作的法律文件 …………………………………………… 251

第二节　加强邮轮相关政策沟通 …………………… 254

第三节　推进邮轮港口服务协同发展 ……………… 255

第四节　共同建设和营销亚洲邮轮旅游目的地 …… 260

第十章　亚洲邮轮旅游合作机制和具体举措 ………… 263

第一节　区域邮轮协同发展机构建设 ……………… 263

第二节　共同开发多母港邮轮航线 ………………… 266

第三节　共同开发和营销邮轮旅游产品 …………… 269

第四节　加强邮轮旅游港口建设的投融资合作 …… 271

第五节　共同开展邮轮旅游人才培训业务 …………… 271

第六节　充分发挥现有各类合作平台的作用、深化合作
　　　　…………………………………………………… 273

第七节　进一步发挥行业协会作用，推进区域邮轮经济
　　　　发展 ………………………………………………… 274

附录1　见证中国邮轮产业的 100 件大事 …………… 289

附录2　2018 年中国邮轮产业大事记 ………………… 299

参考文献 ……………………………………………………… 307

后记 …………………………………………………………… 312

绪　　论

一、研究背景

(一) 上海邮轮经济发展迅速

1. 上海港在亚洲的区位优势

第一,从地理区位来讲,上海发展邮轮旅游的地理条件得天独厚。上海地处太平洋西岸、亚洲大陆东沿,位于我国海岸线中部,东濒东海,南临杭州湾,西接江苏、浙江两省,北面是长江的入海口,又是长江三角洲的中心,发展邮轮旅游的地理位置优势非常明显。从世界和亚洲旅游版图上看,以上海为中心,邮轮可以在48个小时内通达韩国、日本、新加坡等国家及中国香港、台湾地区[①]。从上海所处经纬度坐标上看,上海地处中纬度,以上海为母港,夏季可以重点开发前往北部沿海乃至日本、韩国、俄罗斯的航线,冬

---

① 李玉华:《上海开发邮轮旅游的 SWOT 分析》,载于《特区经济》,2001 年第 6 期,第 37 页。

季可以重点开发前往南部沿海乃至东南亚的航线,使邮轮旅游淡旺的周期达到最小,使邮轮旅游效应最大化。但目前为止,上海港出发主要就是日韩航线,日韩又经常受到天气、政治因素影响,往往只有中日、中韩等单一航线。近期,上海邮轮港出入境人数有所下降。

第二,发展邮轮旅游的基础设施相对完善。上海现有两个主要国际邮轮码头,即上海港国际客运中心和上海吴淞口国际邮轮港,加上外高桥六期多功能码头,构成上海邮轮码头的"两主一备"模式。上海港国际客运中心位于黄浦江西岸,靠近外滩,于 2008 年 8 月 5 日投入试运营,可满足 3 艘 7 万吨级的豪华邮轮同时停靠,提供全天 24 小时的引航、拖轮和联检服务。上海吴淞口国际邮轮港位于长江、黄浦江、蕰藻浜三江交汇处,是目前亚洲最为繁忙的国际邮轮母港之一。码头水域规划岸线总长 1500 米,港口前沿航道水深常年保持在 9—13 米,可同时靠泊 1 艘 10 万吨级邮轮和 1 艘 20 万吨级邮轮。吴淞口国际邮轮港是上海重要的城市基础功能,弥补了上海港无大型邮轮专用码头的缺陷,与北外滩国际客运中心实现功能互补、错位发展,共同形成中国规模最大、功能最全的国际邮轮母港,成为中国邮轮产业中心。[①]

第三,上海有着十分强劲的邮轮旅游出入境市场需求,见表 1。

---

① 唐莉:《上海邮轮市场发展研究》,载于《世界海运——邮轮游艇》,2015 年第 5 期,第 38 页。

表 1　2006—2018 年上海港接待国际邮轮艘数和旅客数

年份	接待国际邮轮艘数	接待国际邮轮旅客数（万人次）
2006	57	8.3
2007	92	12
2008	56	13.5
2009	80	16.6
2010	177	24
2011	130	30.9
2012	180	33
2013	198	75.7
2014	285	108.7
2015	345	163.3
2016	513	289
2017	512	297.3
2018	403	275.29

来源：上海市文化和旅游局。

从表 1 中数据可以看出，上海邮轮市场接待国外旅客数逐年增加，且相比起步时有巨大提高。特别是在 2016 年，上海港接待邮轮同比增长 49%，成为我国当之无愧的"领头羊"，上海接待出入境游客人次同比增长 77%，位居榜首。

2. 国内出台系列法规政策促进邮轮经济发展

表2　国内各部门为促进邮轮经济发展出台的相关政策及其内容

发布机构	文件名称	政策内容
交通运输部	《关于落实〈中共中央国务院关于支持海南全面深化改革开放的指导意见〉实施方案》	推动三亚邮轮母港完善功能,完善邮轮物资船供、邮轮维修保养,推动邮轮航线产品的创新发展
交通运输部、发展改革委等	《关于促进我国邮轮经济发展的若干意见》	明确了培育邮轮市场、提升港口服务、优化口岸环境、强化邮轮安全、推动邮轮绿色发展、提升邮轮配套能力、提升邮轮旅游服务、推动人才培养等方面任务
中共中央、国务院	《中共中央国务院关于支持海南全面深化改革开放的指导意见》	支持海南邮轮航线创新发展,尝试开展公海游航线的试点,明确了三亚邮轮母港的地位,并支持完善功能
中共中央、国务院	《关于完善促进消费体制机制,进一步激发居民消费潜力的若干意见》	支持邮轮游艇等旅游消费向大众化发展,完善邮轮相关公共配套设施
国务院办公厅	《完善促进消费体制机制实施方案(2018—2020年)》	制定出台邮轮旅游发展规划、游艇旅游发展指导意见
上海市人民政府	《关于促进我市邮轮经济深化发展的若干意见》	提升邮轮旅游服务能级,推动邮轮全产业链发展。涉及国家事权的共10项,涉及上海事权的共40项。加强邮轮市场的培育、邮轮港口能级的提升及邮轮全产业链的发展

续 表

发布机构	文件名称	政策内容
上海市宝山区人民政府	《关于加快宝山邮轮经济发展的实施意见》	打造邮轮总部基地、建设世界竞争力的邮轮母港、构筑邮轮经济全产业链、推动产城融合区港联动发展、优化邮轮经济营商环境等
上海市工商行政管理局	《支持宝山区邮轮产业发展的若干意见》	包括围绕营造安全放心的邮轮旅游消费环境,开通邮轮消费维权的绿色通道,及时化解消费纠纷,维护消费者合法权益等措施
威海市港航管理局、市财政局、市旅游发展委	《发展国际邮轮旅游产业财政奖励意见》	对在威海成立邮轮公司、在威海始发航线、在威海挂靠航线、邮轮港口码头经营企业、邮轮代理服务公司、旅行社等进行奖励
广州市人民政府	《建设广州国际航运中心三年行动计划（2018—2020）》	鼓励发展邮轮设计、修造、供应、人才培训、邮轮旅游保险、免税购物等邮轮服务产业
厦门自贸区管委会	《关于促进厦门自贸试验区邮轮船供服务业发展的暂行办法》	按每年交付靠泊厦门自贸区邮轮的国内物资货值总额给予2%的奖励,每家船供企业每年最高补贴100万元
广州市南沙区人民政府	《广州南沙新区（自贸片区）促进邮轮产业发展扶持办法》	对邮轮公司落户、邮轮港码头经营企业、邮轮组织等扶持补贴,注册成立独立法人当地纳税邮轮公司,最高500万元扶持
海口市人民政府	《海口市鼓励邮轮产业发展财政补贴实施办法》	对在海口成立或引入的邮轮公司,对邮轮公司或包租邮轮的企业将海口作为访问港的邮轮,对邮轮港口经营企业给予补贴,以及旅行社招徕游客在海口登轮等给予资金补贴

续表

发布机构	文件名称	政策内容
天津市旅游局	《天津市邮轮旅游发展三年行动方案（2018—2020年）（征求意见稿）》	加强邮轮旅游协同发展、丰富完善邮轮产品、提升管理服务水平、加强邮轮旅游人才培养、积极支持邮轮会展业等方面
温州市财政局、市旅游局	《温州市国际邮轮产业培育方案》	打造国际化邮轮母港，采取政府奖励引导措施，培育邮轮产业发展。奖励在温州港开展邮轮旅游业务的自运营的邮轮公司、旅行社

（二）上海邮轮经济发展遭遇瓶颈

上海邮轮港建设与管理过程中制约因素分散在管理体制、相关政策、法律等多个领域，条块分割、多头管理，未能形成统一、高效的邮轮服务业管理机构。[①]

首先，上海邮轮航线单一，邮轮旅游主要以日韩航线为主。与中国香港相比，香港与亚洲地区主要的邮轮港口有便捷的海上通路，且距离都在 7 日航程之内，这恰恰是亚洲邮轮客源市场发展初期游客能接受的航程长度，给邮轮公司设计航线带来极大便利，提高了香港航线的丰富性和多样性。因此，国际邮轮公司选择中国香港作为邮轮航线的枢纽，大部分亚洲航线都选择香港作为起点和终点。而上海航线不仅单一，且航线运行容易受到相关因素的影响。

[①] 李玉华：《上海开发邮轮旅游的 SWOT 分析》，载于《特区经济》，2001 年第 6 期，第 37 页。

其次，在邮轮相关专业人才的培养上，上海存在很大的缺口，虽然上海海事大学、上海工程大学已开设邮轮相关专业培养专业人才，但不能及时满足巨大的缺口。本土的邮轮船队运营经验缺乏，面对技术难、标准严的邮轮设计和修造，专业管理人才和技术人才都空缺，船员等邮轮服务人员需具备一定的外语能力和较好的身体素质，在邮轮上就职的中国籍服务人员仅占很小的比例。

最后，在相关政策法规的制定、行业协会方面，上海目前依然处于后发优势。政策法规多为指导型、倡议型，专门的行业协会较少，需要与亚洲各个邮轮港口合作，借鉴成功的经验。诸如，2011年11月，上海吴淞口国际邮轮港与新加坡邮轮中心联合创办亚洲邮轮港口协会。该协会向成员国提供一个地区性的码头开发、运营和管理的合作平台，以符合邮轮港及延伸产业的共同利益为准则，促进邮轮港功能及服务体系的资源整合和延伸产业、产品的开发。作为主导倡议方的新加坡邮轮中心，已经向中国、印度、日本、韩国、马来西亚、斯里兰卡和菲律宾等亚洲国家的邮轮码头发出了倡议及加盟邀请，并已得到5个亚洲邮轮码头港口的明确支持。亚洲邮轮港口协会的创建，加强了地区旅游合作，推广区内的邮轮旅游产品，促进了地区内各国遵守共同的行业标准以及地区国家在邮轮旅游合作的实践。

(三) 区域邮轮旅游协同发展的优势和必然性

1. 区域旅游协同发展的形式

旅游区域一体化主要表现为以下6种形式：一是跨国的区域一体化，如"一带一路"和"万里茶道"就是跨越众多沿线国家，超越人种、语言、习俗、信仰等不同差异,成为经贸、旅游、文化一体化的跨国区域合作典型;二是国家级重点打造的区域一体化,如长江旅游经济带、黄河旅游经济带、大别山旅游经济圈、武陵山旅游经济圈及粤港澳旅游区等,是我国旅游局重点打造的大区域、高级别旅游片区;三是以重点省会城市为中心的城市群旅游区,如关中城市群旅游区、环济南省会城市群旅游区、合肥经济圈旅游区、成渝城市群旅游区等,都是以核心的省会城市为中心展开协作;四是以重点地市联合而成的城市群旅游区,如山东省旅游局重点打造的仙境海岸旅游品牌片区、水浒故里旅游品牌片区、儒风运河旅游品牌片区等,都是以富有某方面主题特色的个性为线将相关城市串联;五是重点旅游市县以全域旅游思维打造的片区,配合国家旅游局在"十三五"期间大力实施的"国家全域旅游示范区"工程的启动,现在很多单独的区县市都在以全域融合、全民融合、全业融合、全景融合和全时融合五全融合理念打造全域旅游片区,如杭州、聊城、九寨沟及甘孜州等;六是一些重要景区之间的整合提升,如联合创建国家5A级景区或申请世界遗产等。①

区域一体化已经成为未来中国旅游发展的一种共识,其要旨在于通过资源共享、优势互补、市场互动,打破了地域、空间、体制障碍,打造无障碍旅游区,实现旅游经济的全面发展。

2. 邮轮旅游区域协同发展的必要性

中国邮轮业经历了十余年的快速发展,已经形成了比较完备

---

① 《旅游区域一体化是大势所趋》,http://www.chinairn.com/news/20151209/165400151.shtml,2015年12月9日。

的邮轮港口系统。在长三角地区,上海、舟山、温州、连云港等地均具备了邮轮接待的硬件条件。在港口建设和邮轮接待达到一定规模后,腹地客源充足、港腹有效联动、出入境市场结构合理、邮轮旅游服务标准统一、岸上产品既体现国际特性又展现中国特色是保持邮轮产业长久繁荣的必备条件。港口城市应该走出"节点型"发展的封闭模式,实现客源地、目的地、始发港之间的有效互通合作与资源整合,构筑全要素协同下一体化的"大市场"状态。

邮轮旅游一体化与区域旅游一体化相辅相成。一方面,邮轮旅游一体化是旅游一体化的重要组成部分,其开放性和互通互联性能有效提升旅游一体化程度。另一方面,区域旅游一体化又是邮轮旅游一体化的重要依托,能有效推动腹地与港口之间的客源互通、腹地与腹地之间的资源互用以及不同利益相关者之间的利益共享。作为中国旅游经济的发展重地,长三角地区凭借地缘优势、资源优势、客源优势、经济优势、信息优势、人才优势,开始慢慢形成了优势互补、市场共享的网络化发展态势,应该说已经率先进入了旅游协同发展的实质性阶段。长三角旅游一体化既有利于上海拓展市场纵深和弥补旅游资源的不足,又有利于江浙皖借力上海的客源吸引力,促进旅游人次和旅游收入的增长。上海目前是中国大陆邮轮旅游发展最迅速、最成熟的地区,已经成为亚洲第一、全球第四大邮轮母港城市。在邮轮旅游方面,长三角旅游一体化很大程度上是江浙皖地区接轨上海的过程。[①]

---

① 黄璜:《长三角旅游一体化背景下上海邮轮旅游发展研究》,载于《邮轮绿皮书》,第149—152页。

3. 加强海丝沿线国家和城市邮轮旅游合作的必要性

区域旅游合作是中国—东盟自由贸易区建设的重要组成部分。随着我国"一带一路"建设和打造中国—东盟自由贸易区升级版工作的不断深入，中国—东盟经济一体化进程有望加速推进。中国与东盟国家有着相邻的地理位置、丰富独特的旅游资源和较低的旅游价格，旅游业是中国与东盟各国重点发展的产业类型，基于以上条件，决定了双方互为对方国民首选的跨境旅游目的地之一。近十几年来，在中国—东盟自由贸易区建设的持续推动下，中国和东盟旅游交流与合作规模持续稳定增长，东盟已经成为中国与周边地区中旅游交流与合作规模最大的区域。

但是，我们不可忽视中国与东盟各国在政治制度、文化传统、经济及旅游产业发展水平等方面存在较大差异，目前双方在旅游一体化推进过程中存在旅游市场分隔、旅游供给分割、双边合作多于多边合作、缺乏制度性安排的合作机制、跨国旅游线路线少、缺乏跨国旅游便利化措施、旅行社直接对接不足、国际性旅游人才匮乏、旅游通道对接滞后等一系列制约瓶颈。[①] 如何有效解决这些制约瓶颈成为中国与东盟国家政府及旅游行业亟待解决的问题。东盟中的国家大多为海岛国家，与上海共同合作发展邮轮港口合作、邮轮旅游合作有着天然的优势，目前双边旅游交流与合作的规模相比于其市场规模依然很小，未来的增长潜力巨大。

---

① 程成、栗坤、何政：《中国—东盟区域旅游一体化机制探析》，载于《特区经济》，2012年第7期，第155—157页。

二、研究的目的与意义

国家"一带一路"倡议的提出,为亚洲邮轮经济发展和邮轮港口城市合作带来了新的发展动力与合作契机。海上丝路沿线邮轮港口城市各具特色,相互之间有互补合作的巨大潜力。中国提出的"一带一路"建设,继承和发扬了和平合作、开放包容、互学互鉴、互利共赢的丝路精神,为沿线城市提供了良性互动、联手开拓、互利共赢的新机遇。"一带一路"建设涵盖国家层面、企业层面、民间层面,邮轮旅游合作是"海上丝绸之路"建设的重要内容。亚洲各国的邮轮旅游在政策沟通、设施联通、贸易畅通、资金融通、民心相通方面,已经有良好的基础,例如中日韩旅游部长会议、G20旅游部长会议、东盟10+3旅游部长会议等,所以在旅游合作方面更容易。目前,上海港的邮轮旅游占据了全国邮轮旅游的半壁江山,邮轮旅游航线也基本上是日韩航线。作为开放型经济的桥头堡,上海自贸区建设、全球科创中心建设能为邮轮制造业和服务业外资准入,中国邮轮企业走出去创造良好的条件。近期,上海市人民政府推出的33条扩大开放举措中就包括邮轮旅游合作中的邮轮文化、维修、航运服务等专业服务业领域扩大开放。在"一带一路"建设中,邮轮港口城市各方可以加强城市基础设施的联通,共同促进和发展邮轮旅游、文化和教育,促进城市和谐发展。例如可以探索与"一带一路"沿线亚洲邮轮港口所在国家和城市共建"一程多站"式的国际邮轮旅游精品线路,同时简化通关流程,以更便利的通关环境、更好的服务水平、更完善的市政配套、生活配套和旅游配套,构筑亚洲最有活力的区域性邮轮母港和海峡邮轮经济圈的核心港。

三、研究内容

本书深入挖掘"一带一路"倡议的核心内涵,充分分析其对于邮轮经济发展的战略意义,研究如何利用国家"一带一路"倡议带来的机遇,推动亚洲邮轮港口城市邮轮经济发展,增进合作的紧密程度,繁荣亚洲邮轮经济发展。研究内容从三个维度展开深入分析和探讨:第一维度分析"一带一路"倡议对亚洲邮轮旅游合作带来的机遇;第二维度对亚洲邮轮旅游合作现状和问题进行分析;第三维度,探索政府、企业、智库层面共同推进亚洲邮轮旅游合作路径;第四维度也分析了十多年来中国和上海引领亚洲邮轮旅游市场可持续发展的制度创新的经验。最终,本课题研究成果可以为国内外邮轮旅游相关的政府部门、相关企业和智库研究机构提供较前沿的理论参考。

四、研究方法和技术路线

(一)研究方法

本书主要通过召开部门研讨会、专家咨询会、上门调研、个别访谈、国内外邮轮港口城市实地考察等多种方式开展实证研究,并通过世界邮轮经济圈的现状分析、亚洲邮轮旅游合作现状与困难,深入分析亚洲旅游合作现状及存在的问题,研究国家"一带一路"倡议给邮轮旅游合作带来的机遇,提出合作的具体路径、建议和方案。

(二)技术路线

1. 本书紧紧围绕国家"一带一路"倡议背景下亚洲邮轮港口城市合作的路径,从"五通"(即政策沟通、设施联通、贸易畅通、资金融通、民心相通)方面开展研究。

2. 在长三角区域协同发展上升到"一带一路"倡议的背景下,重点研究长三角区域邮轮旅游协同发展存在的问题,提出针对性的对策建议。

理论篇

第一章 "21世纪海上丝绸之路"建设与邮轮旅游发展

我国沿海港口城市都是"一带一路"上重要的节点,邮轮已经成为"21世纪海上丝绸之路"国际联动的重要载体。我国邮轮旅游迎来了前所未有的发展机遇。

第一节 21世纪海上丝绸之路建设的重要意义

2000多年前,一条海上航路将亚欧非几大文明连接起来,开启了三大洲相互间的政治交往、贸易往来、文化交流……世界文明曾因"海上丝绸之路"交融和发展。2013年10月,习近平访问东盟时提出共建"21世纪海上丝绸之路"重大倡议。自此,这条古老的航路被赋予了时代新内涵。

21世纪海上丝绸之路将串起连通东盟、南亚、西亚、北非、欧洲等各大经济板块的市场链,发展面向南海、太平洋和印度洋的战略合作经济带,以亚欧非经济贸易一体化为发展的长期目标。21世纪海上丝绸之路肩负多重使命,也面临多重风险,需要创新模式、革新理念,以共商、共建、共享原则打造利益共同体、责任共同体、命运共同体。

由于东盟地处海上丝绸之路的十字路口和必经之地,故其将是21世纪海上丝绸之路倡议的首要发展目标。而中国和东盟有着广泛的政治基础、坚实的经济基础,21世纪海上丝绸之路建设符合双方共同利益和共同要求。

2013年10月,在出席亚太经合组织(APEC)领导人非正式会议期间,习近平主席提出,东南亚地区自古以来就是海上丝绸之路的重要枢纽,中国愿同东盟国家加强海上合作,使用好中国政府设立的中国—东盟海上合作基金,发展好海洋合作伙伴关系,共同建设21世纪海上丝绸之路。

21世纪海上丝绸之路的战略合作伙伴并不仅限于东盟,而是以点带线、以线带面,以重点港口为节点,共同建设通畅、安全、高效的运输大通道,增进同沿线国家和地区的交往。除了帮助内陆寻找海洋外,海上合作本身具有十分重要意义:远洋运输保障体系建设取得进展,海洋产业合作领域不断扩大,海上经济走廊建设,挖掘蓝色经济增长潜力。

目前,南海、东海问题给21世纪海上丝绸之路建设带来不少挑战,21世纪海上丝绸之路以海洋伙伴关系超越海上联盟体系,具有重要话语权意义,助推中国占据道义制高点。以习总书记为核心的党中央提出中国新型的"海洋观",得到了各方的积极响应。

一是建设"和平"之海。中国倡导与其他国家一道,共同遵循包括《联合国海洋法公约》在内的国际准则,通过对话谈判,解决海上争端,谋取共同安全和共同发展。反对海上霸权,确保海上通道安全,共同应对海上传统安全威胁以及海盗、海上恐怖主义、特大海洋自然灾害和环境灾害等非传统安全威胁,寻求基于和平的多种途径和手段,维护周边和全球海洋和平稳定。二是建设"合作"之海。中国积极与沿海国发展海洋合作伙伴关系,在更大范围、更广领域和更高层次上参与国际海洋合作,共同建设海上通道、发展海洋经济、利用海洋资源、开展海洋科学研究,实现与世界各国的互利共赢和共同发展。其中,共建21世纪海上丝绸之路是中国建设"合作"之海的建设性举措。三是建设"和谐"之海。中国始终强调尊重海洋文明的差异性、多样性,在求同存异中谋发展,协力构建多种海洋文明兼容并蓄的和谐海洋,从而维护海洋健康,改善海洋生态环境,实现海洋资源持续利用、海洋经济科学发展,促进人与海洋和谐发展,走可持续发展之路。[①]

中国是世界最大贸易国家,同时奉行不结盟政策,并提出与作为海上霸主的美国建设新型大国关系。这就要求中国提出21世

---

① 王义桅:21世纪海上丝绸之路的五大使命,载于《中国海洋报》,2016年9月28日。

纪海洋合作新理念,创新航运、物流、安全合作模式,通过特许经营权、共建共享港口等方式,推进海上与陆上丝路对接。这表明,21世纪海上丝绸之路贵在"21世纪":表明中国既不走西方列强走向海洋的扩张、冲突、殖民的老路,也不走与美国海洋霸权对抗的邪路,而是寻求有效规避传统全球化风险,开创人海合一、和谐共生、可持续发展的新型海洋文明。[①] 邮轮旅游的全球性特征及中西文化交融的特点使其成为低敏感度海洋合作的新业态,符合海上丝绸之路沿线各国的共同利益,亚洲各邮轮港口城市合作已成为共同的议题。新加坡、韩国等都纷纷倡议亚洲邮轮界的合作与联盟,2012年上海更是提出"吴淞口宣言",联合各亚洲邮轮主要港口成立"亚洲邮轮港口协会"。中国提出的21世纪海上丝绸之路倡议中的"共享、共赢、共建"原则,以及"政策沟通、设施联通、贸易畅通、资金融通和民心相通"五方面具体合作方向,为促进亚洲邮轮产业的共同发展提供了良好的发展机遇。

第二节　促进邮轮港口基础设施联通

"一带一路"建设能够把我国与沿线各国对接起来,"21世纪海上丝绸之路"建设的主要框架以重要港口为节点,共同建设通畅、安全、高效的运输大通道。2015年3月,国家发改委、外交部和商

---

① 王义桅:21世纪海上丝绸之路的五大使命,载于《中国海洋报》,2016年9月28日。

务部联合发布的《推动共建丝绸之路经济带和21世纪海上丝绸之路的愿景与行动》中指出,重点推动21世纪海上丝绸之路邮轮旅游合作,加强上海、天津、广州、深圳、青岛、烟台、大连、厦门、海口、三亚等沿海城市港口建设,推动港口合作。2015年4月,交通部在《全国沿海邮轮港口布局规划方案》中对邮轮母港进行了明确的定位,并对沿海始发港进行了重点布局。方案提出,到2030年前,全国形成2~3个邮轮母港引领、始发港为主体,访问港为补充的港口布局。这些政策红利对于我国邮轮母港的快速发展是一个重要的机遇[①]。在"21世纪海上丝绸之路"建设以及中国—东盟海上合作基金的支持和资助下,中国—东盟港口合作不断推进,中国沿海港口城市积极加快与东南亚地区港口城市的合作与通航[②]。泛北部湾地区的贸易合作在中国—东盟经贸合作中占有绝对比重,同时泛北湾地区所覆盖的都是海洋国家,且发展有中国与东盟地区最重要的港口,"一带一路"加强与东盟国家各港口合作的同时,对海上丝绸之路临港产业带的构建也起到了不小的作用。一方面,港口的发展有利于产业园区的建设;另一方面,产业园区的兴盛也助推港口的互联互通。

邮轮旅游是跨国海洋旅游,其国际性特征和区域性特征要求邮轮旅游航线设计一般要经过几个国家。由于邮轮建造出现大型化趋势,对码头接待能力也提出了更高的要求。但现在亚洲各国

---

① 贾艳慧、沈艳兵、冯晓东:《基于"一带一路"视角下的我国邮轮旅游产业发展问题研究》,载于《城市》,2017年第8期。
② 余珍艳:《中国—东盟海洋经济合作现状、机遇和挑战》,华中师范大学硕士论文,2016年4月。

邮轮港口设施接待能力有很大差距。例如，世界上已出现22—25万吨的特大型邮轮，中国邮轮港口有接待能力，日本等国却没有。东盟10个国家除了老挝之外都有沿海港口，但是除了中国香港地区、新加坡、马来西亚等，其他国家和地区都缺少邮轮专用码头。只有邮轮港口协同发展了，亚洲各国邮轮港口接待能力趋同，才能共同接靠超大型国际豪华邮轮，推进亚洲邮轮产业的发展。中国、新加坡等邮轮旅游较发达的国家可以为亚洲其他邮轮港口城市提供邮轮码头设计、建造和运营的成功经验，亚洲各国也可以通过亚投行、中国—东盟海上合作基金加强邮轮基础设施的投资领域合作。

第三节　丰富亚洲邮轮旅游产品，加强邮轮先进制造业和现代服务业的合作

习近平主席曾指出，民心相通是"一带一路"建设的重要内容，也是"一带一路"建设的人文基础，要坚持经济合作和人文交流共同推进，注重在人文领域精耕细作。在我国沿海地区，政府和企业积极推动海内外人文交流，挖掘历史资源，推动当代文化传播，探寻中外民心相通的道路。

作为"海上丝绸之路"的起点，中国沿海历史上分布着许多重要港口，包括合浦、广州、泉州、福州等。港口城市是留存至今的丰富文化遗产，见证了"海上丝绸之路"对人类文明作出的巨大贡献。现在中国海上丝绸之路沿线城市有了近15个邮轮港口，东盟十国

也多是沿海国家,非常适合做新的邮轮旅游目的地。

邮轮旅游是促进人文交流的重要国际载体,能促进亚洲各国教育、培训等服务业的合作。2011年11月23日,由上海市培训中心、亚洲邮轮协会和英国海贸国际邮轮学院三家单位共同组建成立的上海国际邮轮旅游人才培训基地启用,此基地主要是聚集上海邮轮人才培训、交流、政策等各方资源,为上海邮轮及水上旅游相关行业构建、打造开放式的人力资源公共服务平台,促进邮轮及水上旅游教育培训、人才培养与产业发展需求的紧密结合。目前,培训基地已覆盖邮轮公司、邮轮码头和客运中心、相关国际旅行社、旅游院校等企事业单位[1]。而如今"21世纪海上丝绸之路"的推出,不仅在经贸方面提供了合作的平台,更加开通了亚洲各国各民族文化交流和教育的道路。作为中国—东盟海上合作基金首批项目之一的中国—东盟海洋合作学院,紧抓"21世纪海上丝绸之路"带来的大好机会,在2014年开始进行建设,预计2021年全面建成。该学院面向东盟,专门进行海洋专业人才培养,开展海洋学科领域的科学研究,建成之后必将成为海洋产业重点人才的输出基地。[2] "一带一路"倡议为港口高校开展海洋人才培养提供合作契机,联合办学合作、中国政府海洋奖学金等越发得到重视。[3]

在全球造船业不景气的情况下,唯有邮轮建造业欣欣向荣,船

---

[1] 参见《上海国际邮轮旅游人才培训基地启用》,载于《青年报》数字报刊平台,http://roll.sohu.com/20111124/n326731425.shtml,2011年11月24日。
[2] 余珍艳:《中国—东盟海洋经济合作现状、机遇和挑战》,华中师范大学硕士论文,2016年4月。
[3] 丁宁:"首艘国产豪华游轮有望在上海诞生",载于《中国旅游报》,2015年10月28日。

厂邮轮建造订单应接不暇。我国的造船能力已经跃居世界大国之列,已全面进军邮轮设计和建造等上游产业链。第一艘中国制造的豪华游轮预计 2025 年左右在上海下水。嘉年华集团联手中船集团和中投公司,共同组建合资公司,积极推动组建中国本土品牌邮轮船队,并计划建造 6 艘豪华邮轮。

由于邮轮制造对资金、技术和装修水平要求都非常高,目前世界邮轮制造业基本被德国、意大利、芬兰和法国垄断。在制造业强大的日本,也未制造出一艘现代豪华邮轮。"一带一路"提供给亚洲国家相互帮扶、合作的契机,若能借鉴欧洲的先进技术,强强联手,势必在邮轮制造业上更快取得新突破。

此外,借着"一带一路"的契机,亚洲原本单一的邮轮旅游产品出现了新生机。中国邮轮旅游经过高速发展的 10 年,已经面临航线和产品单一的问题。东南亚地区是很好的新的邮轮旅游目的地,东盟各国也都对旅游合作有很高的积极性。上海、新加坡等纷纷组建各种联盟和协会。中国香港地区旅游发展局已经与中国内地一些省市,特别是泛珠三角区域,以及澳门地区,合作推广"一程多站"旅游产品。在"一带一路"背景下,现时在亚太区发展迅速的邮轮旅游业是一个很好的机遇。香港一直积极推动区域合作,结合邻近港口的财政资源,组成了"亚洲邮轮联盟",透过联合推广和共同参与邮轮业界的大型活动,发挥协同效应。同时,也在进一步推广至"一带一路"的其他港口,开拓特别的航线,带动海上丝绸之路邮轮旅游的发展。天津市旅游局也表示,希望津港联合打造"1+N"旅游产品,加强两地邮轮旅游合作,并针对"一带一路"沿线国家和地区开展联合行销①。

第四节　推进邮轮旅游签证、通关便利化

　　面对复杂的东海、南海局势，进一步弱化军事冲突和领土纷争，加强邮轮旅游合作，共建和平之海显得尤为重要，但最重要的实施路径仍是海上丝绸之路沿线各国的政策沟通，特别是与邮轮旅游相关的签证便利化和通关便利化方面。推进泛南海经济合作需要规则制定和经济合作双轮驱动。在规则制定方面，要形成长期的有约束性的危机管控机制，确保南海和平，避免冲突升级。在经济合作方面，要构建泛南海经济圈，推动21世纪海上丝绸之路建设。经济合作要以产业和项目作为切入点，推动南海各国在海洋旅游、渔业养殖、海洋减灾防灾方面的合作，可以大力发展环南海旅游，争取把南海建设成邮轮旅游天堂。

　　为了实现民心相通，亚洲区域需要更加自由的签证制度，首先在邮轮旅游团签上可以先行开放，比如沿线各国都有邮轮旅游免签安排。海上丝绸之路沿线各国合作，建立一个经菲律宾、马来西亚（特别是马来西亚东北地区的城市），直到新西兰、南太平洋这条海上邮轮旅游通道。中国应该再一次起到领头作用，来推动这条海上丝绸之路支线的发展，把它与泛南海经济圈融合起来。

---

① 参见新闻稿：《香港借"一带一路"发展旅游促民心相通开展新商机》，http://www.tengtv.com/news/show-545408.html，2016年6月17日。

中国在邮轮旅游签证上做了一些改革创新,不少国内邮轮港都适用144小时过境免签政策,但这一政策辐射面还不够广,政策稳定性还不足。中菲、中马相互间的旅游签证还都比较严苛。这方面东南亚各国应借鉴日本的举措。2015年起,日本也实施对华邮轮游客免签新政,包括歌诗达维多利亚、皇家水手号等11艘邮轮首批获得免签许可。2015年3月17日起,日本开始实施船舶观光登陆许可证制度,允许乘坐日本法务大臣事先指定的客船的外国游客,以观光为目的在停靠港免签入境,但该外国旅客须在所搭乘客船离港前返回客船[①]。另外,天津出入境边防检查总站在天津国际邮轮母港正式开通启用9条自助查验通道,大幅提高了出入境人员通关速度和效率,极大缓解了出入境压力,有效提高了邮轮旅游通关便利化。广大出入境旅客只需"刷刷证件,看看镜头,按按指纹",仅需10秒钟左右就能完成自助通关[②]。

亚洲个别城市已经放开诸多签证和通关的限制,未来应进一步探索出适用于亚洲整体邮轮旅游、签证的政策,如可以开通亚洲邮轮港口一卡通等,将极大促进港口城市相互间的合作和进步。借鉴APEC商务旅行卡,上海可以牵头组织联合国内邮轮港口城市及其他亚洲邮轮港口城市推出"亚洲邮轮商务通",联合开展旅游景点、餐饮促销,并对持卡人给予各种通关签证便利,乘坐邮轮、

[①] 参见新闻稿:"中国游客邮轮赴日本可免签",http://money.163.com/15/0319/10/AL2H123800253B0H.html,2015年3月19日。
[②] 参见天津市旅游局新闻稿:"天津边检启用自助查验通道推进邮轮旅游通关便利化",http://www.tjtour.gov.cn/News/201703/201703061625100.htm,发布日期:2017年3月6日。

飞机、市内交通等优惠。此外，在推进亚洲邮轮产业协同发展方面，还有很多政策需要加强沟通，例如航线开辟，邮轮相关服务对外开放等。

第二章　国际邮轮旅游区域协同发展经验

第一节　欧盟邮轮旅游区域协同发展经验

一、成立推进区域旅游协同发展的专门机构

1948年,欧洲旅游委员会的成立,标志着欧盟旅游一体化的开始,至此已经成为区域旅游一体化的典范。1986年欧盟成立了旅游咨询委员会,开始有了代表各国利益成员的专设机构,负责组织成员国制定对外旅游合作基本战略,开展旅游政策和理论研究,联合开发客源市场,提高旅游接待水平,在旅游协同发展过程中处于核心地位,统筹协调各个机构组织,包括欧盟理事会、旅游可持续发展组织(TSC)、欧盟旅游局以及欧洲航空业协会、欧洲旅行商协

会、欧洲商会、欧盟船主协会等协会组织。

成立专门机构。1986年,欧盟成立了旅游一体化的专设机构——旅游咨询委员会。从1988年起,负责旅游业的官员定期举行会议,每年还举办"欧洲旅游论坛",讨论发展中的难题,共享成功经验,加强各方的合作关系。

编制旅游服务标准与发展规划。制定统一的旅游行业纲领,开发富有体验性的旅游项目,成立欧洲旅游管理学院,并制定《欧洲共同体旅游发展规划》和《关于共同体旅游政策的主要原则》等文件,对旅游协同发展做出详细规定。

二、提供专项资金支持

欧盟理事会设立了结构基金和凝聚基金,提供额外援助来减少、消除欧盟内部存在的各地社会经济发展不平衡现象。还设立了"欧洲社会基金""欧洲农业保障和指导基金""欧洲区域发展基金"等专项基金,促进旅游开发,提升旅游服务质量,推动旅游人才的培养,从而推动了欧洲的旅游一体化进程。

三、构建完善的交通网络

交通在旅游发展中具有举足轻重的作用。实现旅游一体化,首先需要构建完善的交通网络。一方面,各国交通部门以优化整体交通网络为基础,对基础设施进行了详细规划;另一方面,利用先进技术促进区域交通联网,并大力发展运输流量大、利用频率高的公共交通。

四、统一区域内旅游宣传推广

欧盟的《新欧盟旅游政策框架》,确定欧洲统一的旅游形象品牌,建立欧洲旅游官网,共同策划旅游节庆活动。欧洲非常注重对旅游文化内涵的挖掘,推出了没有区域界线的"欧洲文化之路"系列旅游产品,并且每年只选定一个欧洲旅游主题,以此推动旅游协同发展。

五、制定区域政策法规体系

早在1900年首次举办的"欧洲旅游年"上就提出要建立旅游专门法规政策的想法。此后,欧盟颁布了第一个旅游业的专门文件《关于共同体旅游政策的主要原则》,通过了《关于建立旅游地区分布及在旅游业中建立咨询和合作程序的决议》。2006年,制定了欧洲共同体统一的旅游发展规划。时隔5年,欧洲提出了《新欧盟旅游政策框架》,以文件的形式保护了旅游一体化成果,协调各区域政府之间的利益冲突,为欧盟旅游企业提供了一个相对公正和平等的竞争环境。

六、政府、行业与企业分工合作

欧盟政府充分重视各区公共机构之间的密切合作,主张发挥旅游协会、欧洲旅行代理商协会、欧洲旅游运营商协会等行业组织的作用。同时充分发挥企业的主体作用,给予航空公司、旅行社等优惠政策,大力推动旅游企业做大做强。此外,积极开展与其他国家定向的交流合作,举办各种统一的推介会和旅游节事,进行整体的旅游推广营销。①

七、成立区域港口管理和协调机构——欧洲海港组织乘客委员会

欧洲海港组织(ESPO)2010年决定创建一个乘客委员会,致力于欧洲邮轮和轮渡港口感兴趣的政策诉求。鉴于快速增长的邮轮经济和欧洲港口到访邮轮数量的增加,ESPO决定加强客运网络建设。2014年9月17日,ESPO与代表不同海域的邮轮港口组织签订战略合作协议,这些海域包括波罗的海邮轮协会、欧洲邮轮协会、挪威邮轮协会、地中海邮轮协会,几个月后,英国邮轮协会也加入进来。这项协议直接标志"邮轮和渡轮港口网络"的建立,并定期举行会议。该网络允许ESPO作为邮轮和轮渡港口的官方身份同欧盟机构打交道。此外,该网络应被视作一个平台,将港口专业人员的知识和经验汇集在一起,以提升邮轮和渡轮码头的管理与运营能力。

八、地中海邮轮港口城市合作经验②

地中海邮轮港口协会(Association of Mediterranean Cruise Ports,简称MedCruise)1996年6月11日成立于罗马,以促进地中

---

① 孙晓东、倪荣鑫、侯雅婷:《邮轮旅游一体化与长三角区域旅游一体化》,载于《中国邮轮产业发展报告(2018)》,社会科学文献出版社2018年版,第168页。
② 黄海东、徐珏惠等2016邮轮旅游决策咨询专向研究报告《一带一路背景下亚洲邮轮港口城市合作机制研究》。

海和毗邻海域的邮轮产业发展为使命,协会通过提供网络专业推广协助其成员从邮轮产业的持续增长中获益。目前,该协会已发展到72个成员,代表地中海地区的100多个港口,包括黑海、红海和波罗的海及其附近海域,另外还有32个准成员,代表其他协会、旅游局和船只/港口代理。地中海地区多母港邮轮航线是其最大特色,是各邮轮港口密切合作的结果。

地中海在交通和战略上均占有重要地位。它西经直布罗陀海峡可通大西洋,东北经土耳其海峡接黑海,东南经苏伊士运河出红海达印度洋,是欧亚非三洲之间的重要航道,也是沟通大西洋、印度洋间的重要通道。地中海线主要分为地西和地东两块,包括了亚德里亚海、黑海、北非区域。

该协会成立的目的包括:

第一,推进地中海地区为邮轮目的地,尤其针对地中海邮轮港口协会。

第二,通过交换信息,提高邮轮成员港口的效率。这些信息包括邮轮乘客交通,邮轮港口所在的地理区域的新旅游开发,邮轮港口发展、组织、管理的新技术。

第三,推进港口设施安全性计划的发展和港口安全性水平,为了快速传播对船舶和港口至关重要的安全信息,参与警报机制建设。

第四,就共同关心的问题制定共同的立场、政策和计划,并在区域和国际论坛上提出这种立场。

第五,发展和促进世界各邮轮港口和邮轮业之间良好的关系和合作。

第六，从不同规模、不同地区、不同国家和文化，以及是否属于欧盟的港口中实现一个良好平衡的联盟。

第二节　北美邮轮旅游区域协同发展经验

一、设立区域邮轮旅游行业协会

美国的邮轮业起步于20世纪，佛罗里达州（简称佛州）是最发达地区。佛州的迈阿密港、卡纳维拉尔港和埃弗格莱兹港是三大重要邮轮港口，其中迈阿密港拥有"世界邮轮之都"的美誉，另外两大港也是世界上最具活力的邮轮港口之一。佛罗里达州对州内邮轮港口统筹发展、错位竞争、整体营销，并主导成立了佛罗里达-加勒比邮轮协会（FCCA）共同助推加勒比海地区的邮轮旅游协同发展。

政府制定区域整体发展规划，积极与邮轮公司合作，采用区域差异化发展战略。佛州各个港口主题特色鲜明，发展方向明确，形成了母港、门户港、区域港协同发展的一体化趋势。如埃弗格莱兹港以岸上生态旅游为主题，与国家公园联合开发旅游产品；嘉年华港以海上游乐为主题，与迪士尼公司合作打造海上主题公园；基韦斯特港以浪漫落日为主题，打造集夜市、艺术表演、美食、音乐、酒店等于一体功能齐全的商业港。

二、充分利用大数据，完善邮轮旅游供应链

佛州建立了完备的邮轮旅游供应链，在食品与饮料供应、岸上活动统筹安排，各港口行程统一安排，燃料采购、技术采购和酒店采购等方面统一调配、统一管理，通过数据分析预测需求，并进行有效的供应控制。

寻找合适的当地代理人。邮轮旅游一体化的重要推动者是当地代理人，特别是对区域深入了解的代理人。佛州充分发挥企业的主体作用，鼓励当地居民共同参与邮轮业发展，对服务提供者和供应商精细挑选。

建立良好的通信系统。佛州通过建立全域通信系统，实现了各港口之间24小时畅通无阻的及时沟通，通过构建大数据网络平台实现了船务公司、旅行社与游客之间的信息实时交流，通过建立邮轮旅游信息平台有效提高了口岸通关效率，改善邮轮港口整体对外服务，有效地解决了各港口物资供应不足、游客超载轮换、邮轮停滞换港等突发情况。

三、与邻近地区加强邮轮旅游各项事务的协调

积极与邻近地区合作，实现强强联合。佛州充分利用地缘优势与墨西哥和加勒比海联合，于1972年成立非营利性贸易组织佛罗里达-加勒比海邮轮行业协会（FCCA），就立法、旅游业发展、港口、安全以及其他邮轮产业事务构建双边建设性对话机制。

第三节　内河邮轮与邮轮旅游
　　　　协同发展的国际经验

在邮轮旅游促进区域旅游合作与协同发展方面,内河邮轮(River Cruise)堪称集大成者。内河邮轮的关键要素是航线节点的岸上观光与活动。邮轮航线将不同区域最具特点的人文资源与自然资源有机串联,发挥旅游资源的集成效应,最大限度地展现区域旅游整体品牌形象,协调各方利益,促进区域合作,推动旅游协同发展。

维京游轮(Viking River Cruises)是全球最大的内河邮轮运营商,同时兼顾远洋邮轮业务。2016 年,维京游轮直面中国客源市场,推出了以莱茵河和多瑙河为载体的多条内河邮轮航线(包括"11 日莱茵河浪漫之旅""11 日莱茵河经典之旅""11 日多瑙河之旅""8 日莱茵河之旅"和"8 日多瑙河之旅"),可串联上千公里最具特色的旅游目的地,景点具有很强的自由组合空间,极大地拓展了河轮旅游的辐射效应。比如,莱茵河之旅的航程规划中涉及荷兰阿姆斯特丹、荷兰小孩堤防、德国科隆、德国海德堡、法国巴黎、法国斯特拉斯堡、瑞士琉森、瑞士少女峰、瑞士巴塞尔等地,航线总长可达 1 200 公里,通常以休闲度假为基调,对荷兰到瑞士一线的顶级特色资源进行整合,打造了一条既经典又浪漫的内河航线。多瑙河之旅则东西向串联了由德国开始到奥地利、匈牙利的著名景点,航次涉及奥地利维也纳、奥地利瓦豪河谷、德国慕尼黑、奥地利萨尔斯堡、捷克克鲁姆洛夫、奥地利梅尔克、斯洛伐克布拉迪斯拉发、匈牙利布达佩斯等目的地,航线总长超过 800 公里,文化氛围浓厚,主题丰富多样。

因此,在大力发展远洋邮轮业务的同时,长三角可借以维京游轮为代表的内河邮轮发展模式,通过航线设计与岸上旅游产品的整合,将地域相近、水系相通、文脉相连、各具特色的旅游地资源集成起来,以丰富长三角邮轮旅游一体化内容。比如可凭借江南水系优势,深挖"中国文化、江南韵味"内涵,围绕长江、大运河、杭州湾等主要水系和沿岸历史文化名城、江南水乡等特色资源,共同推出水上旅游、内河邮轮精品旅游项目。[①]

[①] 孙晓东、倪荣鑫、侯雅婷:《邮轮旅游一体化与长三角区域旅游一体化》,载于《中国邮轮产业发展报告》,社会科学文献出版社 2018 年版,第 162—177 页。

第三章　亚洲邮轮旅游区域协同发展可行性（研究）分析

第一节　亚洲邮轮旅游区域合作具有良好的基础

一、文化相近，贸易相通

中国海岸线漫长，海域面积广阔。与朝鲜、韩国、日本、越南、文莱、马来西亚、菲律宾、印度尼西亚、新加坡不仅地理相邻，而且历史文化渊源深厚，与一些国家更是文脉相通，文化相近，为中国与周边国家开展邮轮旅游合作提供了"天时、地利、人和"的良好基础。同时，中国倡导开放兼容的文明观，主张在充分尊重各国的文化传统、社会制度、发展道路的基础上，大力推动同亚洲不同文化背景和政治制度国家间的社会人文交流。近年来，中国与周边国家人文交流空前活跃,合作领域不断拓宽,内容愈加丰富,规模持续扩大。我们与亚洲国家人员往来日益密切。2009年,仅东北亚、东南亚、南亚国家出入中国边境人数就达到2 168.98万人①。在中国内地公民出境十大目的地中,除中国港澳地区外,亚洲其他国家成为其首选。另外,就上海而言,其在欧美国家,特别是在亚太地区具有极高的国际知名度,全方位的城市风貌,吸引着世界各地的游客慕名而来②。

与此同时,亚洲国家之间的经贸合作不仅历史悠久,而且贸易额度逐年增加。海上丝绸之路自秦汉时期开通以来,一直是沟通东西方经济文化交流的重要桥梁,而东南亚地区自古就是海上丝绸之路的重要枢纽,与中国有着经贸合作的历史渊源。在贸易领域,1950年,中国同亚洲国家贸易额不足3亿美元,而2011年,中国与亚洲贸易总额接近1万亿美元,占全国外贸总额的52.3%。在中国的十大贸易伙伴中,亚洲国家和地区占据5席③。近年来,中国要积极推动同亚洲国家自贸区建设。中国—东盟自贸区自2010年全面实施以来,东盟跃升为中国第三大贸易伙伴。中日韩自贸区官产学联合研究如期完成。中日共同提出加速推进东亚自贸区和东亚全面经济伙伴关系建设的倡议。中国还积极推动与韩、印等国自贸区谈判。2011年,在世界经济复苏放缓的不利形势

---

① 参见网易新闻稿:《外交部部长助理胡正跃谈中国亚洲外交》,http://news.163.com/10/1104/00/6KJV1AHL00014JB5.html,2010年11月4日。
② 王珺、王湘琳、夏雅俐:《上海建设亚太邮轮中心的SWOT分析——兼与香港、新加坡的比较视角》,载于《求实》2010年第2期,第122—125页。
③ 参见和讯新闻稿:《2011年中国十大贸易伙伴半数来自亚洲》,http://news.hexun.com/2012-02-07/137849582.html,2012年2月7日。

下,中国与亚洲经贸合作继续较快增长,增速超过全国整体水平。中国还同东亚国家一道,共同反对贸易保护主义,最大限度地减轻国际金融危机冲击。

二、水域相连,设施联通

中国大陆的东部和南部濒临渤海、黄海、东海和南海,与朝鲜、韩国、日本、越南、文莱、马来西亚、菲律宾、印度尼西亚、新加坡水域相连。在基础设施建设及互联互通方面,中国积极支持"东盟互联互通总体规划",致力于同东亚国家一起,共同推动本地区公路、铁路、航道、港口等建设,加强对大湄公河次区域经济合作(GMS)和东盟湄公河流域开发合作(AMBDC)等机制的参与和合作。中国还致力于推进同亚洲国家在公路、铁路、电信、港口等基础设施领域的互联互通建设。中国在2009年承诺的150亿美元信贷基础上,追加100亿美元信贷,用于支持东盟基础设施等互联互通项目建设,惠及东盟所有国家[①]。2013年,习近平总书记提出"一带一路"倡议,其中基础设施互联互通是"一带一路"建设的优先领域。在尊重相关国家主权和安全关切的基础上,沿线国家宜加强基础设施建设规划、技术标准体系的对接,共同推进国际骨干通道建设,逐步形成连接亚洲各次区域以及亚欧非之间的基础设施网络。

---

① 参见新浪网新闻稿:《中方追加百亿美元信贷支持东盟》,http://news.sina.com.cn/o/2011-11-19/040123490434.shtml,2011年11月19日。

三、互为旅游输入输出地

根据中国国家旅游局官方网站公布的数据显示：2009—2014年，入境旅游人数排名，中国主要的入境客源市场以韩国和日本的客源人数为主，从规模角度来看，亚洲客源市场在六大洲中所占比例高达 61%，是中国的主要客源市场。[①] 2016 年，中国旅游研究院和携程旅游集团发布《2016 上半年中国出境旅游者报告》表示，中国继续蝉联全球出境旅游人次和消费额的双料世界冠军。根据国家旅游局发布的数据，上半年中国公民出境旅游人数达 5 903 万人次，比上年同期增长 4.3%。中国已经成为泰国、日本、韩国、越南、俄罗斯、朝鲜、马尔代夫、英国等多个国家的第一大入境旅游客源地。泰国、印尼、柬埔寨、马来西亚等东南亚国家旅游局公布其 2016 年旅游统计数据：2016 年 1—4 月，中国内地游客赴泰国人数较上年同期增长 27%，是泰国第一大客源国；一季度赴马来西亚短途游的游客中，中国游客同样大涨 35.2%；上半年中国赴东南亚各国的游客人数增长迅速，已成为东南亚旅游的主要客源国。可见，中国游客更倾向于赴亚洲城市观光，前往亚洲周边的海岛度假。[②]

四、旅游部长级高层对话渠道畅通

亚洲地区有关旅游、邮轮旅游合作的双边、多边会议机制有很

[①] 于国政，陈唯，周玲：《中国周边国家跨境旅游合作研究》，载于《资源开发与市场》2015 年第 5 期，第 617—621 页。
[②] 参见澎湃新闻《中国游客已成多国最大客源，十大出境游目的地主要仍在亚洲》，http://money.163.com/16/0809/11/BU19CN3600253B0H.html，2016 年 8 月 9 日。

多。诸如：中日韩旅游部长会议、G20 旅游部长会议、亚洲合作对话部长级旅游会议、东盟 10＋3 旅游部长会议等。随着"一带一路"建设的推进,我国与沿线国家旅游交流日益密切,先后建立中国—东盟、中国—中欧、中俄蒙等一系列双边多边旅游合作机制,成立海上丝绸之路旅游推广联盟,先后举办中俄、中韩、中印、中美、中国—中东欧、中澳、中丹、中瑞、中哈和中国—东盟 10 个旅游年,覆盖 34 个国家,并通过旅游年举办丰富多彩的旅游推广交流活动①。

自 2010 年 G20 首届旅游部长会议召开以来,各方在推动签证便利化、旅游投资合作、国际旅游统计等方面做了大量工作,成员间旅游交流合作规模日益扩大。2016 年 8 月 30 日,首届亚洲合作对话部长级旅游会议在伊朗大不里士举办,会议审议通过了《大不里士宣言》,呼吁全体亚洲合作对话成员国积极推动亚洲地区旅游目的地整合,促进地区旅游市场可持续发展。2017 年是东盟成立 50 周年、也是中国—东盟旅游合作年。2017 年 9 月 12—15 日,第 14 届中国—东盟博览会、中国—东盟商务与投资峰会成功举办。这次盛会以"共建 21 世纪海上丝绸之路,旅游助推区域经济一体化"为主题,创新区域合作机制,打造各有侧重、主题鲜明、特色突出的高层对话平台以及专业合作平台,畅通"南宁渠道",推动中国—东盟友好合

---

① 贾艳慧、沈艳兵、冯晓东：《基于"一带一路"视角下的我国邮轮旅游产业发展问题研究》,载于《城市》,2017 年第 8 期,第 16—19 页。

作和"一带一路"建设①。通过多层次、多领域交流活动,建立了更多的合作机制,推动了"21世纪海上丝绸之路"在各领域的落实。

第二节 亚洲邮轮旅游区域协同发展现状

2013年10月,中国香港特区政府商务及经济发展局局长苏锦梁在邮轮假期博览开幕仪式上表示,随着近年来亚太区的邮轮业迅速发展和对这种新兴旅游模式需求的增加,特区政府旅游政策的重点之一就是善用这个机遇,全力拓展邮轮旅游。

香港旅游发展局近年一直在加强推广香港邮轮旅游,并将与业界一起开拓更多邮轮旅客的陆上观光活动,丰富旅客在港体验。旅游发展局亦会通过与邮轮公司合作的市场推广基金和举办消费者活动,鼓励邮轮公司把香港纳入行程。

2014年4月,香港旅游发展局推出首个"亚洲邮轮项目",结集区内合作港口对邮轮公司的财务支持,共同发掘亚洲邮轮旅游业的巨大潜力。

2014年2月,中国台湾和香港地区签署"亚洲邮轮项目"合作协议(Asia Cruise Fund),宣示双方将继续携手落实共同推广计划,协助国际邮轮公司宣传台港间航线的多元化旅游产品,并在3

---

① 参见广西新闻网新闻稿:《共建21世纪海上丝绸之路 旅游助推区域经济一体化》, http://www.gxnews.com.cn/staticpages/20170916/newgx59bc6bc5-16532062.shtml,2017年9月16日。

月迈阿密邮轮展进行了首度联名宣传。

"亚洲邮轮项目"进一步推动两个地区邮轮旅游发展,邮轮旅游的区域合作非常重要,提供多元化旅游产品,促进区域邮轮旅游发展。

第三节 亚洲邮轮港口城市区域合作的现状与困难

一、亚洲城市邮轮码头建设水平参差不齐

在邮轮码头建造、邮轮港口服务标准方面,亚洲城市邮轮码头建设水平参差不齐。以新加坡和马来西亚为例,新加坡具有得天独厚的地理优势,新加坡位于连接印度洋和太平洋的马六甲海峡,所处的地理位置是世界的十字路口之一,因此其海上航运十分发达。新加坡的邮轮产业发展的历史始于1991年,是亚洲邮轮旅游发展最快的地区之一。现今每年有100余万邮轮客人到访新加坡。除了优越的地理位置之外,新加坡多年邮轮发展的模式经验值得亚洲各国借鉴。新加坡邮轮产业的发展模式可以概括为枢纽港口型,通过建造国际标准码头,吸引更多邮轮到港,大力发展邮轮产业经济并取得卓越成绩从而成为邮轮母港,因此新加坡现今已经发展成为亚洲邮轮航域的重要门户港口和中转站。马来西亚的邮轮港口建设主要是政府引进邮轮经济。20世纪90年代中期,随着"亚洲四小龙"的崛起,马来西亚经济持续发展。政府发现由

本国企业投资的丽星邮轮在新加坡及香港特区取得了日益增长的佳绩。于是马哈蒂尔总理说服丽星邮轮回国发展，政府在吉隆坡巴生港划出150亩土地，无偿提供给丽星邮轮，建立总部。但由于巴生港是货运港，地理条件不佳，丽星公司除了设立总部大厦之外，仅将此作为从新加坡到泰国、印度等地航程的一个中途停靠港。之后马来西亚政府又无偿将旅游特区兰卡威岛的深水港提供给了丽星公司，丽星公司在那儿造了一个码头和一座五星级宾馆，也作为一个中途停靠港，启动了兰卡威岛的旅游热。因此，从新加坡和马来西亚的邮轮港口码头建设来看，新加坡发展成为国际邮轮母港，马来西亚则只成为中途停靠港。

亚洲各国间的经济发展水平差异，直接导致了邮轮码头建设的水平高低。发展较成熟有新加坡、韩国、日本，但其他海上丝绸之路沿线国家相对落后。而中国方面，我国已成为亚太地区邮轮航线的重要始发港和环球航线的重要挂靠港，以我国为核心的亚洲邮轮市场已经成为全球最具成长性的市场。截至2018年，上海、天津、厦门、三亚、广州南沙、青岛、太子湾已经建成15个国际邮轮码头（其中4个正在扩建二期），舟山、青岛、大连、深圳4个城市正在建设邮轮码头，海口、宁波、南京、烟台、秦皇岛6个城市有计划、规划建设邮轮码头。但是，各沿海省市之间，沿海省市内部邮轮码头建设水平也存在差距。以上海为例，上海港国际客运中心位于市中心商圈，有利于挂靠港旅客在沪消费以及游览上海著名都市景点，但因杨浦大桥对邮轮高度的限制、黄浦江吃水不足、邮轮进出港受潮汐影响等原因，7万吨以上载重的邮轮不能挂靠。

而现今大多邮轮都已经超过10万吨,世界上最大的邮轮已经超过了26万吨,邮轮大型化是一个趋势。客运中心受此限制严重,对市场的发展是严重的阻碍。而上海吴淞口国际邮轮港,因为水位良好,不受限制,目前已经成为亚洲第一大邮轮母港,且是唯一盈利的邮轮港。

因此,在邮轮码头建设上,中国内地的邮轮港企业一方面可以"走出去",利用国家"一带一路"倡议的支持,亚投行、丝路基金和东盟海上合作基金等帮助沿线邮轮港口城市建设邮轮码头,分享邮轮港口管理经验,共同开展邮轮旅游产品的营销,拓展新的亚洲邮轮旅游路线;另一方面还要"引进来",借鉴新加坡、中国香港地区邮轮码头建设的成功经验。同时,加大亚洲国家智库合作研究,共同探索区域邮轮经济的共同发展。

二、亚洲邮轮旅游联合奖励和共同营销机制尚未建立

2013年,中国提出"一带一路"倡议,大力发展海上丝绸之路建设,倡导把"海上丝路"旅游发展成为立体互联网络。"海上丝路"旅游,是指以邮轮交通为主体,与中国港澳台地区及东南亚、南亚、东非乃至欧美国家的合作,将海上丝绸之路沿线自然景观和历史文化景观作为旅游资源,共同打造长短多条国际精品"海上丝路"旅游路线。因此,中日韩及东盟各国港口、旅行社、旅游管理部门如何通过邮轮资源的共享,在邮轮客源、航程设计和观光景点上加大合作,共同做好产品开发和市场推广,形成区域内连续发展,打造更有吸引力和竞争实力的邮轮产品。这是亚洲城市区域邮轮港

口合作亟须解决的任务。

目前,上海有多家邮轮旅行社,如2009年上海国际港务集团股份有限公司与意大利地中海邮轮公司各注资50%成立的上海首家合资邮轮旅行社——地中海邮轮旅行社(上海)有限公司,2010年上海国际港务集团投资成立的上海港国际邮轮旅行社,还有如丽星邮轮旅行社(上海)有限公司、上海国旅国际旅行社有限公司等多家旅行社。另外,以携程为代表的多家旅行网站也提供众多邮轮服务。但是国别间的邮轮港口营销合作机制依然不完善,邮轮公司和代理商对邮轮旅游宣传力度不够,销售网络不够完善,对推广邮轮旅游的消费概念认识不足,尚未培育邮轮旅游的中坚客源市场。

三、亚洲一程多站精品邮轮旅游线路有待共同开发

上海邮轮航线以短程航线为主,邮轮航线和产品单一。主要是日韩航线,且访问港的航次较少。航线单一且替代产品的缺乏,使得邮轮旅游的效益极易受到不可控风险的影响。而整个东盟的旅游资源非常丰富,像各种海岛游、海上精品游等,把路线走完需要的时间非常长。因此,面对邮轮航线单一的问题,上海将发展台湾作为定期的邮轮航线目的地,目前已有9个航次的航线包租申请获批。另外,上海邮轮港还在积极拓展中长邮轮母港航线,除了日韩,还将延伸至新加坡、马来西亚、泰国。在此方面,中国香港地区的经验值得学习借鉴。2016年5月,香港旅游发展局表示,香港将着力和中国海上丝绸之路旅游推广联盟各旅游局推动"一程多

站"线路,并通过亚洲邮轮联盟推动"海丝旅游"。香港旅游发展局愿利用其在世界各地的办事处,加强"海丝旅游"的推广。香港旅游局已成立亚洲邮轮联盟,目前中国厦门、台湾、海南地区,以及菲律宾等已成为成员单位。未来香港旅游局将进一步和内地港口合作,扩大亚洲邮轮市场和航线发展,吸引更多邮轮前来。

作为2016年中国海上丝绸之路旅游推广联盟轮值单位,广东省旅游局在会上所建议的2016年联盟工作思路,亦与香港旅游发展局的构想多有呼应。今后,可开发推广"海丝旅游"一程多站线路,以港澳为节点,吸引国外游客到内地"海丝"城市旅行。联盟单位可联合开发邮轮旅游线路和产品,尤其以"海上丝绸之路文化旅游"为主题开辟旅游线路。其他亚洲国家在"一程多站"邮轮路线开发方面需要改进和重视。

四、亚洲联合培养邮轮旅游人才还有发展空间

首先,从中国邮轮旅游人才的培养数量来看,还远不能满足高速扩张的市场对专业邮轮人才的需要。

表3-3-1 国内开设邮轮乘务管理专业的大学名录

院 校 名 称	院 校 名 称
福建船政交通职业学院	南宁职业技术学院
九江职业大学	武汉城市职业学院
桂林旅游学院	海南职业技术学院
浙江交通职业技术学院	贵州航天职业技术学院

续 表

院 校 名 称	院 校 名 称
海口经济学院	广西国际商务职业技术学院
上海震旦职业学院	湖南外贸职业学院
江苏海事职业技术学院	南通航运职业技术学院
三亚城市职业学院	唐山工业职业技术学院
浙江旅游职业学院	河北旅游职业学院
山东交通职业学院	河北交通职业技术学院
江西工业贸易职业技术学院	太原旅游职业学院
黑龙江旅游职业技术学院	郑州旅游职业学院
河北女子职业技术学院	浙江国际海运职业技术学院
山东旅游职业学院	三亚航空旅游职业学院
延安职业技术学院	大连枫叶职业技术学院
天津海运职业学院	海南科技职业学院
大连航运职业技术学院	泉州海洋职业学院
郑州城市职业学院	三亚理工职业学院
新乡职业技术学院	青岛远洋船员职业学院
山东海事职业学院	

表 3-3-2 我国高等院校邮轮相关专业毕业情况

年 份	2012	2013	2014	2015	2016
毕业人数	672	821	969	1 217	1 135

其次,从中国邮轮旅游人才培养的质量来说,目前的专业人才综合素质和专业能力需要提高。

就现阶段中国相关高校的课程设置来看,目前开设邮轮管理专业的本科高校有如下几所:上海海事大学亚洲邮轮学院、大连海事大学、上海工程技术大学、中国海洋大学,其他多集中于职业院校。从开设学校的资质以及培养质量与数量上来看,还存在着一些问题。如学校教学师资力量薄弱;院校水平与资历参差不齐,难以保证教学与培养质量;邮轮企业参与较少;邮轮人才培养周期短,综合素质高的专业邮轮人才匮乏。我国现阶段的邮轮管理专业还处于起步阶段,是一门新兴的学科方向。

从国际邮轮公司对我国的人才招聘来看,我国培养的专业人才在邮轮旅游的整个产业链中与上游产业所需的人才是不匹配的,只能从事基本的服务工作。[1] 国际邮轮公司每年在中国市场的招聘需求量非常大,但符合所有招聘条件的人才并不多。一方面,培养层次普遍较低,大多数为专科教育,本科教育比例较低,结构、软硬件设施都不能满足未来邮轮经济产业发展的需要;另一方面,各类邮轮专业人才极为缺乏,人才培养专业面窄。邮轮专业人才体系包括邮轮管理、邮轮运营、邮轮销售、邮轮领队、船上服务、航海、轮机等专业。目前,我国邮轮旅游人才培养主要侧重海乘人才的培养,邮轮专业的课程设置还没有脱离旅游英语、旅游餐饮管理、酒店管理、旅游市场营销以及礼仪教育等传统的旅游管理教育[2],而相反,邮轮管理、运营、航海、轮机人才培养却较少,邮轮销

---

[1] 巩文丽:《我国邮轮旅游人才培养机制创新研究》,大连海事大学硕士论文,2015年4月。
[2] 巩文丽:《我国邮轮旅游人才培养机制创新研究》,大连海事大学硕士论文,2015年4月。

售和邮轮领队的系统培养更是空白。

综上，我国邮轮专业人才的数量与质量皆满足不了高速发展的邮轮经济的市场需求。我国的邮轮产业属于新兴产业，各方面的机制还不够成熟，相关的政策规范较少，与国外的成熟培养体系相比，我国邮轮专业人才的培养还有很大发展空间：亟须加强邮轮高校师资队伍质量；科学合理地制定邮轮旅游相关专业的培养计划；邮轮企业与高校的合作，使邮轮专业人才的培养与邮轮经济的需求相匹配。

实践篇

第四章 全球邮轮产业发展现状与趋势

第一节 全球邮轮市场发展概述

一、世界邮轮市场保持稳健增长趋势

近十年来国际邮轮旅游市场保持6%—8%的增速,成为国际旅游业中增速最快的新兴业态,邮轮经济与邮轮市场增速基本相当。2018年,邮轮旅游保持积极的发展态势,市场规模达到2 690万人次,相比2017年的2 580万人次乘客有所增长。根据国际邮轮协会的最新报告,全球邮轮市场规模在2019年预计达到2 870万人次,2025年预计3 760万人次,具有良好发展前景和市场潜力,反映出国际邮轮业界对邮轮市场充满信心。世界邮轮市场规模增长的推动力从以北美和欧洲为主,向以北美、欧洲和亚太为主

转变,进一步提升邮轮市场发展的潜力。

图 4-1-1 2004—2025 年世界邮轮游客数及增长率

数据来源：Cruise Lines International Association。

全球邮轮市场呈现高度集聚的典型特征。在北美邮轮市场,美国占有北美邮轮市场的绝大份额,美国的五大邮轮港口主要是迈阿密港、埃弗格雷斯港、卡纳维拉尔港、加尔维斯敦港、长滩港,占据美国总额 70% 左右的游客从这五大港口登船。中国邮轮客源量年总量超越德国,成为全球第二大邮轮市场。美国邮轮市场同样具备较高的集中度,从美国港口出发的游客,其中 55% 左右的游客是从美国五大港口出发的,包括迈阿密港、埃弗格雷斯港、卡纳维拉尔港、坦帕港、杰克逊维尔港。另外,占全球总量 7% 左右的游客是从北美其他港口出发的,主登船港口加勒比海圣胡安和加拿大温哥华。

在欧洲邮轮市场,欧洲地区 5 个最大的客源国家占据欧洲市场份额的80%左右,德国和英国的游客量占据欧洲市场份额的50%左右,来自意大利、法国、西班牙的游客量,占据欧洲市场的30%左右,欧洲其他地区贡献超过10万游客量的国家有挪威、瑞士、奥地利、荷兰,来自这4个国家的游客量占据欧洲市场份额的8%。欧洲十大邮轮港口主要是南安普顿、巴塞罗那、威尼斯、奇维塔韦基亚、萨沃纳、热那亚、马略卡、汉堡、马赛、哥本哈根,这些邮轮港口占据欧洲2/3的客源市场份额。地中海以亚平宁半岛、西西里岛和突尼斯之间的突尼斯海峡为界,分东、西两部分,是古代文明的发祥地之一,有古埃及的灿烂文化,有古巴比伦王国和波斯帝国的兴盛,更有欧洲文明的发源地。地中海地区邮轮天数占到欧洲市场运力的70%以上。地中海地区主要的邮轮母港有巴塞罗那、威尼斯、奇维塔韦基亚、萨沃纳、热那亚。主要目的地、中转港也包含那不勒斯、马赛、特内里费、杜布罗夫尼克、比雷埃夫斯、拉斯帕尔马斯。

随着传统的占领导地位的北美邮轮市场日趋饱和,开辟新邮轮航线的空间有限,加之多条邮轮航线陈旧、缺乏新意等问题,使得北美的邮轮市场中心开始发生转移。邮轮公司为满足亚太日益增长的消费需求以及自身开拓新兴市场的需要,不断将其运力由欧美等发展成熟地区转向不断成长的新兴亚太市场。从全球邮轮市场来看,在北美与欧洲地区市场量级占有优势的环境下,亚洲市场成为国际邮轮公司发展的重要市场。悉尼和澳大利亚其他邮轮港口主要作为母港为前往新西兰、南太平洋地区的邮轮服务。南美地区巴西、阿根廷是这一区域最大的旅游目的地。

亚太市场是全球范围内增长最为迅猛的新兴邮轮市场。随着亚太地区经济发展水平的不断提升,中产阶级队伍开始不断壮大,这为邮轮旅游在亚太地区的发展提供了很好的客源基础。亚太地区同时拥有着丰富的旅游资源以及许多天然的优良海港,加上南太平洋沿岸港口的不断兴建为发展邮轮旅游提供了物质基础,以及相关国家的政策鼓励使得亚太发展邮轮旅游有了强大的支撑动力和保障。近年来,随着亚太地区邮轮市场环境的向好发展,各地政府对邮轮产业的投资力度逐步增大,利用自身丰富的旅游资源,加大邮轮市场的培育力度,使得邮轮市场的规模不断提升,吸引更多的国际邮轮运营集团投放亚太邮轮市场。

二、全球邮轮市场供给持续增长

从全球邮轮市场供给格局来看,欧美市场仍占据绝对主导地位。在过去10年,全球邮轮运力部署保持高速的增长态势,根据国际邮轮协会数据预计,2018年,全球邮轮市场提供52.6万个床位数,其中邮轮占到48.3万床位数,内河邮轮占到4.3万床位数。2018年,全球邮轮可提供床位天数达到1.67亿。在全球邮轮运力中,2018年,全球提供508艘邮轮,2017年,全球邮轮数量为449艘,同比增长13.1%,其中290艘海洋邮轮,218艘内河邮轮。

表 4-1-1 全球五大邮轮运营集团介绍

邮轮公司	总部基地	创始时间	邮轮数量	品牌数量
嘉年华集团	美国迈阿密	1972 年	105 艘	9 个
皇家加勒比游轮集团	美国迈阿密	1968 年	52 艘	6 个
诺唯真游轮集团	美国迈阿密	1966 年	26 艘	3 个
地中海邮轮集团	那不勒斯	1987 年	15 艘	1 个
云顶邮轮集团	中国香港	1993 年	9 艘	3 个

数据来源：Cruise Lines International Association。

当前,嘉年华集团、皇家加勒比游轮集团、诺唯真游轮集团、地中海邮轮集团、云顶邮轮集团是全球前五大邮轮运营集团。在世界邮轮市场格局方面,邮轮企业巨头掌控市场主导权,船队规模实力位居世界邮轮界前三的巨型邮轮企业占据世界邮轮市场份额的 80% 以上,船队规模宏大,运营邮轮品牌多样,针对各个区域市场投放不同层次的邮轮品牌。其中邮轮业界实力最强的嘉年华集团运营九大邮轮品牌共计 100 余艘邮轮,占据 1/2 左右的世界邮轮市场份额,船队规模仍在逐渐扩大。规模实力位居第二的皇家加勒比公司在世界范围内运营六大邮轮品牌,邮轮总量多达 40 余艘,运营航线涵盖范围十分广泛,可以达到的旅游目的地数量近 500 个。2018 年 6 月 14 日,皇家加勒比游轮有限公司用 10 亿美元收购银海邮轮 66.7% 的股权。皇家加勒比游轮通过债务为此次收购融资,银海邮轮将作为皇家加勒比游轮旗下独立的品牌。亚洲邮轮企业云顶邮轮集团规模实力位列世界第五,拥有 9 艘邮轮,主要运营亚洲邮轮市场。

2019年2月1日,皇家加勒比国际游轮第二艘超量子系列邮轮在位于德国帕彭堡迈尔(Meyer Werft)船厂正式开工建造,这是皇家加勒比集团旗下的第27艘邮轮,被命名为"海洋奥德赛号"(Odyssey of the Seas),"海洋奥德赛号"预计于2020年秋季在美国启航。2019年年初,意大利芬坎蒂尼造船厂继"七海探索者号"后,正式向丽晶七海邮轮公司交付5.5万总吨的"七海辉煌号"邮轮,另外一艘将在2023年交付。意大利芬坎蒂尼造船厂向维京邮轮交付了4.7万总吨,载客量达到930人的"木星号"邮轮,未来将逐步向维京邮轮交付规格基本一致的10艘新船,使得维京邮轮船队的规模不断扩大。2019年1月,专注于极地探险的夸克探险邮轮公司(Quark Expeditions)在克罗地亚最大的船厂Brodosplit举行新船建造钢板切割仪式,建造的新型极地探险邮轮将在2020年建成并交付使用,本次建造的新型邮轮长度达到128米,吨位为1.35万总吨,最大载客量为200人。

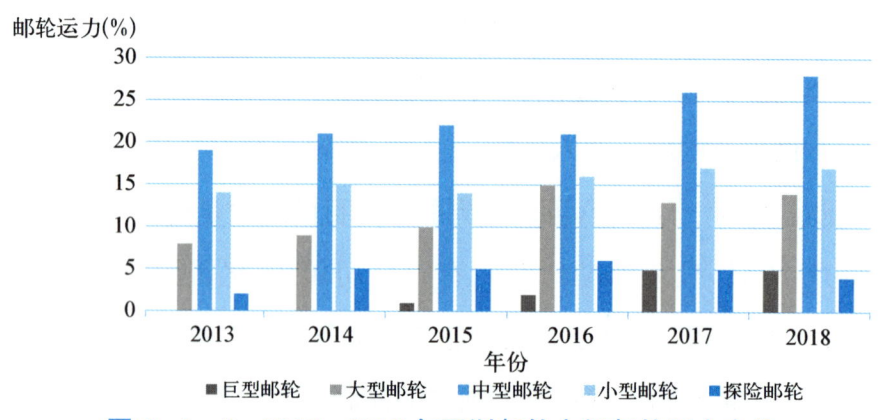

图4-1-2 2013—2018年亚洲邮轮市场邮轮运力变化

数据来源:Cruise Lines International Association。

邮轮公司为满足亚太日益成长的消费需求以及自身开拓新兴市场的需要，不断将其运力由欧美等发展成熟地区转向不断成长的新兴亚太市场。从全球邮轮市场来看，在北美与欧洲地区市场量级占有优势的环境下，亚洲市场成为国际邮轮公司发展重要的市场。亚洲邮轮市场在全球市场的份额占比取得了较大的提升，其中中国邮轮市场发挥着重要的作用，另外日本、韩国等的邮轮市场处于较强的增长态势，中国邮轮市场与日韩邮轮市场的互动性较强。

三、全球邮轮市场布局战略调整

2018年，公主邮轮将着力在华推广海外航线，将国际化邮轮体验、丰富的海外航线及目的地和备受赞誉的海外岸上观光完美结合。2018年海外航线全新战略和推广计划包括阿拉斯加航线、东南亚航线、澳大利亚新西兰航线、北欧航线、美洲航线、环球航线等。其中"蓝宝石公主号"，则以新加坡为母港运营东南亚航线；2018年9月，"盛世公主号"将告别中国母港，转至澳洲邮轮市场运营。嘉年华集团为歌诗达邮轮集团建造的第一艘Vista级邮轮"威尼斯号"在2019年投放上海市场，并且未来持续加大对中国市场的投入，增强在中国市场的竞争力。

皇家加勒比游轮"海洋绿洲号"打破了以往的邮轮度假模式，创建标志性"水剧场"表演场地，不断推动邮轮旅游产品的创新，将于2019年进行更为全面的改造，将成为从新泽西州贝永自由岬邮轮港（Cape Liberty）出发的首艘Royal Amplified邮轮，启航时间计划于 2020 年 5 月。在整个夏季,游客可以乘坐"海洋绿洲号"开展 7 晚的邮轮旅游,主要是前往巴哈马群岛及部分向北驶往新英格兰和加拿大的短途航线。另外,"海洋冒险者号"将驶回自由岬邮轮港(Cape Liberty),开展 5 晚以及 9 晚的夏秋季邮轮线路,主要前往包括百慕大、新英格兰、加拿大以及巴哈马群岛和加勒比海等著名旅游目的地。"海洋交响号"将返回佛罗里达州迈阿密港,其姐妹船"海洋和悦号"将返回卡纳维拉尔港,开启 7 晚的东加勒比海和西加勒比海航行之旅,并且这两艘邮轮都将参与"可可岛完美假期"项目。"海洋富丽号"将在夏季时节开展为期 5 晚和 9 晚的百慕大和巴哈马群岛线路,在冬季开展为期 9 晚的东南部海岸和巴哈马航线以及 12 晚的南加勒比海航线。

在 2020 年夏季部署计划中,长期运营纽约母港航线的"海洋圣歌号"将穿越大西洋驶回英国南安普敦,这是该邮轮近 5 年来的首次返航。量子系列邮轮"海洋圣歌号"将开启其有史以来最为盛大的冒险之旅,在 8—14 晚的行程中停靠地中海、北欧和加那利群岛的沿海城镇。"海洋独立号"经过 2018 年的改造,将于 2020 年夏季返回南安普敦,开展围绕挪威峡湾、加那利群岛和北非、斯堪的纳维亚和俄罗斯,以及意大利地中海地区 7—14 晚的航海行程,另外新增摩洛哥阿加迪尔以及位于大西洋中部葡萄牙亚速尔群岛的蓬塔德尔加达作为全新目的地。"海洋迎风号"将于 2020 年夏季返回意大利威尼斯,在希腊、克罗地亚航线和希腊群岛航线之间交替航行,开展短途邮轮旅游航线。"海洋珍宝号"将开展哥本哈根母港航线,这艘邮轮提供穿越挪威峡湾的 7 晚之旅以及斯堪的纳维亚半岛、俄罗斯航线7晚之旅。"海洋光辉号"将第3次于夏季返回阿姆斯特丹,提供12晚的波罗的海航线以及环不列颠群岛的12晚邮轮旅游产品。

为进一步巩固皇家加勒比游轮在亚洲市场的地位,增强在中国市场的品牌力和号召力,皇家加勒比游轮一直将其最新、最具科技装配的大型邮轮投放中国市场,在2019年6月,其旗下第一艘超量子系列邮轮"海洋光谱号"在中国市场开始母港航线运营,这将进一步提升亚洲邮轮市场在全球邮轮市场的地位,也将吸引更多的国际邮轮公司将其更新更大的邮轮投放中国市场。"海洋量子号"于2019年前往新加坡运营,在2019年11月—2020年4月以滨海湾为母港运营6个月34个航次,其中包括4晚、5晚及少量7晚航次,主要目的地为吉隆坡、普吉岛以及槟城。"海洋赞礼号"于2019年5—9月离开天津母港部署在美国西雅图执行阿拉斯加航线。"海洋航行者号"于2019—2020年返回澳大利亚运营悉尼航线。2019年冬季,"探索梦号"驶向南半球,它将推出每周由悉尼或奥克兰出发的全新母港航线,包括21个每周出发7晚航次,主要包含"昆士兰及大堡礁之旅""新西兰南北岛之旅""塔斯曼尼亚及墨尔本之旅"等产品。在诺唯真游轮调整"喜悦号"后,于2020年暑假将从海外调配一艘投入数千万美元改造、更具国际风情的7万吨"诺唯真之勇号"布局中国市场。

四、亚洲邮轮市场产品以短航线为主

亚洲区域邮轮为游客提供较短航期的邮轮旅游服务,平均而

言,丽星邮轮与阿苏卡邮轮提供更短的邮轮产品,平均航期为 2.5 晚和 3.9 晚。国际邮轮巨头皇家加勒比游轮、歌诗达邮轮、公主邮轮平均航期为 5.2 晚、4.1 晚和 6.4 晚。提供航期时间最长的大洋洲邮轮和丽星七海邮轮,分别为 17.3 晚和 17 晚。

在邮轮公司提供的产品方面,在 2017 年,4—6 晚短航线依然是主力航线,占到总量的 52%,而 2016 年为 48%,同比增长 4 个百分点;2—3 晚的产品占比 31%,2016 年占比为 32%,下降 1 个百分点。因此,2—6 晚的产品依然占有绝对比例,总占比达到 83%。虽然不少邮轮公司尝试开发 7 天 6 晚甚至更长的航线,但 6 晚以下的航线依然是最重要的组成部分,7 晚的产品仅占比 4%,比 2016 年的 6% 下降 2 个百分点,8 晚以上的产品占比仅为 15%。

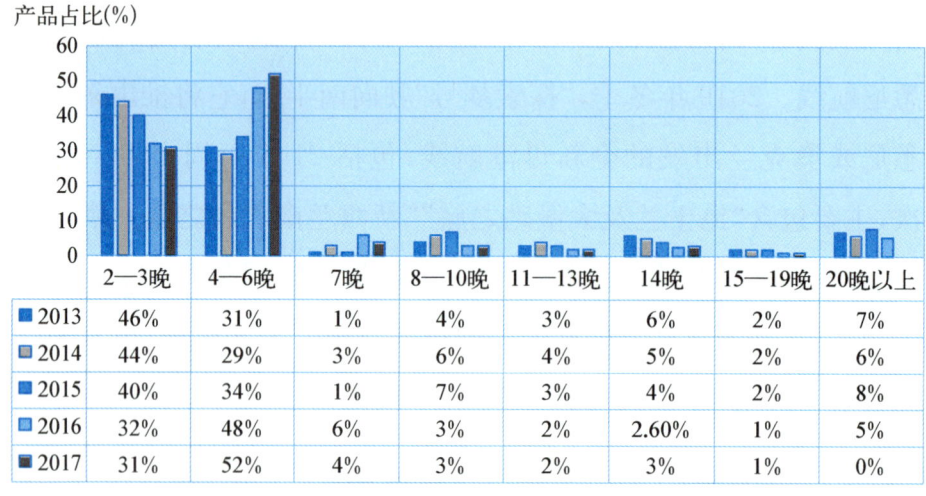

产品占比(%)

	2—3晚	4—6晚	7晚	8—10晚	11—13晚	14晚	15—19晚	20晚以上
2013	46%	31%	1%	4%	3%	6%	2%	7%
2014	44%	29%	3%	6%	4%	5%	2%	6%
2015	40%	34%	1%	7%	3%	4%	2%	8%
2016	32%	48%	6%	3%	2%	2.60%	1%	5%
2017	31%	52%	4%	3%	2%	3%	1%	0%

图 4-1-3　近年来亚洲邮轮市场产品供给情况

数据来源:Cruise Lines International Association。

2016年,以4—6晚为最主要的产品,占到48%;2—3晚次之,占到32%;7晚占到6%。总体而言时间越长,产品量逐渐降低。从2013—2014年的产品发展趋势来看,2—3晚的较短期邮轮产品占到的比重较高,均在40%以上,但呈现逐渐下降的趋势,在2016年占比降低8个点,占比为32%;而4—6晚的邮轮产品在逐渐提升,2016年上升到48%,上升13个点。主要由于是2—3晚的时间过于短,难以真正实现旅游的目的,而4—6晚时间较为充裕,可以较好地体验邮轮,并且费用较为合理,使得其占比逐渐提升。7晚的航期占比也有所上升,但比例依然较低;其余更长的航期占比均较低,与休假制度、旅游费用有着直接的关系。

第二节　全球邮轮建造市场发展情况

一、全球邮轮建造高垄断特征增强

欧洲已经全面掌握豪华邮轮设计建造技术,具备完善的邮轮建造及维修的配套产业链。全球邮轮建造订单主要被意大利、德国以及法国的邮轮建造集团所掌握,拥有完备的邮轮建造技术和设计研发能力。芬坎蒂尼是全球造船业中位列第四的造船集团,也是全球最大的邮轮建造商,在意大利、挪威、罗马尼亚、美国、巴西、越南和阿联酋等国家和地区建立了22家船厂。全球新造邮轮市场中97%的邮轮建造订单被意大利、德国以及法国的3家造船集团持有,并且具有难以撼动的地位,造成邮轮建造市场较高的垄断性。

意大利芬坎蒂尼集团是全球大中型邮轮和内河邮轮的主要建造商,大型邮轮的主要客户包括嘉年华邮轮运营集团以及地中海邮轮运营集团等,邮轮载客量在 3 500 人以上;同时也为维京游轮等内河邮轮企业建造 1 000 客位的小型游船。从 1990 年至今,意大利芬坎蒂尼集团已建造 88 艘豪华邮轮,其中大部分订单是在 2002 年后完成的,目前依然持有 55 艘邮轮设计建造订单。法国 STX 造船集团已经建造了 120 艘豪华邮轮。2018 年 2 月,意大利芬坎蒂尼集团以 5 970 万欧元的价格收购法国 STX 集团 50% 的股份,这一交易的完成,标志着芬坎蒂尼集团正式成功收购法国 STX 集团。收购完成后,芬坎蒂尼集团将持有法国 STX 集团 50% 的股权,而法国政府股权管理机构(APE)持股 34.34%(其中的 1% 将借出给芬坎蒂尼),法国海军集团(Naval Group)持股 10%,法国 STX 集团员工持股 2.4%,法国 STX 集团当地供应商持股 3.26%。

法国 STX 造船集团主攻大型邮轮设计建造,邮轮载客量在 4 000 客位左右,主要为美国皇家加勒比游轮集团及云顶邮轮集团等国际大型邮轮运营公司建造。德国迈尔造船集团在开始主要是建造客船及轮渡,直到 20 世纪 80 年代,逐步开展邮轮设计建造,建造的第一艘邮轮是"荷马时代号",吨位为 5 万总吨,此后,迈尔船厂以建造 3 000—4 000 客位的超大型邮轮为主。

邮轮建造业不仅需要耗费大量的资金,另外还需强大的综合研发能力、供应链管理能力等多方面的能力。邮轮上游的设计建造,具有耗资大、耗时长等显著特点,为产业链带来重要的经济效益。近年来,邮轮造价不断上升,如皇家加勒比游轮集团旗下的22万吨级邮轮造价在10亿美元左右,10万吨级邮轮造价在5亿美元左右。当前由于欧洲形成了具有较大规模的邮轮建造工业,集聚全球众多的邮轮建造配套企业和功能平台,使得其在配套的本土化方面具有显著的领先优势,这也是其具有较高垄断地位的重要基础。

二、世界邮轮建造市场供不应求

随着世界邮轮市场需求不断增长,现有的国际邮轮建造厂的供给难以满足日渐增长的需求,当前每年平均需要12艘大型邮轮,仅仅依靠欧洲邮轮建造厂短期内难以满足市场快速增长的需求。邮轮建造的订单已经排到2027年,在2027年之前共有91艘在建邮轮,订单总价580亿美元,总建造吨位23.92万吨。根据最新数据显示,2018—2027年已经明确的共有近百艘邮轮在建或将建,平均每年建造10艘豪华邮轮,其中2018—2022年5年间共有81艘,平均每年建造20艘。未来10年在建、将建的巨型邮轮共有17艘,占比为17%;大型邮轮共有22艘,占比为22%;中型邮轮为15艘,占比为15%;小型邮轮为45艘,占比为46%。2019年是交付船只最多的一年,全年24艘新船交付使用。大型、巨型船将不断推出,这表明全球邮轮市场运力供给将保持较高的增长态势,澳大利亚与中国市场将持续驱动全球邮轮市场需求的增长,促进建造市场的持续繁荣。

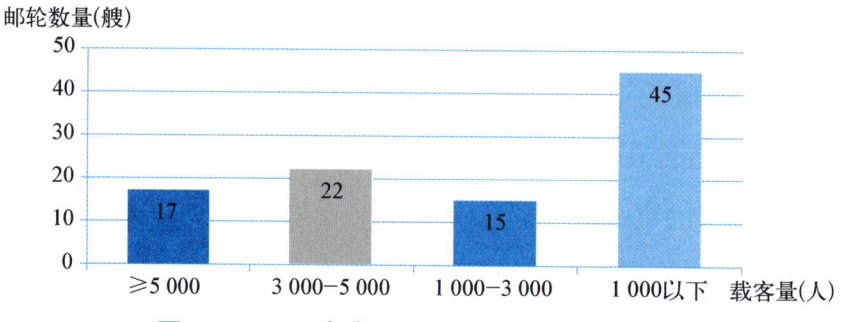

图 4-2-1　未来十年在建及将建邮轮类型

数据来源：Cruise Lines International Association。

表 4-2-1　2018—2027 年在建、拟建的豪华邮轮[①]

年份	邮轮公司	船　名	建造船厂	总吨位	载客量
2018	嘉年华邮轮	嘉年华地平线号（Carnival Horizon）	意大利芬坎蒂尼船厂	133 500	3 954
	皇家加勒比	海洋交响号（Symphony of the Seas）	法国大西洋船厂	230 000	5 491
	诺唯真游轮	诺唯真极乐号（Norwegian Bliss）	德国迈尔船厂	167 800	4 200
	世鹏邮轮	海洋欢呼号（Seabourn Ovation）	意大利芬坎蒂尼船厂	40 350	604
	途易邮轮	迈希夫 1 号（Mein Schiff 1）	德国迈尔船厂	111 500	2 894
	地中海邮轮	地中海海平线号（MSC Seaview）	意大利芬坎蒂尼船厂	154 000	4 140
	庞洛邮轮	拉普洛斯号（Le Laperouse）	意大利芬坎蒂尼船厂	10 000	184
	维京邮轮	维京猎户座号（Viking Orion）	意大利芬坎蒂尼船厂	47 800	930
	星船	飞剪号（Flying Clipper）	克罗地亚 Brodosplit 船厂	8 770	300

[①] 本表中部分新造邮轮中文译法为笔者译，后续若有官方译名请以官方译名为准。

续　表

年份	邮轮公司	船　名	建造船厂	总吨位	载客量
2018	庞洛邮轮	尚普兰号(Le Champlain)	意大利芬坎蒂尼船厂	10 000	184
	荷美邮轮	新史坦顿号(Nieuw-Statendam)	意大利芬坎蒂尼船厂	99 500	2 650
	精致邮轮	精致边际号(Celebrity Edge)	法国大西洋船厂	11 700	2 900
	爱达邮轮	夏达诺娃号(AIDAnova)	德国迈尔船厂	180 000	5 200
	神秘邮轮	世界探索者号(World Explorer)	葡萄牙西海船厂	9 300	200
2019	地中海邮轮	地中海荣耀号(MSC Bellissima)	法国大西洋船厂	167 600	4 500
	歌诗达亚洲	威尼斯号(Venice)	意大利芬坎蒂尼船厂	135 500	4 200
	珊瑚探险邮轮	珊瑚探险家号(Coral Expeditions)	意大利芬坎蒂尼船厂	5 000	120
	维京邮轮	维京朱庇特号(Viking Jupiter)	意大利芬坎蒂尼船厂	47 800	930
	皇家加勒比	海洋光谱号(Spectrum of the Seas)	德国迈尔船厂	168 600	4 180
	精致邮轮	精致佛罗拉号(Celebrity Flora)	荷兰 De Hoop 船厂	5 739	100
	途易邮轮	迈希夫 2 号(Mein Schiff 2)	德国迈尔船厂	111 500	2 894
	海达路德	罗爱德·阿曼德森号(Roaid Amundsen)	挪威 Kleven Werft 船厂	20 889	530
	南北极游轮	洪德尤斯号(Hondius)	克罗地亚 Brodosplit	5 590	180

续 表

年份	邮轮公司	船 名	建造船厂	总吨位	载客量
2019	赫伯罗特邮轮	汉斯提克自然号（Hanseatic Nature）	意大利芬坎蒂尼船厂	16 100	230
	庞洛邮轮	勒布根维拉号（Le Bougainville）	意大利芬坎蒂尼船厂	10 000	184
	海达路德	和平南森号（Fridtjof Nansen）	挪威 Kleven Verft 船厂	20 889	530
	传奇邮轮	发现者精神号（Spirit of Discovery）	德国迈尔船厂	55 900	972
	极光探险	格雷格·莫蒂默号（Greg Mortimer）	招商局集团	8 000	180
	庞洛邮轮	乐杜蒙特号（Le Dumont）杜蒙维尔号（D'Urville）	意大利芬坎蒂尼船厂	10 000	184
	诺唯真邮轮	诺唯真安可号（Norwegian Encore）	德国迈尔船厂	167 800	4 200
	嘉年华邮轮	嘉年华全景号（Carnival Panorama）	意大利芬坎蒂尼船厂	133 500	3 954
	丽思卡尔顿	未命名	Astillero Barreras 船厂	24 000	298
	歌诗达邮轮	歌诗达斯末拉达克号（Costa Smeralda）	德国迈尔船厂	180 000	5 000
	赫伯罗特邮轮	汉萨灵感号（Hanseatic Inspiration）	意大利芬坎蒂尼船厂	16 100	230
	地中海邮轮	地中海鸿图号（MSC Grandiosa）	法国大西洋船厂	177 000	4 900
	公主邮轮	星空公主号（Sky Princess）	意大利芬坎蒂尼船厂	143 700	3 560

续 表

年份	邮轮公司	船 名	建造船厂	总吨位	载客量
2020	维珍邮轮	未命名	意大利芬坎蒂尼船厂	110 000	2 800
	歌诗达亚洲	未命名	意大利芬坎蒂尼船厂	135 500	4 200
	林得布拉德	未命名	克罗地亚 Uljanik 船厂	12 300	126
	太阳石	未命名	招商局集团	8 000	180
	精致邮轮	精致贝尤德号（Celebrity Beyound）	法国大西洋	117 000	2 900
	丽晶七海邮轮	七里光辉号（Seven Seas Splendor）	意大利芬坎蒂尼船厂	54 000	738
	丽星邮轮	环球级邮轮（Global Class）	云顶 MV Werften 集团	204 000	5 000
	嘉年华邮轮	未命名	迈尔图尔库船厂	180 000	5 200
	P&O邮轮	未命名	德国迈尔船厂	180 000	5 200
	庞洛邮轮	贝洛特号（Le Bellot）	意大利芬坎蒂尼船厂	10 000	184
	传奇邮轮	冒险精神号（Spirit of Adventure）	德国迈尔船厂	55 900	972
	水晶探险游艇	水晶大力号（Crystal Endeavor）	云顶 MV Werften 集团	25 000	200
	水晶探险游艇	大力2号（Endeavor 2）	云顶 MV Werften 集团	25 000	200
	地中海邮轮	传奇升级号（Meraviglia Plus）	法国大西洋船厂	177 000	4 900
	庞洛邮轮	拉苏维拉号（Le Surville）	意大利芬坎蒂尼船厂	10 000	184
	太阳石邮轮	未命名	招商局集团	8 000	180

续表

年份	邮轮公司	船名	建造船厂	总吨位	载客量
2021	迪士尼邮轮	未命名	德国迈尔船厂	135 000	2 500
	皇家加勒比	量子5号（Oasis 5）	法国大西洋船厂	227 000	5 497
	维珍邮轮	未命名	意大利芬坎蒂尼船厂	110 000	2 800
	维京邮轮	未命名	意大利芬坎蒂尼船厂	47 800	930
	歌诗达邮轮	未命名	迈尔图尔库船厂	180 000	5 000
	地中海邮轮	新海岸线号（Sea Side Evo）	意大利芬坎蒂尼船厂	169 380	4 500
	荷美邮轮	云舟3号（Pinnacle 3）	意大利芬坎蒂尼船厂	99 500	2 650
	维京邮轮	未命名	意大利芬坎蒂尼船厂	47 800	930
	爱达邮轮	未命名	德国迈尔船厂	180 000	5 200
	丽星邮轮	环球2号（Global Class 2）	云顶MV Werften集团	204 000	5 000
	太阳石邮轮	未命名	招商局集团	8 000	180
	庞洛邮轮	未命名	意大利芬坎蒂尼船厂	30 000	270
	水晶探险游艇	大力3号（Endeavor 3）	云顶MV Werften集团	25 000	200
	精致邮轮	边缘3号（Edge Class 3）	法国大西洋船厂	117 000	2 900
2022	水晶邮轮	钻石号（Diamond Class）	云顶MV Werften集团	65 000	800
	地中海邮轮	世界号（World Class）	法国大西洋船厂	200 000	5 400
	诺唯真邮轮	莱昂纳多号（Project Leonardo）	意大利芬坎蒂尼船厂	140 000	3 300

续　表

年份	邮轮公司	船　　名	建造船厂	总吨位	载客量
2022	皇家加勒比	标志1号（Icon Class 1）	德国迈尔船厂	200 000	5 000
	P&O邮轮	未命名	德国迈尔船厂	180 000	5 200
	冠达邮轮	未命名	意大利芬坎蒂尼船厂	113 000	3 000
	维京邮轮	未命名	意大利芬坎蒂尼船厂	47 800	930
	公主邮轮	皇家6号（Royal Class 6）	意大利芬坎蒂尼船厂	143 700	3 980
	精致邮轮	边缘4号（Edge Class 4）	法国大西洋船厂	117 000	2 900
	嘉年华	未命名	迈尔图尔库船厂	180 000	5 200
	维珍邮轮	未命名	意大利芬坎蒂尼船厂	110 000	2 800
	维京邮轮	未命名	意大利芬坎蒂尼船厂	47 800	930
	迪士尼邮轮	未命名	德国迈尔船厂	135 000	2 500
2023	迪士尼邮轮	未命名	德国迈尔船厂	135 000	2 500
	爱达邮轮	未命名	德国迈尔船厂	180 000	5 400
	途易邮轮	迈希夫号（Mein Schiff）	迈尔图尔库船厂	111 500	2 894
	诺唯真邮轮	莱昂纳多计划号（Project Leonardo）	意大利芬坎蒂尼船厂	140 000	3 300
	嘉年华/中船	未命名	上海外高桥造船厂	133 500	4 000
	维京邮轮	未命名	意大利芬坎蒂尼船厂	47 800	930
	地中海邮轮	海岸线升级号（Sea Side Evo 2）	意大利芬坎蒂尼船厂	169 380	4 560

续 表

年份	邮轮公司	船 名	建造船厂	总吨位	载客量
2024	地中海邮轮	世界2号（World Class 2）	法国大西洋船厂	200 000	5 400
	皇家加勒比	标志2号（Icon Class 2）	迈尔图尔库船厂	200 000	5 000
	维京邮轮	未命名	意大利芬坎蒂尼船厂	47 800	930
	诺唯真邮轮	莱昂纳多计划号（Project Leonardo）	意大利芬坎蒂尼船厂	140 000	3 300
	嘉年华/中船	未命名	上海外高桥造船厂	133 500	4 000
2025	维京邮轮	未命名	意大利芬坎蒂尼船厂	47 800	930
	诺唯真邮轮	莱昂纳多计划号（Project Leonardo）	意大利芬坎蒂尼船厂	140 000	3 300
	维京邮轮	未命名	意大利芬坎蒂尼船厂	47 800	930
2026	维京邮轮	未命名	意大利芬坎蒂尼船厂	47 800	930
	维京邮轮	未命名	意大利芬坎蒂尼船厂	47 800	930
2027	维京邮轮	未命名	意大利芬坎蒂尼船厂	47 800	930

数据来源：Cruise Lines International Association。

邮轮大型化和巨型化趋势较为明显，现代邮轮早已成为航行在水域的"五星级酒店"和"移动的度假村"。邮轮大型化可以提升邮轮的空间比，邮轮的空间比率等于邮轮的注册总吨位与邮轮的载客数量之比，空间比率表示的是邮轮上人均拥有的自由伸展空间。邮轮的空间比率越高，游客越能感受到邮轮的宽敞。新造邮轮基本在10万总吨以上，皇家加勒比游轮旗下拥有4艘绿洲级巨型邮轮，分别是绿洲号、魅力号、和悦号、交响号，分别于2009

年、2010年、2016年及2018年下水,使得"世界最大邮轮"的纪录一直被皇家加勒比游轮旗下大型邮轮所有。其旗下有绿洲号、魅力号、和悦号等总吨位超过22万总吨的邮轮。

2018年4月,皇家加勒比游轮"海洋交响号"下水,23万吨的巨型游轮又打破了自己保持的纪录。当前世界上最大的邮轮为"海洋交响号"(Symphony of the Seas),融合了绿洲级的船体结构和量子级的科技含量,总吨位达到23万总吨,客房数量达到2 775间,其中阳台房比海洋和悦号多28间,标准载客量达到5 494人,最大载客量达到6 780人,船员数量达到2 175人。"海洋交响号"是皇家加勒比旗下绿洲系列第4艘邮轮,皇家加勒比舰队中的第26名成员,于2018年4月正式首航,在地中海度过首个夏秋季航季,于2018年11月初抵达迈阿密,运行加勒比海航线。

嘉年华邮轮"嘉年华全景号"于2019年11月首次亮相,其姊妹邮轮包括2016年已投入使用的"嘉年华全景号",这艘邮轮是嘉年华邮轮有史以来最大的一艘,可以载客3 954人。嘉年华将迎来两艘更大型的邮轮,即将在2020年和2022年亮相的两艘吨位达到18万总吨,载客量达到5 200人。MSC地中海邮轮与法国STX船厂合作,4艘全新"世界星号"(World Class)邮轮将分别在2022年、2024年、2025年与2026年交付,4艘均为总吨位超过20万吨的全新级别邮轮,使得地中海邮轮大型邮轮船队规模迅速提升。在大型海洋邮轮之外,探险型邮轮船队规模也在不断扩大,2019年有12艘探险邮轮完成建造并投入市场运营,进一步扩大探险邮轮市场规模。2019年2月,意大利芬坎蒂尼造船厂正式向维京邮轮交付使用其旗下的第 6 艘船——"维京朱庇特号"（Viking Jupiter），吨位达到 4.78 万总吨，载客量达到 930 人，将投入运营南美布宜诺斯艾利斯到圣地亚哥航线。2018 年 6 月 16 日，意大利芬坎蒂尼造船厂向法国庞洛邮轮公司交付其探险邮轮系列中的第 6 艘，名为"拉普罗斯号"。2018 年 11 月 21 日，精致邮轮的最新船"精致边缘号"（Celebrity Edge）在美国罗德岱尔堡开启首航，主要经营加勒比海邮轮航线。

作为亚洲邮轮市场本土豪华品牌，云顶邮轮集团在 2016 年及 2017 年分别推出 15 万吨级的"云顶梦号"及"世界梦号"后，为旗下星梦邮轮建造全新旗舰"环球级"邮轮，总吨位达到 20.4 万吨，长 342 米，宽度 46 米的，拥有多达 2 500 间客房，标准载客量为 5 000 人，其最高载客量达到 9 500 人，能够充分满足亚洲市场旅游旺季的需求。"环球级"邮轮拥有极为丰富的休闲、娱乐、餐饮设施，包括主题乐园内配合虚拟现实科技的过山车、戏院、亚洲及西式 SPA、多种地道亚洲餐饮概念等，更好地满足亚洲邮轮市场需求。

第三节　全球邮轮经济发展情况

一、全球邮轮市场经济贡献概况

邮轮经济是邮轮制造业、邮轮港口业、邮轮服务业、邮轮休闲业等相关领域有机融合的新型业态，具有资本密集、人才密集、技术密集、信息密集和高成长性的特征以及较强的产业乘数效应，能够形成高附加值的产业链,并带动酒店住宿、商业零售、陆上交通、金融服务等多个现代服务业的全面发展。邮轮经济是以邮轮为基础,带动邮轮港口经济相关产业链延伸发展的经济现象,邮轮经济具有一定的广泛性,涵盖的内容较多,各个环节的内容相互依托,相互促进。从广泛意义来看,邮轮经济不仅涵盖与其直接相关的邮轮码头运营、邮轮公司运营、邮轮船供、岸上旅游观光以及邮轮建造等环节,另外还涵盖促进社会就业、提升社会消费文明程度和法律制度的完善等能够直接或间接地影响社会经济发展的各种因素。

从现实的邮轮经济发展来看,邮轮经济产业链的发展,可以有效地促进区域消费市场的扩大、增加社会就业量和提升旅游城市的对外形象,对港口的发展具有良好的促进作用。对世界各相关城市包括各港口的统计分析发现,邮轮产业构成的经济价值链已成为社会经济的基础。邮轮经济贡献分析包括三个要素:直接经济贡献、间接经济贡献和诱导产生的经济贡献。邮轮旅游产生的直接支出包含三个部分:邮轮游客、船员及邮轮本身。乘客和船员的支出主要集中在三个方面:前往港口花费、旅游和本地交通、购物消费。造船包括维修和翻新带来的经济贡献,欧洲占到27%,美国只有4%。在特定区域内发展邮轮产业经济,通常会受到区域内经济发展水平、区域内旅游资源的质量和分布、区域内人群出游方式、各种服务质量和水平等"软环境"、船舶维修能力等"硬环境"等方面因素的影响。

据皇家加勒比游轮集团的《2018年财年业绩》中资料显示:2018年全年,依据美国通用会计准则计算,皇家加勒比游轮集团净收入（净收入＝总收入－总支出）为18亿美元，每股收益为8.56美元；调整后净收入（净收入＝总收入－总支出）为19亿美元，同比增长18.75％，每股收益为8.86美元，同比增长17.66％。皇家加勒比游轮集团宣布，2019年调整后的每股收益在9.75美元—10美元之间。以固定汇率计算，集团总收益率上升了3.8％，净收益率上升4.4％。公司净收益率的上升，主要是来源其产品服务需求的提升、船上收入水平的增加以及收购银海邮轮财务合并，运营成本的增加主要是干船坞日数增加、硬件设施升级费用的投入、技术投资以及收购银海邮轮的支出。

二、全球邮轮经济贡献持续增强

目前世界邮轮产业主要集聚在北美和欧洲，北美地区以邮轮总部及配套产业为主，世界邮轮设计建造及配套产业主要集中在欧洲。以美国迈阿密为例，世界前三大邮轮公司总部均在迈阿密，迈阿密所在的佛罗里达州始发游客占据美国60.7％，邮轮经济直接贡献占美国36.8％，邮轮经济呈高度集聚态势。邮轮制造也呈高度垄断性，全球最大的三家邮轮建造公司及配套企业均位于欧洲，合计承接全球90％的订单。

邮轮母港是推动区域经济转型升级的新动力，经济贡献主要包含港口靠泊、邮轮船供、邮轮维修保养及相关配套商业服务等带来的收益。美国有全球著名的邮轮公司总部和邮轮母港业务，直接的经济贡献主要是邮轮公司的税收、向邮轮提供货物和邮轮港口服务、食品和饮料供应、燃料和设备供应以及行政支持服务。

船供在国际邮轮旅游市场占据着重要的地位,是邮轮旅游市场发展的重要保障之一,同时也是国际邮轮母港区别于访问港、始发港的重要特征之一,是国际邮轮经济发展的重要增长点之一,也是影响邮轮航线设定的重要影响因素。当前国际邮轮公司通常采用的是"全球集中采购,全球分散配送"国际货柜转运的模式。国际邮轮公司需要对其邮轮进行物质标准统一化,可以在物质财务成本核算、价格比较、物质库存信息管理等方面实行统一的管理,提升供应链管理效率,实现标准化管理。邮轮船供经济效益可观,以一艘常规10万吨左右,载客4 000—5 000人的邮轮举例,其每天行程中仅食物消费额一项就约为5万美元,整个航程若以5天计算,则一艘邮轮一个航程的食物消费为150万—160万元人民币,若以150万元人民币计算,则100个航次仅所需食物金额就达1.5亿元人民币。

图4-3-1 全球邮轮市场收入规模状况

数据来源:《2018中国在线邮轮市场年度报告》。

2017年，全球邮轮市场收入规模达到465亿美元，同比增长8.2%，2018年，全球邮轮市场收入规模达到514.2亿美元，同比增长10.6%，2019年全球邮轮市场收入规模达到552.6亿美元，同比增长7.5%。就业和收入贡献分别占全球收入和就业总数的30%左右和38%左右，美国邮轮经济的就业和收入贡献是最高的，分别占全球就业和收入贡献的40%和50%左右。日益增长的游客消费和邮轮维保以及更多的邮轮公司选择在欧洲船厂建造邮轮，使得欧洲邮轮产业的经济贡献得到大幅度提升，2017年欧洲邮轮产业经济贡献达到563亿美元，比2015年增长17%。2017年共有212艘邮轮在欧洲市场母港运营，其中有40家欧洲邮轮公司137艘邮轮，成为继加勒比海之后的第二大邮轮目的地。2017年邮轮公司在欧洲船厂的支出达到56亿欧元，预计到2021年，将新造66艘邮轮，总价值超过294亿欧元。

第四节　全球邮轮旅游产业发展趋势

一、世界邮轮旅游市场发展潜力巨大

近年来，全球旅游总人次和旅游总收入保持强劲增长势头。根据国际货币基金组织（IMF）分析，2017年，全球经济增长率达到3.5%，2018年升至3.6%。世界银行的数据显示，随着新兴市场和发展中国家的经济增长率从2016年的3.5%提高到4.1%，2018年增长4.6个百分点。国际货币基金组织（IMF）在2018年10月

发布的《世界经济展望》中指出,2019年,全球经济增速预期从半年前的3.9%下调至3.7%。世界旅游人次及收入规模持续增加,不断推动全球经济的增长。世界银行(WB)对2018年和2019年全球GDP实际增长率的测算分别为3.1%和3.0%。根据《世界旅游经济趋势报告(2019)》数据显示,2018年,全球旅游总收入增速与GDP增速(世界银行)一致,2019年,全球旅游总收入增速比GDP增速高出0.7个百分点。

表4-4-1 全球旅游总收入及其变化

指标	2016	2017	2018	2019
全球旅游总收入(万亿美元)	5.01	5.18	5.34	5.54
相当于GDP的比重	6.6%	6.5%	6.1%	6.0%

数据来源:《世界旅游经济趋势报告(2019)》。

根据《世界旅游经济趋势报告(2019)》数据显示:2017年世界旅游规模为121亿人次,增速为5.0%,是世界人口总量的1.6倍;预计2019年世界旅游总人次将达到127.6亿人次,增速为5.5%。2018年全球旅游总收入达5.34万亿美元,相当于GDP的比例降至6.1%,较上年下降0.4%;2019年全球旅游总收入达5.54万亿美元,相当于全球GDP的6.0%,较2018年下降0.1%。2018年全球国际旅游总人次达到12.79亿人次,较上年增加0.49亿人次,增速为4.0%;2019年全球国际旅游总人次达到13.32亿人次,增速为4.1%。

表 4-4-2 世界不同地区国内旅游人次增速变化

地区	2016	2017	2018	2019
欧洲	1.0%	2.0%	0.1%	1.8%
亚太	5.2%	7.7%	6.9%	7.0%
美洲	0.4%	3.1%	1.2%	2.8%
非洲	−0.7%	1.1%	3.2%	1.2%
中东	1.7%	1.9%	3.7%	2.5%

数据来源：《世界旅游经济趋势报告(2019)》。

亚太旅游高速增长，2017年，亚太地区旅游总人次达79.14亿人次，比上年增长9.4%；旅游总收入达1.74万亿美元，比上年增长6.9%。2018年亚太地区旅游总人次和总收入分别达到86.17亿人次和1.89万亿美元。在全球旅游排名前10国家中，亚太国家所占数目仅次于欧洲国家数目。2017年，中国、印度、日本和印度尼西亚旅游总人次分别达到45.3亿人次、15.4亿人次、3.2亿人次和2.6亿人次，在国家旅游接待人次排名中分别排名为第1、2、4、6位。在旅游总收入方面，中国、日本和印度三个国家的旅游总收入分别排名为第2、5和第7位，成为增长速度最快的国家。

近年来，对于旅游游客规模及收入规模而言，欧洲地区及美洲地区的市场比例持续降低，而亚太地区保持良好的增长态势。对于各地区旅游市场规模比例而言，2018年，亚太旅游市场规模占有世界总规模近七成，相比2017年有所增长；而同期的美洲及欧洲地区旅游市场规模占世界的比例有所降低，这显示出亚太地区旅游市场充满着强劲的发展活力。从世界旅游市场来看,美洲、欧洲及亚太占有世界旅游市场规模的绝大部分,其他地区市场的比例处于较低水平。

2017年,全球旅游投资规模达8 396.8亿美元,创10年来新高,较2016年增长4.1%。2013—2017年间,全球旅游投资的年均增长率达4.2%。在全球旅游投资版图中,亚太地区成为旅游投资规模最大、增速最快的地区,2017年,亚太地区旅游投资规模占全球旅游总投资规模的38.1%,投资规模增长率达3.6%。从投资规模占全球旅游总体规模的份额来看,美洲和欧洲分别以28.7%和23.4%的份额居第二位和第三位。世界旅游业的发展为邮轮旅游发展提供了良好的发展动力和客源基础,促使世界邮轮旅游市场发展潜力的增强。

二、全球邮轮旅游产品创新力度加大

推动邮轮旅游产品的创新,是提升市场吸引力的重要基础,是提升品牌价值的重要抓手。皇家加勒比游轮将在2020—2021年推出7艘在2018年经10亿美元Royal Amplified现代化项目改造完成的邮轮,为各年龄段的游客带来各类新奇刺激的冒险旅程。对"海洋领航者号"进行改造升级,斥资2亿美元全力打造可可岛完美假期家庭度假胜地,为游客提供一系列的特色娱乐设施。如带有13段滑梯的惊险滑道;北美最高的水上滑梯勇敢者高峰;加勒比地区最大的淡水泳池绿洲潟湖;氦气球游乐设施将带领游客漂浮在离地面137米的高空,以最佳观景点俯瞰巴哈马群岛壮丽景色;惬意海滩能够为游客创造最佳的海滩度假体验,而南部海滩则充满了运动气息,游客可参与划船、乘坐玻璃底皮艇等娱乐活动,为游客提供更好的娱乐体验。皇家加勒比游轮基于对华北市场的深入洞悉,与德云社合作,联合打造"欢乐海洋 笑的盛宴"系列主题航次,将现代化的邮轮设施与中国传统相声文化融合,以中国本土化的视角为游客提供别具匠心的多元化娱乐体验。皇家加勒比旗下邮轮引进融合百度人工智能和途鸽全球云通信技术的百度共享WiFi翻译机,开启"智能翻译+全球上网"的海陆超凡服务体验,游客可随时随地上网,实时在线智能翻译。

大洋邮轮在"2021年超长环球航行计划"中,预计2021年1月9日邮轮将从迈阿密始发,在180天航期内跨越三大洋和六大洲,涵盖44个国家,中途停靠100个停靠港目的地,探访120余个联合国教科文组织世界遗产,总航程达到3.9万余海里。云顶邮轮集团旗下星梦邮轮推出为亚洲旅客度身打造、与国际顶级豪华邮轮标准接轨的系列尊属礼遇,率先为套房旅客呈献亚洲首个一价尽享式"精品船中船"奢适邮轮体验,采用全套房设计,呈献约150间尊贵套房并配备私人餐厅、休憩空间、酒廊、健身房、户外泳池、按摩浴池、儿童区域等私享设施。MSC地中海邮轮旗下"传奇号"邮轮于2019年11月停靠大洋礁(Ocean Cay)这座私家岛屿,与常规岸上旅游目的地不同,大洋礁(Ocean Cay)属于MSC地中海邮轮专享私家岛屿,游客可以享受到纯正的自然海滩。海达路德极地探险邮轮将从2021年开始开辟更多远征航线计划,旗下的山妖峡湾号(MS Trollfjord)、芬马克号(MS Finnmarken)、斯匹次卑尔根号(MS Spitsbergen)和午夜阳光号(MS Midnatsol)正开展远征航线运营计划。

三、新型绿色邮轮建造投入力度加大

随着世界邮轮产业的快速发展,邮轮对环境的影响引起广泛关注,建设绿色邮轮成为国际邮轮产业发展的必然趋势和共同追求。邮轮在锚泊、停靠或移动时会产生大量的废水、废气和固体废弃物,进而对海洋和大气环境造成影响。为了尽量降低邮轮活动产生的负外部性,促进邮轮旅游业的可持续发展,邮轮建造时应充分考虑环保性要求,应用先进的废物处理技术,优化废物处理系统。此外,大量含硫燃料油的消耗是邮轮造成大气污染的主要原因,未来更倾向于开发清洁能源和核能为邮轮提供动力。

2018年7月,公主邮轮公司宣布了新的造船计划,2艘新级别的17.5万吨LNG动力邮轮即将开始建造。该项目将由意大利著名造船商芬坎蒂尼集团来完成,这两艘新船预计在2023年下半年和2024年春季交付使用。在两艘大型邮轮的订单下,公主邮轮也将迎来一个新的级别,该级别名字暂定,同时这些船只主要由液化天然气(LNG)提供动力的双燃料邮轮。这是公主邮轮史上最大的船只,总重达17.5万吨,可容纳4 300名客人。2018年2月27日,嘉年华邮轮集团与德国迈尔船厂签订1艘18万总吨LNG动力邮轮建造合同,新船将在2023年交付,这是嘉年华集团为旗下爱达邮轮(AIDA Cruises)公司建造的第3艘LNG动力邮轮,其中作为全球首艘完全使用LNG作为动力的邮轮在2018年12月交付运

营,第二艘将在2021年春季开展命名。

2018年7月,途易邮轮(TUI Cruises)在意大利芬坎蒂尼集团下单订造2艘16.1万总吨LNG动力新一代邮轮。这2艘新船将由芬坎蒂尼集团在蒙法尔科内的船厂建造,分别在2024年和2026年交付。包括最新的2艘在内,途易邮轮的迈希夫系列(Mein Schiff)豪华邮轮船队将在2026年增长9艘。2018年8月31日,德国迈尔船厂举行为爱达邮轮建造的全球首艘LNG动力邮轮"AIDAnova"号命名仪式。爱达邮轮"AIDAnova"号长337米,宽42米,18.4万总吨,有2 500间客舱,配备超过5 000个床位,能够为6 600名乘客提供住宿。船上配备了4台双燃料发动机,可以在港口和海上使用目前最环保、排放最低的化石燃料运营。该船是全球第一艘能够完全使用液化天然气(LNG)动力的邮轮,也是邮轮行业第一艘在港口和公海上都100%采用液化天然气(LNG)动力的邮轮。

2019年10月,总吨位达18.27万吨的歌诗达邮轮"Smeralda"号正式下水,在2019年10月20日开启首航,运营巴塞罗那、马赛和希维塔韦基亚航线,这是歌诗达邮轮目前吨位最大的一艘新型邮轮,是德国迈尔图库船厂有史以来建造的最大的一艘邮轮,同时是船队中首艘LNG(液化天然气)动力邮轮,载客量达到6 518人,船员数达到1 682人,客舱数量达到2 612间。2021年德国迈尔图库船厂将向歌诗达邮轮交付第二艘LNG(液化天然气)动力邮轮,进一步壮大邮轮船队规模。

四、世界邮轮翻修市场发展潜力巨大

邮轮翻新与普通客船改造截然不同,在技术要求方面较高,面临更多的风险挑战,并且对翻修过程的项目管理能力要求十分高,对邮轮修造业运用的材料技术有较高的认识,能够为邮轮公司提供更好地满足市场需求的改造方案。每艘大型豪华邮轮的翻修改造成本在1 000万—5 000万美元,主要是内装工程翻修。全球邮轮翻修业务主要集中于迈阿密、欧洲、巴哈马以及新加坡等地区,德国及新加坡在国际豪华邮轮翻新、修理市场占有重要的地位。随着我国本土邮轮翻修能力的提升,国外船东更倾向使用成本低、周期短、方式灵活的本土总包公司及配套产品。

邮轮翻新业务具有较高的市场价值和发展潜力,豪华邮轮通常每5—8年进行一次翻新及改造,邮轮翻新市场日渐扩大,主要受到邮轮设施的日常损耗,以及根据市场需求的变化带来的设施格局、新技术的应用及安全环保等多个方面因素的影响。2018年全球邮轮总数达到300余艘,其中一半以上船龄超过15年,各大邮轮公司邮轮进入翻修的常态期。根据邮轮翻新的项目管理来看,邮轮翻新是一项十分复杂的系统工程,改造企业要了解邮轮公司对邮轮翻新的内部构造、改造图纸、现场管理以及最后完工检查等方面的实际需求与要求。相反,邮轮公司在对邮轮翻修公司进行筛选时,要对其资质、经验、技术等方面进行详细的审核,从而保障更好地完成改装工程计划。

2017年,北亚地区邮轮维修保养服务业产值3亿美元,主要由日本和韩国提供,上海具备较大的潜力和发展空间。据国际邮轮协会(CLIA)预测,至 2030 年,各大国际邮轮公司在华运营的邮轮将突破 50 艘,加上未来 20 年本土新建 100 多艘豪华邮轮,届时将有 150 余艘邮轮在华运营,邮轮内装翻修市场规模有望达到年均 30—60 亿元人民币。在邮轮之外,未来 10 年,全球船舶市场约有 1 000 艘高端客滚船的建造需求。中国造船能力的提升和低廉的成本,引起了全球各大船公司的关注,纷纷将订单投向了中国市场。荷美邮轮已经投入 3 亿美金,在 2016—2018 年间,对旗下邮轮船队的娱乐设施、餐饮设施、套房等进行全面升级。

2019 年,邮轮翻修市场持续繁荣发展,嘉年华集团将投资 2 亿美元对旗下"胜利号"进行全面改造,改造期是 2 个月,通过改造全面提升设施先进性,船名也由"胜利号"改为"日出号",并于 2019 年 4 月改造完成进行交付。2019 年 2 月 11 日起,丽星邮轮"处女星号"已停止运营,同时花费 5 000 万美元对其进行改造,并于 2019 年 4 月以"探索梦号"的身份开展运营,由丽星邮轮船队加入星梦邮轮船队。皇家加勒比国际游轮对其旗下"海洋航行者号"进行大规模翻新,翻新花费 1.5 亿美元,于 2019 年 5 月完成翻新,重新进入市场。天海邮轮"新世纪号"结束在华运营后,被德国途易集团收购,首先在浙江省舟山市中远造船厂进行改造,之后在西班牙加迪斯进行改造,邮轮的整个风格与主题都重新调整,于 2019 年 4 月以"马雷拉探险者 2 号"名称起始、以意大利帕尔马为母港开展地中海航线运营。

第五章　中国邮轮产业发展现状与趋势

邮轮经济具有高增长、高聚集、高产值、高门槛的显著特点。世界邮轮经济增长趋势保持稳健,近十年来国际邮轮旅游市场保持6%—8%的增速,成为国际旅游业中增速最快的新兴业态,2018年,全球邮轮旅游市场规模达到2 580万人次。根据国际邮轮协会(CLIA)数据,2018年,亚太地区客源量占全球邮轮市场份额达到15.1%,亚太地区正成为全球邮轮市场中最具发展潜力的重要板块。在政府与市场的双重驱动下,中国邮轮经济实现了从无到有的创造性转变,从2018年开始,中国邮轮产业进入由"邮轮旅游"向"邮轮经济"发展的关键时期,步入邮轮全产业链发展的实质阶段。

第一节　2018年中国邮轮市场发展现状

一、中国邮轮市场呈现波动的增长态势

（一）中国邮轮市场出现波动性

全国邮轮市场进入波动性增长阶段，2018年，中国邮轮港口接待邮轮976艘次，同比下降17.3%，接待出入境游客量为488.67万人次，同比下降1.2%。其中母港邮轮艘次为898艘次，同比下降15.4%，母港出入境游客量为471.42万人次，同比下降0.58%。依据接待出入境游客量排名，中国十大邮轮港口分别为上海吴淞口国际邮轮港、天津国际邮轮母港、广州港国际邮轮母港、深圳招商蛇口邮轮母港、厦门国际邮轮中心、青岛邮轮母港、大连国际邮轮中心、海口秀英港、上海国际客运中心、三亚凤凰岛国际邮轮港。2018年，邮轮市场客源呈现高度集聚特征，前五大邮轮港口共接待770艘次，占全国比重78.8%，接待出入境游客量达到456.92人次，占全国比重93.5%。其中吴淞口国际邮轮港依然占据全国半壁江山，接待邮轮375艘次，同比下降19.53%，占全国比重38.42%；接待出入境游客271.56万人次，同比下降6.84%，占全国比重55.57%，以绝对优势保持全国第一大邮轮母港地位。

由招商局集团参与的邮轮港口城市中，天津、青岛、上海、厦门、深圳5个城市接待邮轮旅客人数约为419.6万人次，约占我国2018年全国总接待邮轮旅客人次的85.8%。华东、华北市场增

表 5-1-1 2018 年全国邮轮港口邮轮接待及艘次情况

排名	港口	总量 艘次	总量 万人次	母港邮轮 艘次	母港邮轮 万人次	访问港邮轮 艘次	访问港邮轮 万人次
1	上海吴淞口国际邮轮港	375	271.56	365	267.22	10	4.33
2	天津国际邮轮母港	116	68.3	99	64.4	17	3.9
3	广州港国际邮轮母港	94	48.12	94	48.12	0	0
4	深圳招商蛇口邮轮母港	89	36.46	89	36.46	0	0
5	厦门国际邮轮中心	96	32.48	85	29.51	11	2.96
6	青岛邮轮母港	44	10.82	40	10.08	4	0.74
7	大连国际邮轮中心	37	8.44	32	7.24	5	1.20
8	海口秀英港	51	4.75	47	4.33	4	0.47
9	上海港国际客运中心	28	3.01	9	0.65	19	2.36
10	三亚凤凰岛国际邮轮港	20	2.00	13	0.68	7	1.31
11	温州国际邮轮港	5	1.40	5	1.40	0	0
12	连云港国际客运中心	20	1.3	20	1.3	0	0
13	舟山群岛国际邮轮港	1	0.035	0	0	1	0.035
	总计	976	488.71	898	471.42	78	17.28

数据来源：叶欣梁、梅俊青：《2019 年中国邮轮经济运行研究报告》。

速放缓,华南市场增长显著。前五大邮轮港中,上海、天津邮轮港口游客接待量呈现一定下降趋势,上海吴淞口国际邮轮港游客接待量下降 6.84%,天津国际邮轮母港游客接待量下降 27.49%;华南市场呈现显著增长态势,广州、深圳、厦门接待游客量分别增长 20%、92.91%、100%。

（二）邮轮入境旅游市场下行压力依然严峻

2018年，全国访问港邮轮接待量为78艘次，同比下降4.88%，游客接待量为17.28万人次，同比下降3.19%，占全国邮轮港口接待量仅为3.5%。其中上海国际客运中心接待访问港邮轮仅7艘次，同比下降30%，接待游客量1.31万人次，同比下降65.97%。新兴邮轮港口呈现初步增长特征，2018年，我国不断有新兴邮轮港口开启邮轮旅游。温州国际邮轮港接待邮轮5艘次，接待游客量1.4万人次；连云港作为江苏第一个开通国际邮轮的港口，2018年接待邮轮20艘次，接待出入境游客1.3万人次。

邮轮市场的发展是在我国良好的社会经济增长、旅游业繁荣和人们对美好生活的需要愈加强烈的基础上实现的。我国拥有良好的社会稳定发展环境，经济健康增长，供给侧结构性改革持续推进，人民安居乐业。近年来，我国旅游业发展十分迅速，三大旅游业态全面繁荣，在全球出境旅游中客源规模位居首位，旅游目的地吸引力稳步提升，在入境旅游中位居全球第四，旅游业所带来的经济贡献得到显著提升，邮轮旅游作为较强产业集聚性和综合带动作用强的产业，所体现的经济贡献日益显现。我国人民对美好生活的向往也日渐强烈，旅游便是更好地满足人们对美好生活的需求之一。

随着我国城乡居民的收入水平稳步地增长，消费结构持续加速升级，人民群众的健康水平得到大幅地提升，带薪休假的制度逐步得到落实，假日制度不断得到完善，人民群众休闲度假的需求快速地增长,中国邮轮旅游的市场需求将持续增加。旅游业已被确立为"幸福产业",成为惠民生的重要领域和改善民生的重要内容。邮轮旅游业作为国际旅游业的高端业态,不断呈现满足我国居民旅游需求的品质化和中高端化的趋势,逐渐成为提升人民群众品质生活的幸福产业。

在中国旅游业进入黄金发展期的过程中,中国邮轮市场发展进入新的关键发展时期,这也将有效地推动我国旅游业发展的供给侧改革和促进区域经济转型升级,推动邮轮市场由追求数量增长向追求质量提升方向转变,更好地提升人们在旅游中的幸福感和体验度。在未来的几年中,是我国社会经济进入全面质量提升的关键时期,人们的消费购买能力和消费意识得到进一步强化和提升,对生活和旅游方式的要求越来越高,而邮轮旅游可以更好地满足游客的现实和未来需求,不断提升人们的生活质量和生活水平,并且在此过程中将有效地促进幸福感的提升。

二、中国邮轮港口进入能级提升阶段

邮轮港口是发展邮轮旅游、保障邮轮服务质量和提升邮轮经济贡献的重要基础设施。2018年9月,交通运输部、海关总署等国家10个部门出台《关于促进我国邮轮经济发展的若干意见》,提出不断提升我国邮轮港口的服务能力,提升邮轮码头的接待能级,进一步提升邮轮港口的集疏运能力,完善邮轮港口服务功能。形成邮轮母港、始发港及访问港等不同层次的邮轮港口体系。在国际邮轮港口的形态中,根据邮轮港口的设施条件、市场规模、邮轮经济规模等要素将港口分为访问港、始发港、母港三种形式。邮轮母港是始发港的高级阶段形式,可形成明显的区域邮轮经济。根据国际邮轮港口发展经验,邮轮母港的经济效应远高于访问港,从而使得邮轮母港成为我国沿海港口城市的重要港口形式。

在过去的10年,我国各地沿海城市对邮轮港口的投资力度较大,根据《全国沿海邮轮港口布局规划方案》,2030年前,全国沿海形成以2—3个邮轮母港为引领、始发港为主体、访问港为补充的港口布局。邮轮港接待大型邮轮能力显著提升,我国目前在使用的邮轮港口共15家,其中邮轮专用码头8家,如吴淞口国际邮轮港、天津国际邮轮母港、青岛邮轮母港、深圳蛇口邮轮母港等具备接待世界最大22万吨级邮轮能级的邮轮港。未来广州南沙邮轮母港、厦门邮轮母港等也将具备接待世界最大邮轮能力。2018年,吴淞口国际邮轮港新建2个大型邮轮泊位,码头总长度达到1 600米,共布置2个22.5万吨级和2个15万吨级总计4个大型邮轮泊位,建筑总面积从2.2万平方米增加到7.9万平方米,年总接待能力从60.8万人次提升至357.8万人次。2018年7月13日,新客运大楼开始试运营,迎来"盛世公主号"、诺唯真"喜悦号"、地中海"辉煌号"3艘大型邮轮靠泊,当天接待出入境游客量达2.1万人次,这是中国邮轮母港历史上第一次当天出入境游客超过2万人次。

表 5-1-2　2018 年全国邮轮港口布局情况

区域	序号	邮轮港口	邮轮泊位	定位	全面完工
东北	1	大连港国际邮轮中心	2 个 15 万吨泊位	母港	2018
华北	2	天津国际邮轮母港	4 个泊位	母港	2010
	3	秦皇岛国际邮轮港	—	—	规划
华东	4	青岛邮轮母港	3 个泊位	母港	2015
	5	烟台港	1 个泊位	母港	2020
	6	连云港国际客运站	1 个泊位	母港	2017
	7	吴淞口国际邮轮港	2 个 22.5 万吨和 2 个 15 万吨泊位	母港	2018
	8	上海港国际客运中心	3 个 7 万级邮轮泊位	访问港	2009
	9	舟山群岛国际邮轮港	1 个 10 万吨（兼靠 15 万吨）	始发港	2014
	10	温州国际邮轮港	1 个 5 万吨级兼靠 10 万吨级	始发港	2017
东南	11	厦门国际邮轮中心	1 个 14 万吨泊位	母港	2018
华南	12	南沙国际邮轮母港	1 个 10 万吨泊位和 1 个 22.5 万吨泊位	母港	2019
	13	广州港国际邮轮母港	1 个泊位	母港	2016
	14	深圳国际邮轮母港	1 个 22 万吨和 1 个 10 万吨泊位	母港	2016

续　表

区域	序号	邮轮港口	邮轮泊位	定位	全面完工
华南	15	湛江国际邮轮港	1个3万吨和1个7万吨泊位	始发港	2021
	16	北海国际邮轮母港	1个5万吨级、两个2万吨级	母港	2010
	17	防城港港	—	始发港	—
	18	海口秀英港	计划1个10万吨	始发港	—
	19	南海明珠国际邮轮港	1个22.5万吨级和1个15万吨级	母港	规划
	20	三亚凤凰岛邮轮港	10万吨级码头1个,15万吨级码头2个,22.5万吨级码头1个	母港	—
	21	海南海花岛邮轮港	—	—	规划
	22	黄埔国际邮轮港	—	—	规划

数据来源:叶欣梁、梅俊青:《2018中国邮轮经济运行分析与发展预测》,上海交通大学出版社2018年版。

邮轮港改造工程进入新阶段,2018年年初,大港区二码头10—11号15万吨级邮轮泊位、配套航道及22库国际邮轮通关设施相继改造完成,对大港区二码头8—9号泊位改造,建成大连港第二个15万吨泊位。厦门推进东渡邮轮泊位改造工程,计划建成1个15万总吨级的邮轮泊位、2个8万总吨级邮轮泊位、1个3 000吨级滚装泊位,以及工作船码头泊位1个,建成后将可以同时接靠2—3艘大中型邮轮。

表 5‑1‑3　2017—2019 年我国邮轮港口扩建及新建情况

邮轮港口	新建类别	新建内容	完工时间
上海吴淞口国际邮轮港	后续工程	新建 2 个 22 万吨级码头以及平台、引桥、客运大楼及廊道,岸线长度将在目前 774 米的基础上延伸至 1 600 米,形成 4 个大型邮轮泊位,建造面积由 2.4 万平方米增加到 7.9 万平方米,日接待游客能力从 1.7 万人次增长到 4 万人次,2018 年完工	2018 年 7 月
三亚凤凰岛国际邮轮港	二期工程	新建四个码头,包括新建 3 万吨级和 10 万吨级码头各 1 个,15 万吨级码头 2 个及 25 万吨级码头 1 个,二期工程建成后,凤凰岛可同时停靠 5 艘万吨级的国际豪华邮轮,年接待游客能力达到 200 万人次以上	2017 年 3 月
厦门国际邮轮港	二期工程	改造岸线总长度达到 1 400 余米,改建 4 个泊位,有 1 个 15 万吨级泊位,2 个 10 万吨级邮轮泊位以及 1 个客滚船泊位,可以接待 22.5 万吨级超级邮轮停靠	2017 年 12 月
深圳太子湾邮轮母港	新建母港	新建 2 个邮轮泊位,包括 1 个 22 万吨级邮轮泊位,1 个 12 万吨级邮轮泊位,以及 1 个 2 万吨级客货滚装泊位,另外还建有 800 吨级高速客轮泊位 10 个,包括 6 个港澳线泊位,4 个内地线泊位,以及 2 个待泊泊位	2016 年 11 月
广州南沙邮轮母港	在建港口	南沙邮轮码头综合体总投资 170 亿元,按世界标准建设 1 个 22.5 万总吨和 1 个 10 万总吨的邮轮泊位	2019 年
北海邮轮母港	港口改造	项目选址于北海石步岭港区,新建 1 个 10 万吨级泊位,1 个 15 万吨级泊位,1 个 25 万吨级邮轮泊位,打造国际化、高品质国际邮轮母港现代服务业聚集区	—

续 表

邮轮港口	新建类别	新　建　内　容	完工时间
温州国际邮轮港	港口改造	将温州状元岙港区 A 区西端 420 米岸线由集装箱功能调整为邮轮功能，相应布置 1 个 15 万总吨级邮轮泊位，建 5 800 多平方米的旅客联检大厅	2018 年 7 月

数据来源：《2018 中国邮轮经济运行分析与发展预测》。

邮轮港口进入品质提升阶段，服务标准化是打响服务品牌、提升服务质量的重要抓手，吴淞口国际邮轮港对标世界一流邮轮母港，引领国际邮轮港口服务品牌建设。2018 年 9 月 11 日，上海吴淞口国际邮轮港服务标准化试点项目顺利通过终期验收，这是全国首个邮轮港口服务标准化试点的成功验收，引领我国邮轮港口服务标准化迈向新阶段。新兴邮轮港口也逐步建立。2018 年 7 月 17 日，温州港状元岙港区国际邮轮码头正式通过口岸对外开放启动验收，靠泊等级为 5 万吨级兼靠 10 万吨级。2018 年 4 月，连云港港首条国际邮轮航线开通运营，并且连云港港口控股集团与钻石邮轮公司、南京中旅、连云港市城建控股集团联合成立连云港东方邮轮发展有限公司，努力打造连云港国际邮轮母港、江苏国际邮轮第一港。

三、中国国产邮轮建造进入实质性阶段

邮轮建造属于高风险、高附加值、高垄断、高技术、高集聚的特殊行业，近年来，世界邮轮市场年平均需要 12 艘大型邮轮，产能供

不应求。邮轮制造也呈高度垄断性,全球最大的3家邮轮建造公司及配套企业均位于欧洲,合计承接全球90%的订单。在中国邮轮市场规模不断增大的同时,中国邮轮市场为外籍邮轮主导,邮轮船票收入流入国外,邮轮船员培训、邮轮设计建造、邮轮船供基地、邮轮企业总部等基本在国外,使得我国邮轮经济贡献一直处于较低的水平,发展本土邮轮产业势在必行。本土邮轮产业是提升邮轮经济贡献的重要基础,国产邮轮是掌握市场主导权、稳定邮轮市场、保持邮轮市场可持续发展的关键。当前中国是世界第一造船大国,但造船主要集中在中低端船型,稍高端的也只是散货船,推动国产邮轮本土建造是推动我国造船业转型升级、供给结构调整的重要抓手。随着中国邮轮市场的逐步扩大,对新型邮轮的需求量也将逐步扩大。如果没有国产邮轮的参与,外籍邮轮依然会不断地加大中国市场运力投放,在市场较差的情况下,将出现"闪进闪退"的情况,不利于推动中国邮轮市场稳定持续增长。

表 5-1-4　中国国产邮轮建造的相关政策

发布机构	文　件　名　称
国务院	《中国制造2025》 《国家创新驱动发展战略纲要》 《国家"十三五"(2016—2020)规划纲要》 《国务院关于印发中国(浙江)自由贸易试验区总体方案的通知》 《国务院关于印发全面深化中国(上海)自由贸易试验区改革开放方案的通知》 《国务院关于印发"十三五"旅游业发展规划的通知》

续 表

发布机构	文 件 名 称
国务院	《国务院关于促进旅游业改革发展的若干意见》
	《国务院关于促进海运业健康发展的若干意见》
	《国务院办公厅关于进一步促进旅游投资和消费的若干意见》
	《国务院关于推进国际产能和装备制造合作的指导意见》
	《全国海洋经济发展"十三五"规划》
交通运输部	《综合运输服务"十三五"发展规划》
	《深入推进水运供给侧结构性改革行动方案(2017—2020年)》
工业与信息化部	《船舶工业深化结构调整加快转型升级行动计划(2016—2020年)》
	《关于促进旅游装备制造业发展的实施意见》
上海市人民政府	《上海促进高端装备制造业发展"十三五"规划》
	《"中国制造2025"上海行动纲要》
	《"十三五"时期上海国际航运中心建设规划》
	《上海市政府关于推进供给侧结构性改革的意见》
	《上海市制造业转型升级"十三五"规划》
	《上海市服务贸易创新发展试点实施方案》
	《上海市服务业发展"十三五"规划》
天津市人民政府	《天津市国民经济和社会发展第十三个五年规划纲要》
	《天津市建设北方国际航运核心区实施方案》
	《关于加快落实国家自由贸易区战略的实施意见》
青岛市人民政府	《关于印发青岛市国家级旅游业改革创新先行区实施方案的通知》
	《青岛市国民经济和社会发展第十三个五年规划纲要》
深圳市人民政府	《深圳市国民经济和社会发展第十三个五年规划纲要》

续 表

发布机构	文 件 名 称
厦门市人民政府	《厦门市综合交通运输"十三五"发展规划》
三亚市人民政府	《三亚市海洋经济发展"十三五"规划》
广州市人民政府	《关于加快广州国际邮轮产业发展的若干措施》

资料来源：中国港口协会邮轮游艇分会 CCYIA,《2018 中国邮轮产业报告》。

建造国产邮轮对于中国邮轮经济的发展至关重要。当前,邮轮成为全球船舶行业唯一供不应求的船型。根据最新数据显示,2018—2027 年已经明确的共有 99 艘邮轮在建或拟建,平均每年建造 10 艘豪华邮轮,其中 2018—2022 年 5 年间共有 81 艘,平均每年建造 20 艘。我们国家将直接参与全球邮轮建造最高水平竞争,积极参与邮轮建造可以有效缓解国际邮轮建造需求与供给的矛盾,努力摘取"造船业皇冠上的明珠"。

招商局集团在船舶制造、港口、航运、物流和金融服务等方面均有重要业务,与邮轮产业链有较高的关联性,是其参与邮轮全产业链发展的重要基础,开启探险邮轮制造可为大型邮轮建造提供重要的经验。2018 年 3 月 16 日,招商局重工(江苏)有限公司举行极地探险邮轮开工仪式。招商局工业集团与美国 SunStone Ships 公司签有 4+6 艘极地探险邮轮建造合同,招商局重工(江苏)成为首家建造探险邮船的中国船,首艘船在 2019 年 8 月 1 日交付,其余新船将在首艘船交付后每隔6个月交付1艘。2018年10月,招商局集团与海门市政府签署邮轮制造基地项目协议、邮轮配套产业园项目协议、国际邮轮城合作协议3个项目落地协议。

2018年6月28日,外高桥造船拟将所持邮轮科技43.4%股权协议转让给公司控股股东中船集团。2018年11月,中船集团与美国嘉年华集团、意大利芬坎蒂尼集团在首届进口博览会上正式签订2+4艘13.5万总吨Vista级大型邮轮建造合同。每艘邮轮船价为7.7亿美元,2艘大型邮轮新造船合同总价为15.40亿美元,第一艘国产邮轮计划2023年9月30日交付,第二艘邮轮初步计划2024年12月交付,标志着我国首艘大型邮轮设计建造及相关配套产业集群进入正式实施阶段。

四、中国本土邮轮船队发展有"质"的提升

在世界邮轮市场格局方面,邮轮企业巨头掌控市场主导权,船队规模实力位居世界邮轮界前三的巨型邮轮企业占据世界邮轮市场份额的80%以上,船队规模宏大,运营邮轮品牌多样,针对各个区域市场投放不同层次的邮轮品牌。其中,邮轮业界实力最强的嘉年华集团运营9大邮轮品牌共计105余艘邮轮,占据1/2左右的世界邮轮市场份额,船队规模仍在逐渐扩大。规模实力位居第二的皇家加勒比公司在世界范围内运营6大邮轮品牌,邮轮总量多达52艘,运营航线涵盖范围十分广泛,可以达到的旅游目的地数量近500个。亚洲邮轮企业云顶邮轮集团规模实力位列世界第五,拥有9艘邮轮,主要运营亚洲邮轮市场。

中国当前已经成为全球第二大邮轮客源市场，但目前我国邮轮旅游的发展模式是通过外国籍邮轮将中国游客带到国外进行出境旅游消费，邮轮票务收入、邮轮上的消费以及邮轮旅游目的地游客的购物消费等方面的经济收益大部分流向国外，而我国的靠泊费收入、旅行社包船差价收入等产值处于较低的水平。中国邮轮市场出现了多品牌、多层次、多区域等邮轮运营特点。2018年，中国市场母港邮轮为16艘，2019年为14艘，绝大部分是外资邮轮品牌。我国中资企业参与邮轮运营的邮轮较少，船队规模较小：我国内地首艘豪华邮轮"海娜号"于2015年11月停止运营；作为已经形成一定竞争优势的天海邮轮在2018年9月全面退出市场。目前中资邮轮中仅有"中华泰山号"在实际运营，但是单体邮轮的运营成本较高，难以实现规模经济。

在中国邮轮市场发展的前10年，本土邮轮船队均是民营企业在参与，并且都是单船运营，而从2018年开始，中国本土邮轮船队开启了新时代，有了更多实力雄厚的国家队参与，并且是与全球最大邮轮运营企业嘉年华集团合资成立，这显然比天海邮轮委托外籍邮轮团队运营更有优势。2018年3月，中船集团与嘉年华集团在香港合资成立中船嘉年华邮轮公司，注册资本5.5亿美元。中船集团占股比60%，向嘉年华集团购买两艘现有邮轮，首艘新购进邮轮"大西洋号"，已于2019年年底前交付。另一艘为"大西洋号"的姊妹船"地中海号"，其交付日期将有待宣布。到2029年，中船嘉年华邮轮有限公司旗下计划拥有8—10艘大型邮轮，将成为中国最大的国际化运营的中资邮轮公司。

表 5-1-5　我国第一艘国产邮轮建造的基本参数

项　目	参　数	项　目	参　数
吨位	13.35 万吨	客房数	1 977 间
长度	323.6 米	最大乘客人数	4 980 人
宽度	37.2 米	总床位数	3 921 个
设计吃水	8.25 米	船员人数	1 500 人
最高航速	22.8 节	船员房间	773 间

数据来源：《2018 中国邮轮产业报告》。

另外，中国旅游集团与中远海运集团合资成立星旅邮轮国际有限公司，总部设在中国香港，并在厦门设立运营中心。从 P&O 英国邮轮公司购置一艘奥利安娜号（Oriana），该邮轮建造于 1995 年，吨位为 6.9 万总吨，于 2019 年 8 月在欧洲正式接手该邮轮，开始在中国沿海进行商业运营。未来该邮轮计划运营从中国各大母港（包括上海、厦门、广州、青岛、海口等）出发到日本、越南、菲律宾、马来西亚、泰国、新加坡、文莱、印尼等国家和地区的邮轮航线。

当前，中船集团与嘉年华集团成立邮轮船东公司，最为业界看好。中船集团是中国首艘大型邮轮建造者，嘉年华集团是全球最大的邮轮运营商，并且，嘉年华集团首先从在中国市场运行多年的"大西洋号"入手，使得市场运营的成功率较高。

未来随着招商局集团全面布局邮轮全产业链，中国交通建设集团推动邮轮产业发展，中国将拥有实力更强、更具市场竞争力的本土邮轮船队，参与全球邮轮市场合作与竞争，更好地推动中国民族邮轮品牌的发展。

五、中国邮轮产业政策进入系统性创新阶段

我国发展邮轮旅游,不仅仅是依靠邮轮旅游市场规模的扩大,更多是建立完善的邮轮产业链,实行邮轮全产业链的发展模式和路径,从而带动区域经济的转型升级,推动当地城市经济规模的提升。对照国外著名邮轮母港城市的发展,邮轮经济贡献巨大,世界邮轮经济达到万亿规模,从而使得更多地方政府加大对邮轮产业发展的支持,建立逐步完善的邮轮产业政策体系,这也为我国邮轮经济产业链的发展提供了更为强劲的动力,不断优化邮轮经济发展环境。

经过10年的发展,我国邮轮旅游已经实现了从小众旅游向大众旅游的转变,从跟随国际规则向积极主动的旅游国际合作和旅游外交转变,中国正成为影响国际邮轮旅游格局的重要力量。当前,中央和地方政府推出一系列的支持政策,建立起系统的政策体系,大力支持邮轮产业发展。2018年9月28日,交通运输部、发展改革委、工业和信息化部、公安部、财政部、商务部、文化和旅游部、海关总署、税务总局、移民局10个中央部门联合发布《关于促进我国邮轮经济发展的若干意见》,具有涉及国家部门多、内容涵盖广、政策落地性强、创新空间大等显著特点,在中国邮轮史上是首次。

2018年2月,上海市宝山区出台《关于加快宝山邮轮经济发展的实施意见》;2018年5月,海口市人民政府办公厅出台《海口市鼓励邮轮产业发展财政补贴实施办法》;2018年5月,福建省自贸试验区厦门片区管委会出台《关于促进厦门自贸试验区邮轮船供服

务业发展的暂行办法》;2018年9月,广州市南沙区人民政府办公室出台《广州南沙新区(自贸片区)促进邮轮产业发展扶持办法》;2018年9月,温州市财政局、温州市旅游局、温州市旅投集团(筹)等部门出台《温州市国际邮轮产业培育方案》,争相提升本地邮轮经济发展的吸引力;2018年5月,广州市出台《建设广州国际航运中心三年行动计划(2018—2020年)》,加强邮轮产业规划的制定,推动中国邮轮旅游实验区的创建工作,加强邮轮产业政策和模式的创新探索,吸引更多国内外邮轮公司开辟广州邮轮航线,将邮轮旅游与广州本地丰富的旅游资源相结合,不断丰富邮轮旅游产品。

表5-1-6　2017—2018年我国新推出的邮轮产业扶持政策

发布机构	文件名称	政策内容
交通运输部	《关于落实〈中共中央国务院关于支持海南全面深化改革开放的指导意见〉实施方案》	推动三亚邮轮母港完善功能,完善邮轮物质船供、邮轮维修保养,推动邮轮航线产品的创新发展
交通运输部、发展改革委等	《关于促进我国邮轮经济发展的若干意见》	明确了培育邮轮市场、提升港口服务、优化口岸环境、强化邮轮安全、推动邮轮绿色发展、提升邮轮配套能力、提升邮轮旅游服务、推动人才培养等方面任务
中共中央、国务院	《中共中央、国务院关于支持海南全面深化改革开放的指导意见》	支持海南邮轮航线创新发展,尝试开展公海游航线的试点,明确了三亚邮轮母港的地位,并支持完善功能

续 表

发布机构	文件名称	政策内容
中共中央、国务院	《关于完善促进消费体制机制,进一步激发居民消费潜力的若干意见》	支持邮轮游艇等旅游消费向大众化发展,完善邮轮相关公共配套设施
国务院办公厅	《完善促进消费体制机制实施方案(2018—2020年)》	制定出台邮轮旅游发展规划、游艇旅游发展指导意见
上海市人民政府	《关于促进我市邮轮经济深化发展的若干意见》	提升邮轮旅游服务能级,推动邮轮全产业链发展。涉及国家事权的共10项,涉及上海事权的共40项。加强邮轮市场的培育、邮轮港口能级的提升及邮轮全产业链的发展
上海市宝山区人民政府	《关于加快宝山邮轮经济发展的实施意见》	打造邮轮总部基地、建设世界竞争力的邮轮母港、构筑邮轮经济全产业链、推动产城融合区港联动发展、优化邮轮经济营商环境等
上海市工商行政管理局	《支持宝山区邮轮产业发展的若干意见》	包括围绕营造安全放心的邮轮旅游消费环境,开通邮轮消费维权的绿色通道,及时化解消费纠纷,维护消费者合法权益等措施
威海市港航管理局、市财政局、市旅游发展委	《发展国际邮轮旅游产业财政奖励意见》	对在威海成立邮轮公司、在威海始发航线、在威海挂靠航线、邮轮港口码头经营企业、邮轮代理服务公司、旅行社等进行奖励

续 表

发布机构	文 件 名 称	政 策 内 容
广州市人民政府	《建设广州国际航运中心三年行动计划(2018—2020)》	鼓励发展邮轮设计、修造、供应、人才培训、邮轮旅游保险、免税购物等邮轮服务产业
厦门自贸区管委会	《关于促进厦门自贸试验区邮轮船供服务业发展的暂行办法》	按每年交付靠泊厦门自贸区邮轮的国内物资货值总额给予2%的奖励,每家船供企业每年最高补贴100万元
广州市南沙区人民政府	《广州南沙新区(自贸片区)促进邮轮产业发展扶持办法》	对邮轮公司落户、邮轮港码头经营企业、邮轮组织等扶持补贴,注册成立独立法人并当地纳税邮轮公司,最高500万元扶持
海口市人民政府	《海口市鼓励邮轮产业发展财政补贴实施办法》	对在海口成立或引入的邮轮公司,对邮轮公司或包租邮轮的企业将海口作为访问港的邮轮,对邮轮港口经营企业给予补贴,以及旅行社招徕游客在海口登轮等给予资金补贴
天津市旅游局	《天津市邮轮旅游发展三年行动方案(2018—2020年)(征求意见稿)》	加强邮轮旅游协同发展、丰富完善邮轮产品、提升管理服务水平、加强邮轮旅游人才培养、积极支持邮轮会展业等方面
温州市旅游投资集团有限公司(筹)、市财政局、市旅游局	《温州市国际邮轮产业培育方案》	打造国际化邮轮母港,采取政府奖励引导措施,培育邮轮产业发展。奖励在温州港开展邮轮旅游业务的自运营的邮轮公司、旅行社

上海作为中国邮轮产业发展风向标和引领者,邮轮经济已实现从无到有的创造性发展,已经成为世界邮轮母港的标杆之一。吴淞口国际邮轮港累计接靠邮轮近 2 000 艘次、出入境游客突破 1 200 万人次,3 年登顶亚洲第一,5 年问鼎全球前四。上海邮轮经济能级的跨越式发展使得中国在全球邮轮产业格局中的地位和影响力得到大幅度的提升,将中国邮轮市场能级提升到全球第一梯队,成为促进全球邮轮经济增长的新动能,成为邮轮经济新发展理念的探索者、实践者、引领者。在由"邮轮旅游"向"邮轮经济全产业链"转型升级的关键时期,上海市政府办公厅出台《关于促进本市邮轮经济深化发展的若干意见》。这份政策与其他省市出台补贴政策不同,这是一份具有显著创新性的政策,体现了以港口为基础,以市场为抓手,以产业链延伸作为战略方向的思路,从建设国际一流邮轮港口、全面提升邮轮旅游品质、战略布局邮轮经济全产业链等方面推动邮轮产业政策的系统性创新,为上海对标全球最高水平、最高标准,打造具有全球影响力的邮轮经济中心之一奠定了坚实的基础。

表 5-1-7　上海市级邮轮经济政策

重点任务	主要内容	政 策 要 点
建设一流邮轮港口	统筹邮轮港功能布局	统筹吴淞口国际邮轮港、北外滩邮轮港、外高桥海通码头"两主一备"布局发展
	提升邮轮通航能力	确立邮轮优先通行规则,大型邮轮等超宽船"双向通行",南槽航道整治工程

续 表

重点任务	主要内容	政策要点
建设一流邮轮港口	优化口岸出入境管理	实施混合验放通关模式,144小时过境、国际邮轮旅游团15天入境免签适用范围
	完善港口配套设施	建设国际邮轮客运交通枢纽,完善港区及周边交通基础设施,建设绿色邮轮港
	健全应急管理机制	邮轮应急保障常态化工作机制,提高对灾害天气监测、预报和预警能力,提高应急管理能力
提升邮轮旅游品质	丰富邮轮旅游产品	开发上海始发的多港挂靠邮轮航线,互为母港或多母港航线发展,发展空海、江海联运旅游产品
	加快旅游目的地建设	强化邮轮旅游与本地旅游资源的融合发展,推动资源联动发展。建立促进入境旅游政策奖励机制
	创新邮轮分销模式	推进邮轮分销政策的创新,支持直销模式发展,推动邮轮公司邮轮旅游产品销售资格的完善
	加强邮轮市场规范	强化邮轮旅游市场各个主体责任的有效落实,加强邮轮法律的宣传引导,保障游客的合法权益
	提升国际影响力	提升邮轮旅游节展活动的国际影响力,提升亚太邮轮大会能级和国际影响力
邮轮经济全产业链	邮轮总部基地建设	进一步优化邮轮企业营商环境,放宽邮轮企业总部的认定标准,促进邮轮企业集聚发展
	支持本土邮轮发展	加强对本土邮轮的扶持力度,建立适用于本土邮轮品牌发展的政策体系,强化邮轮政策创新
	推进大型邮轮制造	加强对邮轮设计制造核心技术的攻关,引导和鼓励各类市场主体参与邮轮研发设计及制造服务
	推动邮轮修造产业	加强本土邮轮建造配套企业的集聚发展,吸引更多国内外邮轮相关行业协会及相关机构集聚

续 表

重点任务	主要内容	政 策 要 点
邮轮经济全产业链	建设邮轮船供中心	建立邮轮物质船供退税制度。推动邮轮船供本地采购发展,建立邮轮国际货柜转运常态化发展
	促进邮轮购物消费	借助邮轮港丰富的客源基础,配套进境免税店的功能,推进邮轮港免税店的发展
强化政策支撑保障	完善工作推进机制	发挥邮轮实验区联席会议作用,在产业规划、政策创新、项目推进等方面给予支持
	深入推动"双区联动"	在邮轮旅游发展实验区设立政策叠加、资源整合的邮轮监管区,探索邮轮海关特殊监管区发展
	加强财政金融扶持	加强与国家政策性金融机构的合作力度,积极引导邮轮领域完善邮轮旅游金融产品
	推动邮轮经济一体化	加强与长三角区域组合母港的合作力度,强化长三角邮轮旅游服务联盟的发展
	加强邮轮统计研究	推动邮轮国际研究机构的建立,强化邮轮产品价格指数的建立和完善
	强化产业人才建设	优化高校邮轮相关课程体系,加大对邮轮旅游职业培训的奖励力度,加强邮轮人才智库的建设

旅游业已成为上海市战略性支柱产业,建设具有全球影响力的世界著名旅游城市是上海"十三五"规划确定的战略目标,也是上海建设"五个中心"和卓越的全球城市的重要专项任务。围绕创造高品质生活和满足多样化需求,全面提升邮轮旅游品质,积极推进市级邮轮政策贯彻落实,着力提升上海邮轮经济能级和核心竞争力。当前中国邮轮市场处于调整期,也是转型发展的关键机遇

期,市场的规范和规模必须双轮驱动、协调发展,上海的邮轮经济才能具备持续发展的强大动力。邮轮旅游是上海旅游业重要的组成部分,上海邮轮旅游已经在亚太乃至全球占据较高的位置,我们要依托邮轮港优势,积极打造具有全球影响力的邮轮经济中心之一。

六、中国邮轮行业协会联盟进入蓬勃发展阶段

邮轮行业协会是中国邮轮市场发展的有力促进者、市场规范者和行业标准的探索者,着力打造与国际接轨的邮轮旅游接待服务标准。2018 年 3 月,青岛邮轮旅游发展联盟正式成立;2018 年 5 月 17 日,由广州市南沙区政府、中国交通运输协会邮轮游艇分会、广州中交邮轮母港投资发展有限公司共同倡议发起的广州邮轮产业联盟正式成立;2018 年 5 月 22 日,上海现代服务业联合会邮轮经济服务专委会正式揭牌成立;2018 年 11 月,在进博会期间,上海邮轮供应协会正式揭牌成立,为健全国际货柜转运制度,促进邮轮物质本地采购,打造国际邮轮船供物资分拨中心提供了良好的基础。

第二节 中国邮轮产业发展趋势研判

一、中国邮轮市场规模呈现持续波动性增长

据国际邮轮协会预计,全球邮轮市场规模在 2019 年有望达到 2 870 万人次,2025 年有望达到 3 760 万人,具有良好发展前景

和潜力。在经历 2017、2018 年市场规模增速放缓后,2019 年,中国邮轮市场发展形势依然不容乐观,但这也是符合旅游业发展较为正常的规模变化,从西方邮轮旅游市场的发展史来看,欧美邮轮市场也经历了高速增长到平稳增长的转变。进入新时代,随着经济社会发展,人们的消费能力越来越高,对美好生活的需求更加强烈,对休闲旅游的需求也迈向高层次,邮轮旅游是人们出游旅行的重要选择。据国际邮轮协会预计,2019 年,中国邮轮市场母港邮轮数量达到 14 艘,比 2018 年 16 艘再次减少 2 艘;母港邮轮数量同比下降 12.5%;邮轮床位数达到 40 342 个,比 2018 年减少 5.2%;邮轮市场运力达到 194.08 万人次。在 2019 年,皇家加勒比全新船系"超量子系列""海洋光谱号"布局中国市场。皇家加勒比游轮的市场运力达到 53.03 万人次,市场份额为 27.3%;歌诗达邮轮市场运力达到 62.31 万人次,市场份额为 32.0%,位居中国首位;星梦邮轮市场运力达到 23.8 万人次,市场份额为 12.3%,位居中国第三位。

我国人均收入处于快速增长阶段,将带动消费能力提升,居民消费由必需品向可选消费品升级。区域良好的经济发展水平将有效地提升当地居民的生活水平,从而带动居民消费能力的不断提升,可以为邮轮旅游市场的发展形成良好的游客群体,支持区域邮轮旅游市场的扩大。这也是华东市场一直是我国邮轮旅游市场主力市场的重要原因。邮轮旅游与传统的陆地旅游有着较大的区别,是为了满足更高层次消费能力的游客的休闲度假娱乐的需求,让游客体验到更为精致的休闲度假旅程,给游客带来更高水平的生活享受。

图 5-2-1　近十年我国人均 GDP 和居民消费水平

数据来源：国家统计局。

邮轮旅游与一般的陆上旅游方式有较大差别，是一种消费升级的旅游产品，是在传统旅游的基础上满足更高消费能力的需求，所以邮轮旅游对游客的消费能力有较高的要求，一般为收入水平较高的群体。在我国经济不断保持良好增长态势的过程中，越来越多的游客旅游消费能力得到显著的提升，对经济发展的信心也不断增强，使得中国邮轮旅游市场的需求量在不断地提升。随着社会消费升级的持续发展，消费文化、消费需求、消费特征等方面发生了显著变化。

根据国际邮轮协会测算，在一个地区的人均国内生产总值达到 7 000 美元左右后，该区域邮轮旅游需求将得到较为快速地增长。从世界邮轮旅游市场发展的区域来看，北美及欧洲是世界邮轮经济发展最为成熟的区域，该地区参与邮轮这一现代旅游方式的游客比例较高，而在世界经济新兴区域的亚太地区，该地区参与邮轮旅游的比例处于较低的水平,这也反映出该地区发展邮轮旅游具有较大的发展潜力。近年来,我国东部沿海省份的经济处于良好的发展水平,经济发展程度较高,这为邮轮经济的发展提供了相对良好的基础。

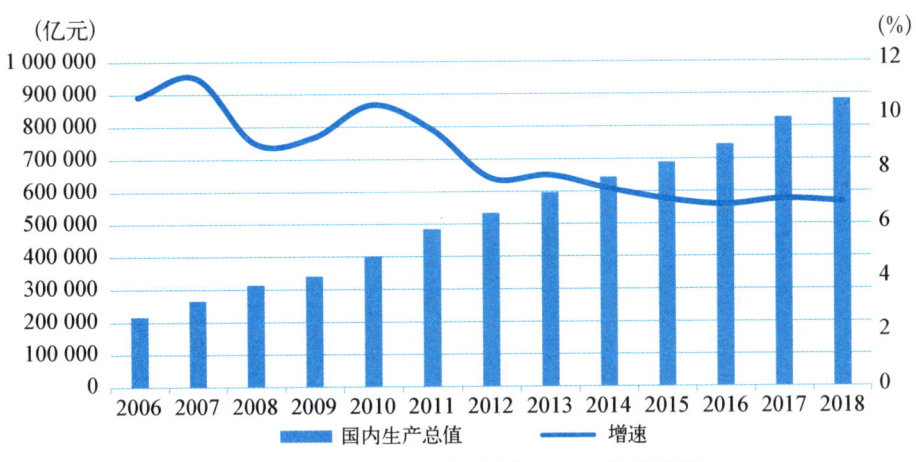

图 5-2-2 近年来我国 GDP 发展形势

数据来源:国家统计公报。

根据国际经济发展预测,2035 年,我国人均收入将达到世界中等发达国家水平,处于世界较高的水平,这对邮轮旅游市场的发展来说是较为利好的基础。依据瑞士联合银行的测算,近年来,我国居民的消费能力得到较为显著地增长,随着消费能力的提升,消费结构也不断得到优化,恩格尔系数处于下降的水平。2017 年,我国居民人均消费支出达到 1.8 万元,同比增长 7 个百分点,其中城镇居民人均消费支出达到 2.4 万元,即使在经济较为落后的农村地区,人均消费支出也达到 1 万多元,同比增长 8 个百分点。据北京大学光华管理学院发布的《2009 中国经济展望报告》显示,2019 年中国人均 GDP 为 1.06 万美元，中国人均 GDP 首次突破 1 万美元大关，正式迈入中等收入国家行列，更好地为邮轮旅游发展创造良好的发展基础。

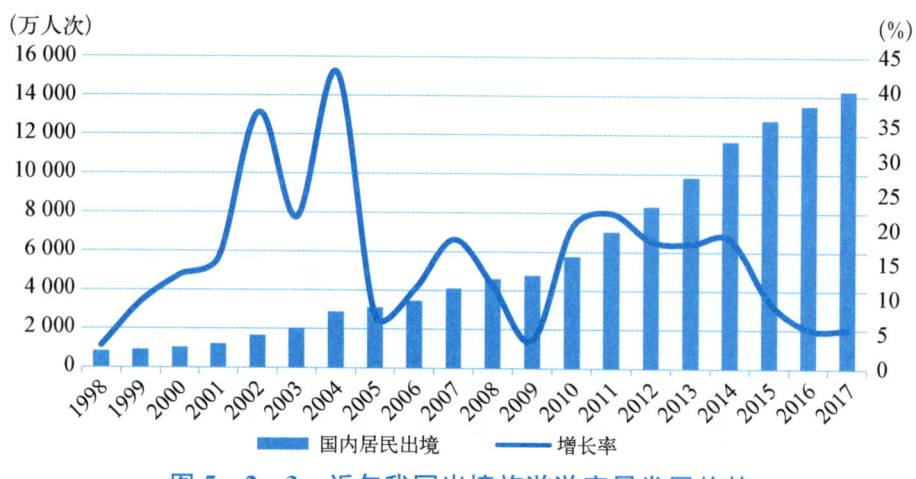

图 5-2-3　近年我国出境旅游游客量发展趋势

数据来源：国家统计局。

改革开放以来，截止到 2017 年，中国公民出境旅游从 842.56 万人次增长到 1.31 亿人次，年均增幅 15.5%，增长了 15.5 倍。2017 年，出境旅游花费 1 152.9 亿美元，同比增长 5.0%。在综合研判国家经济和国际形势的基础上，预计未来 5 年出境旅游市场还会有 5% 左右的复合增长率，预计到 2020 年出境人数达到 1.57 亿人次。

二、中国市场母港邮轮布局进入战略调整

2019 年，全球邮轮市场进行战略布局调整，诺唯真游轮"喜悦号"于 2019 年 4 月起布局美国阿拉斯加航线；"海洋赞礼号"在 2019 年 5—9 月离开天津母港部署在美国西雅图执行阿拉斯加

航线;"海洋量子号"在 2019 年 11 月—2020 年 4 月以新加坡滨海湾邮轮中心为母港运营 6 个月 34 个航次;"海洋航行者号"于 2019—2020 年返回澳大利亚运营悉尼航线。2019 年,布局上海的母港邮轮主要有诺唯真"喜悦号""海洋量子号""赛琳娜号""探索梦号""威尼斯号""海洋光谱号""盛世公主号"和地中海"辉煌号"8 艘;布局天津的母港邮轮主要有"赛琳娜号""海洋量子号""中华泰山号"和地中海"辉煌号"4 艘;布局广州的母港邮轮依然是星梦邮轮"世界梦号"1 艘,凭借 1 艘母港邮轮保持全国第三大邮轮客源市场地位;布局厦门国际邮轮母港的母港邮轮主要有"新浪漫号""大西洋号"和地中海"辉煌号"3 艘。

三、国际邮轮新船和大船继续布局中国市场

在国际邮轮公司调整战略布局的同时,中国邮轮市场进入更新换代期,2019 年有更多旗舰型邮轮布局中国市场,将最新最好的邮轮服务于中国市场。2019 年 6 月,皇家加勒比游轮将超量子系列第一艘邮轮——"海洋光谱号"布局中国市场,将邮轮业最新科技带进中国市场。它在客房、餐饮、娱乐等方面实现全面升级和突破,成为亚洲最大、最昂贵的邮轮,布局有日本东京、大阪、神户、北海道,菲律宾伊洛格斯等深受消费者青睐的亚洲目的地。未来这艘全球最大级别邮轮——22 万吨级的"海洋绿洲号"系列将布局上海母港。在目的地布局方面,将新增包括下关、佐世保、鹿儿岛、京都、神户、大阪、东京、名古屋、长滩岛、马尼拉、苏比克湾在内的 11 个日本及菲律宾停靠港口。歌诗达邮轮专为中国量身打造的首艘

Vista级邮轮"威尼斯号"于2019年3月布局上海母港,这是歌诗达邮轮第一艘专门为中国市场建造的新型邮轮,也是有史以来第一艘以一个城市命名,并且其设计理念和建造地点均源于这个城市的邮轮。2020年歌诗达将再添一艘新邮轮进入中国市场。地中海邮轮全新一代未来旗舰"荣耀号"将在2020年春季进驻中国母港。另外云顶邮轮集团全新打造的两艘20.4万吨级、最大载客量达到9 500人的"环球级"邮轮也将在2021年布局上海母港。所以即使当前运力减少,但未来将有更多的旗舰型邮轮布局上海母港,市场竞争将在产品质量、特色服务、科技应用、中国元素等方面展开竞争,母港邮轮更新换代将不断加速,更好地满足中国游客消费升级的需求,为中国邮轮市场发展提供更强动力。

表 5-2-1　2019 年中国市场母港邮轮布局

邮轮公司	邮轮	邮轮数量	床位数	市场运力	市场份额
皇家加勒比游轮	海洋量子号 海洋光谱号 海洋航行者号	3	11 400	530 300	27.3%
歌诗达邮轮	赛琳娜号 大西洋号 威尼斯号	3	9 300	623 100	32.0%
地中海邮轮	辉煌号	1	3 300	184 800	9.5%
公主邮轮	盛世公主号	1	3 600	79 200	4.1%
诺唯真游轮	喜悦号	1	4 200	42 000	2.2%

续　表

邮轮公司	邮　　轮	邮轮数量	床位数	市场运力	市场份额
星梦邮轮	世界梦号	1	3 400	238 000	12.3%
丽星邮轮	处女星号 宝瓶星号	2	3 472	121 520	6.3%
钻石邮轮	钻石辉煌号	1	838	61 174	3.2%
渤海邮轮	中华泰山号	1	832	60 736	3.1%
总计		14	40 342	1 940 830	100%

数据来源：根据国际邮轮协会。

四、国家及地方邮轮经济政策将逐步实质实施

2019 年是中国邮轮产业政策系统性创新的一年，邮轮产业是典型的口岸经济，具有高度的全球化、外向型特征，是高度国际化的新兴经济，是高度资本密集型经济。高水平的邮轮经济发展需要推动全球各类相关企业的集聚，形成产业集群，进而构筑完善的邮轮全产业链体系。对标全球邮轮经济发达区域，我国依然面临邮轮经济政策体系不健全、政策限制较多的问题。

在邮轮市场渠道方面，我国逐步实现由包船模式向切舱、散卖模式的转变，上海邮轮母港已经全面实行邮轮船票制度，而当前邮轮公司直销模式却面临困境，只能销售单船票，不允许在其平台售卖邮轮旅游配套服务产品。根据《旅游法》规定，邮轮旅游产品被认定为出境旅游产品，只有具备出境资质的旅行社才可以进行销

售,但即使在自贸区也仅允许注册符合条件的中外合资出境旅行社,与外籍邮轮公司具备邮轮旅游产品直销资质,或是建立外商独资出境旅行社的诉求不符,而直销模式将是中国邮轮分销渠道的发展趋势,需要有试点政策创新。

在航线创新方面,"多点挂靠"政策的推行是利用好我国丰富的邮轮港口资源,在一定程度上弱化我国各沿海区域港口缺乏合作、客源互动性较差的市场问题,加强邮轮游客市场的多方位合作,为游客参与邮轮旅游提供良好的便捷性,更好地促进邮轮市场的平衡发展。外籍邮轮"多点挂靠"审批流程的繁琐,审批时间较长,并禁止游客"离船不归",这都会限制了"多点挂靠"政策的现实适用性。2019年会优化"多点挂靠"审批流程,为"多点挂靠"提供更为便利的条件,但更需要邮轮公司为"多点挂靠"提供更多优质的配套旅游产品。

在无目的航线方面,无目的地邮轮航线就是邮轮从港口出发,开到附近的公海上,不停靠他国港口,然后返回原港口。目前无目的地邮轮航线没有先例,交通运输部和公安部等也没有具体的文件和细则,虽然海南已经有政策,但目前并未开展无目的地航线的实际操作。在《中国(海南)自由贸易试验区总体方案》《关于促进我国邮轮经济发展的若干意见》《关于促进本市邮轮经济深化发展的若干意见》等文件中均有提出推动无目的航线或公海游的发展。下一步期待在上海或海南试点实行无目的地邮轮航线,有利于推出邮轮短程旅游产品,满足周末邮轮游的需求,扩大邮轮旅游年轻消费群体。

在邮轮船供方面,邮轮船供是邮轮旅游运行的重要保障,为邮轮日常运营提供必要的物资供应,同时也是国际邮轮港口提升经济效益的重要内容。在亚洲邮轮市场,国际邮轮公司一般选择在日本、韩国进行船舶供应。目前,在我国尚无政府发布专门针对邮轮船供的政策,而是采取参考一般货轮船舶供应政策,且未把邮轮的船舶供应纳入一般贸易性的报关体系中。因为一旦纳入一般性贸易体系中,操作流程将变得较为复杂。另外,我国也尚未建立国际邮轮货柜转运政策,目前国际货柜转运是一月一报机制,无法实现过境食品集装箱保税拆箱存放和烟酒类物资保税过境供应,也无法在邮轮港开展保税展示,因此需要建立适合邮轮船供的操作办法。

在邮轮港免税店发展方面,当前大部分邮轮港配备的是出境免税店,游客购买物品最多的是烟、酒,规定入境游客不能购买免税品,游客只能是买好东西带到船上,无法像机场日上免税店那样买好东西,回国取货。2016 年 2 月,财政部、商务部等 5 个部门联合印发《口岸进境免税店管理暂行办法》,决定增设和恢复口岸进境免税店,进一步促进口岸进境免税店健康发展。2018 年 4 月,文化和旅游部与财政部、商务部、海关总署、国家税务总局等部门一起对《口岸进境免税店管理暂行办法》进行研究补充,正式印发《关于印发口岸进境免税店管理暂行办法补充规定的通知》,将进一步有效引导境外消费回流,加速升级旅游消费。针对邮轮游客消费需求旺盛的问题,将在现有出境免税店基础上配套进境免税店。当前吴淞口国际邮轮港已经获批进境免税店资质,未来将有更多的邮轮港设立进境免税店。并且会参考海南离岛免税的模式,在邮轮港周边打造专为邮轮游客服务的免税店,同时提高邮轮游客进境免税额度,以此提升邮轮港的吸引力。

在本土邮轮品牌发展方面,目前邮轮购置所缴纳的税费较高,尤其是悬挂五星红旗的邮轮需缴纳近30％的税费,并且目前邮轮强制报废年限参照货轮为30年,并不适合邮轮,五星红旗邮轮船员国籍限制较大,我国籍船员需占比60％以上,不符合国际化需求。外籍邮轮无法运营内河及近海航线,可以作为培育本土品牌的优势。《关于促进我国邮轮经济发展的若干意见》明确提出,大力培育本土邮轮发展,先期鼓励中资方便旗邮轮发展,逐步推进五星红旗邮轮发展。研究综合推进政策措施,推进五星红旗邮轮船队发展。在上海市人民政府办公厅出台的《关于促进本市邮轮经济深化发展的若干意见》中明确提出,争取对本土企业以购置、租赁、制造等方式组建本土邮轮船队给予低息贴息及相关税费优惠政策的支持,争取放宽本土邮轮品牌的船员国籍限制。今后,相信会有部分支持本土邮轮品牌发展的政策逐步落地,为本土邮轮船队发展提供更为良好的发展环境。

在邮轮企业总部方面,邮轮企业总部主要包含地区总部、总部型机构、中国总部及全球运营中心。嘉年华集团在美国佛罗里达州迈阿密和英国伦敦分别设有总部,2013年在新加坡设立了集团亚洲总部。维京游轮运营总部位于瑞士巴塞尔,销售总部位于美国洛杉矶,在英国和澳大利亚有次级销售办公室。参考现有的企业总部认定办法,邮轮船舶管理公司由于其轻资产性,难以达到邮轮企业总部的标准,需要建立适应邮轮企业特点的总部认定办法,放宽针对邮轮企业总部的认定标准。

总之,2019年中国邮轮市场规模处于波动性下降趋势,邮轮市场供给量有所降低,但也是中国从邮轮旅游向邮轮经济全产业链发展的关键之年。国产大型邮轮将逐步起步,本土邮轮船队规模将逐步组建,邮轮配套产业集群将逐步形成,邮轮港口接待能级持续提升,邮轮政策环境逐步优化。2020年中国市场母港邮轮将达到17艘,市场规模将由2019年的194万人次上升到240万人次,逐步由波谷向上增长,推动中国邮轮市场规模的逐步扩大。

第六章 国内区域邮轮旅游协同发展现状与建议

第一节 区域邮轮旅游发展不均衡

从东部南部北部我国三大邮轮旅游区域来看,长三角区域仍然是中国邮轮旅游的核心。2018年达到了275.3万人次,但却同比下降7.4%;粤港澳大湾区2018年达到174.1万人次,位居第二;黄渤海区域位居第三,2018年出入境游客量减少18.7%。

据中国交通运输协会邮轮游艇分会(CCYIA)和中国港口协会邮轮游艇码头分会联合统计,2018年我国13个邮轮港(上海、天津、厦门、广州、深圳、海口、青岛、大连、三亚、连云港、温州、威海、舟山)共接待邮轮969艘次,同比下降17.95%,邮轮出入境旅客合计4 906 583人次,同比下降0.98%。其中,母港邮轮889艘次,同比下降19.03%,母港旅客4 728 283人次,同比下降1.10%;访问港邮轮80艘次,同比下降3.61%,访问港旅客178 300人次,同比增长2.32%。

国内各大邮轮港中,上海、天津、广州分别位列第一、第二、第三。其中,上海(含吴淞口和国客两码头)全年接待邮轮403艘次,同比下降21.29%,邮轮旅客275.29万人次,同比下降7.56%;天津全年接待邮轮116艘次,同比下降33.71%,邮轮旅客68.39万人次,同比下降27.41%;广州全年接待邮轮94艘次,同比下降22.95%,但邮轮旅客达到48.12万人次,同比增长19.26%,旅客人数位居全国第三。值得注意的是,在2018年全国邮轮旅游市场普遍呈现下降趋势的大环境下,厦门全年接待邮轮96艘次,同比增长24.68%,邮轮旅客达到32.48万人次,同比增长100.73%,创历史最好成绩。广州虽然在年底依然能够保持全国排名第三的位置,但其中1月、2月、7月和8月被深圳超过,这显示出在邮轮出游旺季,深圳的市场潜力较大。

从以上数据可看出,中国邮轮旅游正处于优化调整期,并且还会持续一段时间。未来,追求邮轮旅游品质将成为邮轮港口、邮轮公司、旅行社共同要面对的局面。在邮轮艘次大幅下降的情况下,乘客人次数据与上年几乎持平,在华运营邮轮的大型化趋势日益明显。上海、天津仍以绝对优势领先国内其他港口城市,但以广州、深圳、厦门、海口、三亚等为代表的华南邮轮城市正加速赶上,邮轮旅游市场较为活跃。长久以来,我国邮轮入境游发展不甚理想,但2018年访问港游客人数出现少量上浮,是否可期待入境游的触底反弹？连云港、威海等新兴港口的加入丰富了国内的邮轮航线和邮轮产品，期待未来可形成差异化的发展定位，实现区域的协调、协同发展。①

第二节　中国粤港澳地区邮轮旅游协同发展现状与对策

1. 香港特区游客和内地游客消费习惯不同

粤港澳大湾区邮轮港口接待邮轮393艘次（不含香港无目的地航次），同比下降14.0%；接待出入境游客量为174.1万人次（不含香港无目的地航次），同比上升16.3%，显现出与全国其他区域不一样的发展态势。其中，广州2018年接待出入境游客量为48.1万人次，同比增长19.3%；深圳接待出入境游客量为38.2万人次，同比增长102.7%。

从香港特区的数据来看，无目的地航线（少于2晚的航次）的出入境游客量达到85.8万人次，始发港的出入境游客量达到65.2万人次，而访问港的出入境游客量达到22.3万人次，无目的地航线的出入境游客量几乎与始发港和访问港的出入境游客量之和相当。这显现出香港邮轮的一个特征：无目的地邮轮发展较为充分。

---

① 《2018年中国邮轮：华南市场异军突起》，载于《中国邮轮产业发展大会》，http://www.jc56.com/News/DetailPage-83922.html。

从香港始发港的游客量构成来看,中国香港特区居民最多,达到了35.4万人次,其次是国外游客,达到了18万人次,中国内地游客只有11.8万人次。对比广州和深圳始发港的游客量86.5万人次,表明中国内地游客还是更愿意选择在广州或深圳乘坐邮轮出行。随着2018年广深港高铁的开通,并且开通香港在高铁与启德码头之间的游客接驳线等举措,未来可能让部分中国内地游客经由中国香港乘坐邮轮。虽然2018年全国访问港的艘次并不多,仅有75个艘次,低于2017年79艘次,但粤港澳大湾区的访问港尤其滞后,深圳2018年仅有一个访问港艘次,而广州根本没有。全国访问港艘次最多的是上海港国际客运中心,其2018年的访问港艘次为19次。访问港游客量最多的是上海吴淞口国际邮轮港,其出入境游客量达到了4.3万人次。由此可见,粤港澳大湾区三大邮轮港之间的协同还没有真正展开。

从香港访问港游客量来看,国外游客为13.3万人,而中国内地游客为6.2万人。由此可以看到,从广州和深圳出发挂靠香港的访问港航次并不多。

2. 粤港澳大湾区共同发展邮轮旅游的举措

2019年2月刚出台的《粤港澳大湾区发展规划纲要》(后简称《纲要》)中,涉及邮轮旅游的内容包括如下3个方面:**第一,邮轮游艇是粤港澳大湾区世界级旅游目的地的重要支撑**。世界级旅游目的地,不但需要中国游客的支撑,还需大量外国游客的到访。这既需要更多的外国游客乘坐飞机来中国粤港澳地区乘坐邮轮,还需要更多的访问港航次造访这三个邮轮港。**第二,有序推动香港、广

州、深圳国际邮轮港建设。目前,广州、深圳和香港的国际邮轮港能力普遍富余。南沙邮轮母港项目总建筑面积约50万平方米,邮轮码头使用岸线770米,规划建设1个10万总吨和1个22.5万总吨邮轮泊位及建筑面积3.5万平方米的航站楼,设计年通过能力75万人次,于2019年下半年投入运营。相对于现有的需求来讲,能力完全满足要求。深圳太子湾邮轮母港的设计能力63万人次,能力也满足要求。香港海运大厦码头泊位长达380米,可以同时停泊1艘大型邮轮或者2艘小型邮轮,启德邮轮码头长850米,可同时停靠2艘22万总吨的大型邮轮,其能力超过100万人次。这些邮轮港的能力可以满足近5年的市场需求。**第三,推动形成连通港澳的滨海旅游发展轴线,探索开通香港—深圳—惠州—汕尾海上旅游航线**。2018年11月,广东省自然资源厅和广东省文化和旅游厅联合发布了《广东省海岛旅游发展总体规划(2017—2030年)》,其中提出:"依托粤港澳世界级旅游休闲湾区,培育具有世界级影响力的标杆旅游岛。"未来将形成广东省沿海岛屿与香港、澳门之间的连接,进而构成滨海旅游展轴线,形成沿海国际邮轮和滨海邮轮联动的局面。

3. 全面优化粤港澳大湾区邮轮发展的条件和环境

第一,优化基础设施建设。第二,优化邮轮航行服务。第三,优化人员往来的举措。要让更多的国际游客在粤港澳大湾区乘坐邮轮,相关的人员便利化举措十分重要。《纲要》中提出:优化珠三角地区"144小时过境免签"政策,便利外国人在大湾区旅游观光。同时,还要简化中国大陆邮轮在粤港澳大湾区的往来便利,逐步简化及放宽内地邮轮旅客的证件安排。例如,内地游客到香港乘坐邮轮或乘坐邮轮到香港可以免办港澳通行证,像日本那样采取护照签注的方式,或者探索内地邮轮旅客以过境方式赴港参与全部邮轮航程。**第四,大力提升各港口的访问港航次**。推进粤港澳共享区域旅游资源,构建大湾区旅游品牌,让粤港澳大湾区对国际游客具有吸引力,从而大幅提升各邮轮港的访问港航次。积极推进香港出发的国际邮轮挂靠广州或深圳,通过宣传让香港的访问港航次增加停靠广州或深圳。通过广东滨海邮轮的打造,为国际游客提供更为多元化的选择。

第三节 长三角邮轮旅游协同发展现状与对策

一、长江河轮发展情况

长江是中国第一大河流,作为全球内河的黄金水道、重要的水陆交通枢纽,流域覆盖人口超 4 亿,沿线旅游资源丰富,自然人文景观较多,汇聚了中国最古老的地方,亦聚集着中国最为发达的区域。

长三角旅游市场依托长江经济带涉及的上海、江苏、浙江、安徽、江西、湖北、湖南、重庆、四川、云南、贵州 9 省 2 市,发挥国际黄金旅游带资源优势,通过不断建造新船、提升服务,吸引了众多国内外游客,具有一定的国际市场占有率。

在政府引导和市场主导合力推动下,长江旅游客运运力结构优化,安全管理能力增强,游轮服务水平明显提升。2017年,长江干线客运完成游客接待量达750万人次,其中省际旅客约70万;2018年增长的势头更加迅猛,总数超过810万人次,省际旅游游客超过80万人次。长江游轮旅游市场现有运力全年可接待游客120余万,其中豪华游轮游客实际接待量64万,全年销售收入约10亿元;大众游轮游客实际接待量25万,全年销售收入约2亿元。随着长江经济带综合立体交通走廊的不断完善,为长江水上旅游消费提供新的增长空间,在市场旅游客源增长的同时,旅游品质和船票价格也保持了稳中有升,行业整体经济效益实现良性增长。据长江航运发展研究中心预测,2025年、2035年长江水上旅游客运量将分别达到1 100万人次、1 500万人次。

二、长三角区域邮轮旅游发展协同创新现状与问题分析

(一)上海邮轮港口在长三角具有最强竞争力

2016年,上海吴淞口国际邮轮港接待出入境游客284.7万人次(占全国63%),接靠邮轮471艘次(占全国47%)。2017年1—8月,上海吴淞口国际邮轮港共接待出入境游客187万人次,接靠邮轮308艘次。上海吴淞口国际邮轮港吞吐量已稳居亚洲第一、全球第四,从规模来看已经成为世界一流邮轮母港。预计到2020年,将有20—30艘邮轮以上海吴淞口国际邮轮港为母港,每年以吴淞口为始发港的邮轮艘次将达到800—1 000艘次,从吴淞口始发的邮轮旅游者将达到500万—600万人次,吴淞口国际邮

轮港将成为全世界排名前三位的邮轮母港,并在长三角邮轮旅游目的地中具有最强竞争力。

(二)长三角尚未形成完善的邮轮港口体系

上海市内部已经形成了"两主一备"的市内邮轮港口体系,7万吨以下的邮轮靠泊国际客运中心,7万吨以上的邮轮靠泊吴淞口邮轮码头,外高桥海通码头作为备用码头。2016 年,上海三个邮轮港口共接待 290.5 万人次,其中吴淞口国际邮轮港接待了 284.7 万人次(占 98%),上海港国际客运中心接待了 5.75 万人次(占 2%),吴淞口国际邮轮港占据了上海邮轮旅游者吞吐量的主体。

长三角现有两个城市拥有 3 个专用邮轮港口(上海吴淞口国际邮轮港、上海港国际客运中心、舟山群岛国际邮轮港)。舟山群岛国际邮轮港从 2014 年 10 月开港到 2017 年 3 月共接待 3.8 万人次邮轮旅游者。这 3 个邮轮港口主要承担邮轮始发功能,以中国人乘坐邮轮出境旅游为主,挂靠的访问邮轮较少,外国人乘坐邮轮入境旅游不多。在不多的外国入境旅游者中,由于上海城市吸引力和入境 7 天免签政策的影响,故主要访问上海。

依据《江苏省沿江沿海港口布局规划(2015—2030 年)》和《浙江省海洋港口发展"十三五"规划》,长三角地区的江浙两省在建的专用邮轮港口有温州国际邮轮港(于 2017 年底前首航),拥有客运码头经适当改造后具备邮轮停靠条件的港口有宁波港、台州港、嘉兴港、连云港港、南京港、镇江港、无锡(江阴)港、南通港、苏州港。

长三角邮轮旅游客流主要集中在吴淞口国际邮轮港,其他邮轮港口数量较少且发展相对滞后,还没有形成遍布长三角的邮轮港口体系。从发展现状来看,长三角主要承担邮轮始发功能,而较少接待邮轮挂靠。由于长三角邮轮港口总量较少且功能不齐,难以串联形成长三角邮轮旅游航线,因此制约了长三角邮轮入境旅游的发展。

(三)长三角邮轮港口和旅游腹地一体化还有待发展

长三角现在的邮轮航线以始发航线为主,主要满足中国人乘坐邮轮出境旅游的需求,远道而来长三角乘坐邮轮始发的外国人极少,满足外国人入境旅游需求并挂靠长三角的航线较少,缺乏串联长三角各邮轮港口的近海邮轮航线。因此,长三角现阶段的旅游腹地发展,主要以乘坐邮轮出境旅游的中国人在乘坐邮轮前后在长三角的岸上旅游为主,主要表现为中国人在长三角的国内旅游。少量挂靠航线主要挂靠上海并停留时间较短,主要表现为外国人在上海的城市旅游。从始发航线来看,缺乏国内旅游者乘船前后在整个长三角的跨省市深度旅游,缺乏外国旅游者乘坐长三角始发航线前后在长三角的入境旅游,也缺少上海以外始发航线带动的相应腹地旅游。从挂靠航线来看,缺乏通过邮轮在访问港挂靠带来的长三角各邮轮港口城市旅游。整个长三角尚不具备成为成熟的邮轮旅游目的地的条件。

长三角邮轮航线和邮轮目的地较为单一,制约了邮轮企业的产品创新空间和运营弹性空间。由于旅游者选择邮轮产品的最主要决定因素是目的地,而中国邮轮旅游市场渗透率不断提高,长远来看这不利于提高长三角邮轮旅游的重游率,可能会制约到长三角邮轮旅游的可持续发展。

长三角地区公共服务一体化不够,旅游便利化有待提升。虽然长三角地区旅游发展历史悠久,旅游资源独特,基础设施较完备,但部分景区仍然存在交通盲点,交通网络系统和旅游服务质量还有待提升,而且信息咨询、紧急救援体系不够完善,游客存在旅游安全隐患。特别是对于邮轮旅游而言,信用卡支付、外币兑换等金融系统和外文指引标识的缺失给游客造成了极大的不便,旅游便利化提升刻不容缓。

长三角地区旅游的统筹规划和深度合作缺乏。旅游协同发展的总体规划文件还未出台,旅游项目的实施也缺乏统一部署,导致项目重复建设,同质竞争,造成资源浪费。长三角各地区之间也未开展邮轮旅游相关的多层次对接、全方位合作,港口腹地优良资源及产品开发不足。

长三角地区旅游产品结构不合理。旅游产品国际竞争力不强,旅游资源未被充分利用,开发设计上缺乏体现创新、整合的思想,存在产品单一雷同、质量参差不齐等问题,制约了世界级旅游品牌的形成和产业能级的提升。

长三角地区旅游市场一体化未真正形成。旅游企业主体薄弱,旅游企业的主体作用未得到充分发挥,第三方组织不到位,使得旅游企业仍然处于区域旅游合作的边缘地带,没有充分发挥国际竞争意识,企业创新能力不强。

旅游制度一体化不足,缺乏强有力的协调机制和法律约束旅游合作联席会议没有充分发挥其职能,协调机制无力,缺乏可操作性和强制性。旅游法规建设滞后,没有形成独立的体系。各部门仍处于分散状态,还未形成一个统一的整体,政府、协会、企业、居民四个主体未能实现有效对话,多层次、多元化的合作机制和利益协调机制亟须建立。

旅游高素质人才和创新人才短缺。激励机制的缺失导致旅游创新人才和高素质人才的缺失,旅游管理者的主动性和积极性未被充分调动,对市场和产品的反映缺乏主动性。我国推出的国际旅游产品以"华东线"为主打产品已持续多年,尚未见新产品,旅游吸引力持续弱化。旅游创新型人才的培养和激励机制的建设刻不容缓。

区域旅游形象一体化推广缺乏。缺乏对旅游资源的有效整合、提炼和文化脉络的梳理,没有形成能够代表长三角旅游资源内涵的推广形象。以太湖为例,无锡称"太湖佳绝处,毕竟在鼋头";苏州说"太湖风光美,一半在姑苏";湖州则宣扬自己是"环太湖地区唯一因湖而得名的城市"……各打各招牌,没有形成统一的品牌形象。

另外,长三角的邮轮总部、邮轮船供、邮轮服务、邮轮建造等相关产业集群主要集中在上海市,很少辐射到江浙两省,还没有形成覆盖整个长三角的邮轮产业经济分工体系。

三、长三角区域水上旅游协同发展对策建议

(一)合作营销,采取宣传、共同开发航线、产品等措施

1. 打造统一的区域旅游品牌

统一的区域旅游品牌有助于扩大宣传推荐力度,且容易给游

客留下鲜明的印象特征。将核心旅游产品纳入区域旅游品牌体系框架中,有助于统筹宣传区域旅游形象特征,促进营销推广,达到事半功倍的效果。

2. 开发完备的旅游产品体系

区域旅游协同发展需要一个完备的旅游产品体系。要做到全域产品相联系,分区产品不冲突,一区一品,特性与共性相统一,对于核心旅游产品加大开发力度,深度挖掘产品内涵,同时兼顾其他旅游产品,实现集约化而非同质化开发运营,实现整体旅游经济效益。

3. 优化智能的旅游管理机制

充分利用网络信息技术,建设官方网站,打造智慧旅游平台,汇聚各区域旅游信息,及时发布旅游服务信息,对旅游突发事件进行及时管控,同时定期督查,防患于未然,通过管理机制的优化来提升旅游服务水平,提升游客满意度。

4. 引入多样的二次分配机制

从国内协同发展经验看,资金是保证旅游发展必不可少的硬性条件。而目前,我国的二次分配机制还未建立。政府需要为旅游发展划拨专项资金,专款专用。不同的区域可以合作设立"区域旅游发展专项基金",构建完善的二次分配机制,拓宽融资渠道,为旅游发展提供强大的资金后援,以实现区域旅游协同发展。

5. 建立友好的环保联防机制

既要金山银山,又要绿色青山,邮轮旅游协同发展也需要肩负起责任,在可持续发展理念倡导下,构建具有前瞻性的生态环境补偿机制和公共安全预警机制。只有为游客创造一个安全、稳定、和谐的旅游环境，才能免除游客的后顾之忧，扫除出游障碍，激发旅游动机。

6. 形成完善的邮轮港口体系

建设邮轮港口是发展邮轮旅游的基础。长三角在现有三个专用邮轮港口（上海吴淞口国际邮轮港、上海港国际客运中心、舟山群岛国际邮轮港）的基础上，可进一步新建专用邮轮港口，改造现有沿海沿江客运码头并增加邮轮停靠功能，形成以上海港为邮轮母港，宁波港、舟山港、温州港、台州港、嘉兴港、连云港港、南京港、镇江港、无锡（江阴）港、南通港、苏州港等为始发港和访问港的邮轮港口体系。邮轮港口体系的布局、规模、结构和功能合理，能够满足多元化的邮轮始发、邮轮挂靠和岸上旅游需求，能够串联成为有世界吸引力的长三角邮轮航线，邮轮港口间形成良性的竞合关系。有常设机构的邮轮港口合作机构来协调长三角邮轮港口间的合作，企业集团在邮轮港口体系整合中发挥重要作用。

7. 形成多个有特色的邮轮旅游目的地

结合城市旅游发展总体规划，长三角各邮轮港口与所在旅游城市从宏观城市规划、微观城市设计到港城旅游功能、港城旅游产品等方面实现一体化。邮轮旅游成为城市旅游的重要驱动力，城市旅游成为邮轮旅游的重要发展空间。长三角形成多个各具特色的单港口邮轮旅游目的地。在此阶段，邮轮港口间的竞争转变为邮轮旅游目的地间的竞争，由于长三角邮轮旅游目的地一体化尚未最终实现，邮轮旅游目的地之间的竞争可能大于合作。

（二）邮轮旅游和航运服务对外开放[①]

1. 邮轮航运和旅游相关服务不开放，影响邮轮旅游可持续发展

中国邮轮旅游高速发展十年后进入盘整期。入境游发展缓慢，航线单一、颇受诟病的包船制的根源是由出境游资质对外资旅行社不开放所致（《旅行社条例》第23条）。

目前，长三角共有5个国际邮轮港，分布在上海（吴淞口、国客）、舟山、温州和连云港，占全国已建成邮轮港口总数的1/3。2017年，长三角五大邮轮港共靠泊国际邮轮约500艘次（98%以上是外国籍邮轮）、接待游客约300万人次（98%以上为中国籍出境游客），分别占全国总量的40%和50%。其中，上海吴淞口国际邮轮港已多年蝉联亚洲第一、世界第四邮轮港。但是，长三角五大邮轮港之间几乎没有合作，日常联络都不多。吴淞口本来有客船至普陀山，但船型老化，服务跟不上，乘客上座率不高。上海邮轮蓬勃发展的同时，舟山邮轮港却常年闲置。这与在美国、欧洲、澳大利亚盛行的邮轮港群协同发展模式大相径庭。

中国邮轮经济发展10年来已经面临入境游发展缓慢，出境游航线单一等问题，多母港运作等新产品运作较难等瓶颈问题，而放开邮轮多港（点）挂靠不仅促进入境游，而且可以促进区域旅游协同发展。

2. 交通部"多点挂靠"试点政策效果不佳

"多点挂靠""一程多站"指的是在一个国际航次中，外国籍邮

[①] 参考上海海事大学林江副教授的发言整理，未经本人核对。

轮在去程及返程时均可挂靠多个国内港口，船上游客可选择在不同的港口上下船。早在2009年交通运输部就发布公告，尝试允许外国籍邮轮在华开展"多点挂靠"业务，即外国籍邮轮在国际航线运营中，可连续挂靠我国两个以上沿海港口，但承载的游客下船观光后须回船继续旅行，并最终完成整个国际航程的运输安排。显然，"准多点挂靠"与国际上通行的"多点挂靠"有着显著的区别：一方面，现在还是交通部特事特办，没有实行真正的备案制，审批权限也没有下放到邮轮港所在城市的港口管理部门；另一方面，此措施仅适用外国籍邮轮及外国游客，且外国游客在国内某个港口下船后，必须在该港口重新回到船上。也就是说，外国游客不能在国内港口实现真正意义上的上下船，而仅能为了游玩而短暂地在同一港口上下船。实践中，"准多点挂靠"并未铺开，还有一个重要原因在于国内各邮轮港之间的出入境及海关系统尚未联网，无法支持外国游客在国内多个港口上下船（出入境）。上海与舟山也曾尝试外国籍邮轮在同一航次中于两港上下国内游客，但也是由于两地之间的出入境及海关系统没有联网而未获成功。

3. 沿海客运运输权不开放阻碍外籍邮轮多点挂靠

长期以来，外国籍邮轮不能在中国进行多点挂靠，主要是我国沿海运输权不对外开放（国际海运条例禁止外资经营沿海运输，目前需要一事一批，每次到交通部审批、备案）。货运方面，自贸区已试点放开外籍货轮沿海捎带业务，但客运方面还未放开。当前，外轮只能单点挂靠，即只能在中国的一个邮轮港将全部游客接上船，并在完成该航次境外海上旅游后将同批游客送回同一港口。单点挂靠造成邮轮港"各自为政"的局面，大大降低了它们之间的合作可能性，对长三角乃至全国的邮轮经济发展不利。

4. 单点挂靠降低邮轮游客岸上游体验

各邮轮港运营的国际航线不同，加之出境游消费群体日益庞大及其需求日益多样化，单个港口所营运的航线无法满足当地及周边游客的需求，长三角游客只能无奈奔波于各邮轮港之间，寻求最佳的出境游方式。这不仅造成时间、金钱的浪费，亦降低了游客的享受度。

5. 单点挂靠不利于合理配置邮轮港口群资源

各邮轮港所面对的经济腹地、旅游消费群体不同，因此各港接待的邮轮、游客数量迥异。时常会出现某些港口人满为患，而另一些港口门可罗雀的局面。这不利于充分调配、利用长三角港口资源，亦降低了游客的享受度。

由于缺乏合作、协调机制，长三角邮轮港之间可能会为抢夺客源而发生恶性竞争。此外，单点挂靠不利于吸引外国游客通过邮轮入境中国旅游，阻碍长三角发展邮轮入境游，且访问港和母港游客不能均衡发展，对邮轮的运营和经济效益也产生不良影响。

6. 建议出台《长三角外国籍邮轮多点挂靠试点办法》

上海海市大学林江教授建议由国务院授权，交通运输部、公安部移民（出入境）管理局（该局指导全国边防检查工作）、海关总署下放相关审批权，授权上海市、浙江省、江苏省政府共同制定区域性法规，为区域邮轮旅游协同发展营造良好环境，具体建议如下：

若外国籍邮轮以长三角任一邮轮港为母港（即邮轮航次开始

并结束的港口),则允许该轮在同一航次中,去程时挂靠多个长三角邮轮港,返程时挂靠多个长三角邮轮港。此时,船上中国游客和外国籍游客均可选择在任一挂靠港口上船(去程)或下船(返程),上下船无须为同一港口。长三角邮轮港可互为母港。

若外国籍邮轮以长三角任一邮轮港为访问港(邮轮在航次中路过、挂靠的港口),则允许该邮轮在经过长三角地区时可访问多个邮轮港。此时,船上外国籍游客可凭签证或免签政策在任一港口上下船,或在不同港口上下船,或在任一港口入境;对中国游客而言,可凭签证或护照,在任一港口上下船,或在不同港口上下船,或在任一港口入境。

为保证上述外国籍邮轮多点挂靠、中外游客多点上下船的实施,长三角5个邮轮码头及所在地的出入境管理部门和海关的系统全部联网,并在上海吴淞口国际邮轮港设立数据交换、验证、管理中心。

为满足访问长三角的外国籍邮轮上的外国游客的需求,将在上海、南京、杭州等长三角主要城市实施的"144小时外国人免签制度"推广到长三角的所有5个邮轮码头。

创新篇

第七章　上海邮轮旅游服务贸易试点创新

第一节　上海邮轮旅游服务贸易示范区建设与发展情况

旅游服务贸易是指旅游服务在国家之间的有偿流动和交换过程,即国家之间相互为旅游者进行国际旅游活动所提供的各种旅游服务的交易过程。尽管20世纪以来国际旅游迅速发展,并受到各国政府的高度重视和大力推进,但从服务贸易角度研究国际旅游的理论和政策却十分薄弱。本书中采取广义的邮轮旅游服务贸易,指围绕邮轮旅游及相关衍生产业产生的一系列跨境服务,例如运输服务、旅游服务,以及其他相关的法律、会计、广告等专业服务、金融服务等。

2012年国家旅游局批准上海作为全国第一个国际邮轮旅游发展实验区,2019年又升级为邮轮旅游发展示范区。在服务贸易创新试点方面,上海市商务委全力支持亚洲最大亚洲邮轮母港所在地宝山区的邮轮经济发展,2016年12月,宝山区"上海邮轮旅游集聚区"被认定为上海市服务贸易示范基地,将宝山区作为"上海服务贸易特色区"工作的首个试点,依托上海市邮轮旅游服务贸易创新试点平台,宝山区在2018年和2019年首届和第二届进博会上连续成功举办"国际邮轮服务贸易高峰论坛"。示范区在进一步创新体制机制、吸引邮轮游客、集聚邮轮企业、扩大邮轮市场等方面起到了很好的推动作用,开创了邮轮旅游服务贸易新模式。以下是上海市邮轮服务贸易示范区(示范基地)的建设和发展情况。

一、示范区港口运营情况

(一) 2017年港口运营情况

2017年,上海吴淞口国际邮轮港全年接靠国际邮轮466艘次,同比减少1.06%;接待出入境游客291.566万人次,同比增长2.3%,分别约占上海总量的91%和98%,约占全国总量的41%和59%,继续稳居亚洲第一、全球第四。

(二) 2018年港口运营情况

2018年,上海吴淞口国际邮轮港全年接靠国际邮轮375艘次,同比减少19.5%;接待出入境游客271.563万人次,同比减少6.8%,继续稳居亚洲第一、全球第四。

表 7-1-1　2017 年吴淞口国际邮轮港运营统计

指　　标	运营情况	同比增长(%)
邮轮靠泊次数(艘次)	466	－19.53
其中：母港靠泊次数(艘次)	468	－20.31
邮轮旅客吞吐量(人次)	2 915 663	－6.86
其中：母港吞吐量(人次)	2 883 896	－7.34
邮轮出入境游客(人次)	2 915 663	－6.86
其中：出境(人次)	1 456 122	－7.00
其中：入境(人次)	1 459 541	－6.72

表 7-1-2　2018 年吴淞口国际邮轮港运营统计

指　　标	运营情况	同比增长(%)
邮轮靠泊次数(艘次)	375	－19.53
其中：母港靠泊次数(艘次)	365	－20.31
邮轮旅客吞吐量(人次)	2 715 634	－6.86
其中：母港吞吐量(人次)	2 672 299	－7.34
邮轮出入境游客(人次)	2 715 634	－6.86
其中：出境(人次)	1 354 203	－7.00
入境(人次)	1 361 431	－6.72

二、上海邮轮旅游发展示范区邮轮产业发展情况

（一）示范区内产业集聚效应明显

全年示范区新增邮轮相关企业13家,其中,注册资金1000万元(或美元150万元)以上企业有:地中海邮轮船务(上海)有限公司、中船集艾邮轮科技发展(上海)有限公司、上海友粤邮轮服务有限公司、上海烁港商贸有限公司、中船瓦锡兰电气自动化有限公司、上海有倕信息科技有限公司。截至2017年年底,集聚邮轮运营企业5家、邮轮相关服务企业11家、港口运营及配套服务企业8家、邮轮建造及零配件维修企业17家、船供企业8家,另有滨江开发企业3家,旅行社26家,酒店餐饮等配套企业47家,邮轮相关服务企业总数达125家。2017年2月,示范区内落户的上海馨翔国际邮轮物流运营管理有限公司,以邮轮船供服务、国际快件分拣业务、物流配送等为主业,将打造"上海邮轮国际快件处理监管中心"。该项目一期投资3000万元,于2018年6月建成运营,当年日处理业务可达3万件,年缴税金可达1000余万元。项目一期预计于2020年达到最佳日处理能力5万件,年缴税可达4000万元;二期计划于2021年投产,当达到最佳日处理能力15万件时,年上缴税金可超过1亿元。

2018年,示范区新增邮轮相关企业9家,其中,注册资金1000万元以上企业有中船邮轮科技发展有限公司。截至2018年年底,示范区集聚邮轮运营企业5家、邮轮相关服务企业11家、港口运营及配套服务企业11家、邮轮建造及零配件维修企业20家、船供

企业8家,另有滨江开发企业4家,旅行社29家,酒店餐饮等配套企业49家。

(二)邮轮相关企业对示范区经济贡献增大

示范区内3家滨江开发企业全年纳税总额,占全年邮轮企业总税收的69.12%,占区级税金的81.3%。其中,邮轮港附近的上海长滩项目开发商全年纳税总额4.17亿元,比上年增长了10倍还多。该项目累计已完成投资101亿元,实现销售48.8亿元。

除了滨江开发建设企业,邮轮运营企业的区级税收贡献较大。2017年,示范区邮轮运营、港口运营及配套服务、邮轮供应、旅行社和滨江开发企业税收增长较快。据统计,在区级税收贡献方面,以上类型企业在2017年实现了56%—1 193%不等的较快增长。其中,除了滨江开发建设企业,增幅排名第一的是邮轮码头运营及配套服务企业,增幅为125.79%;其次是旅行社,增幅为100.56%;邮轮运营企业和船供企业分别增长73%和55.94%。不过这些企业加总的区级税收贡献不到200万元,企业能级还有待提高。

相比之下,区外的邮轮运营企业税收贡献大。由于吴淞口邮轮码头开发建设在后,很多邮轮企业最初设在黄浦区、虹口区等。其中,区外5家邮轮运营企业纳税总额在100万元以上,区级税收贡献达到示范区所有邮轮相关企业区级税收贡献的13倍。可见邮轮总部经济对港口所在区域的巨大贡献和带动力。

(三)邮轮旅游带动运输、商业、船舶供应等服务业发展

据宝山区统计局统计,2018年,示范区邮轮旅游业实现营业收

入113.13亿元,与上年同比下降1.7%,与1—9月相比,回落5.9个百分点,其中,旅游运输业增长4.3%,旅游商业增长0.2%。

自2002年以来,示范区不断尝试、摸索开展国际货柜过境直供邮轮作业,2018年累计完成86个航次225个货柜供船,涉及种类2000余种,货值974.45万美元,包括本地采购的全年邮轮船供货值达到2.99亿元,比上年同期的2.71亿元略有增长。

在首届中国国际进口博览会配套活动——国际邮轮服务贸易高峰论坛上,全球最大的三文鱼生产商美威水产与上海吴淞口国际邮轮港在国家会展中心签署战略合作协议,双方将聚焦邮轮服务贸易产业,加强在船供服务领域的深入合作。同时,上海邮轮供应协会成立揭牌。

(四)不断优化的邮轮营商环境,进一步助推邮轮产业链发展

宝山区政府联合相关部门和口岸联检单位,形成了5个方面共37项邮轮滨江带重点工作安排:一是深化区港联动制度创新,实施《关于加快宝山邮轮经济发展的实施意见》,优化口岸监管机制;二是提升邮轮运营服务能级,推动邮轮港后续工程试运营,推动"五个港口"建设;三是延伸拓展邮轮产业链,推进邮轮制造、邮轮船票、邮轮船供、邮轮人才、邮轮商业等产业平台建设。此外,围绕港城融合和行业引领,加快推进滨江区域城市更新,举办亚太邮轮大会等行业盛会,推动产学研合作;推动落实《关于加快宝山邮轮经济发展的实施意见》,为吸引邮轮公司总部落户、提升邮轮母港竞争力等起到了很大的促进作用。

三、示范区未来发展趋势和重点工作

（一）调整期更新科技更大邮轮，继续布局上海母港

在经历了十多年的高速迅猛发展后，亚太地区及中国的邮轮经济增速有所放缓，进入产业调整期，在诺维真"喜悦号"等转港的同时，也有新船将进驻上海邮轮母港。例如，皇家加勒比游轮超量子系列第一艘邮轮——"海洋光谱号"将以上海吴淞口为母港，把邮轮业最新科技带进中国市场，将成为亚洲最大、最昂贵的邮轮；歌诗达邮轮专为中国量身打造的首艘 Vista 级邮轮"威尼斯号"也于 2019 年布局上海母港。接下来，"佛罗伦萨"号等全新邮轮也将在上海开设母港航线。与此同时，星梦邮轮旗下专为亚洲客源市场量身定制的首艘 20 万吨"环球级"邮轮也计划于 2021 年以上海为母港，开启更多元的创新航线，进一步推动中国邮轮市场的全面升级。2019 年全年靠泊邮轮艘次为 237 艘次，同比下降 36.8%，出入境游客吞吐量为 170 万，同比下降约为 37%。但国际邮轮协会和邮轮产业新闻预测，2020 年，中国邮轮旅游市场又可迅速回升，继续高速发展。

（二）健全制度和体系，促进邮轮产业高质量发展

为进一步发挥示范区的作用，促进邮轮经济高质量发展，宝山区正与云顶香港集团签署战略合作备忘录，推进新母港邮轮挂靠、设计新邮轮航线、探索邮轮公司落地；与中船邮轮科技发展有限公司签署战略合作协议，建立健全邮轮产业与相关服务体系，同时，以中船邮轮为核心，联合国内高端邮轮技术企业，在宝山设立邮轮

创新中心;与芬坎蒂尼集团签订战略合作协议,加快拓展和打通邮轮上下游产业链,促进邮轮全产业链发展。

近年来,示范区积极参与邮轮修造,着力引进邮轮总部型企业,承接"邮轮船票"试点等国家任务,打造"吴淞口"邮轮服务品牌,初步形成上中下游重点邮轮产业链。因此,即便整个亚太地区邮轮产业发展进入调整期,仍可抓住机遇,加快邮轮经济全产业链的科学规划和设施建设,进一步规范邮轮市场,培育邮轮文化和邮轮消费理念,进一步开展邮轮旅游服务贸易的试点统计和制度创新。未来,上海邮轮产业将从高数量迈向高品质的全新发展阶段。

第二节 2018年上海市邮轮服务贸易内向FATS统计分析

目前,国际上针对服务贸易的统计体系主要有两类:一类是国际收支统计体系,简称BOP(Balance of Payments)统计;另一类是外国附属机构服务贸易统计体系,简称FATS(Foreign Affiliates Trade in Service)统计。FATS统计又分为内向FATS和外向FATS,前者是指在本国的外国附属机构对本国提供的服务贸易;后者是指本国附属机构向外国提供的服务贸易。由于外向的FATS数据不易获得,本书主要按照内向FATS的框架来分析上海市2017年邮轮服务贸易行业的发展情况,另外以2016年的数据来作对比分析。

全球邮轮寡头主要是嘉年华、皇家加勒比、地中海、云顶等,目前,这几家邮轮跨国集团在上海均设有代表处或船务公司、票务代理公司等。据上海市商务委统计,截至2018年年底,来上海投资经营的邮轮相关的外国附属机构,目前大约只有22家,由于各种原因导致的数据缺失,仅能获取到其中17家企业的相关数据。从统计学角度看,17个样本属于小样本,不具有代表性;但是考虑到目前上海的外资邮轮服务企业总共只有22家,而这17家企业大多是国外比较大的邮轮公司,其在中国开展的业务占据了市场份额的大部分,基本代表了该行业的发展状况,因此我们的分析将以这17家样本企业的数据为基础。

另外,本节所采用的统计数据采用双轨制:以美元投资、计价的仍以美元为货币单位进行统计分析;以人民币结算的(如营业收入、利润总额等)仍以人民币为货币单位进行统计分析。本节的数据主要来源为上海市商务委员会。

一、邮轮服务贸易总体情况分析

上海市的邮轮服务贸易行业在2016年和2017年有了较大的发展。从投资总额看,邮轮服务行业的外国附属机构的投资在2017年获得了较大增长,17家企业总共投资10 239.18万美元,比2016年增长了52.81%。从营业收入看,17家企业的营业收入从2016年的874 808.80万元,增长到2017年的1 125 887.23万元,增长速度达到28.70%。同样,利润总额有着高达23.28%的增长;纳税总额增长了12.94%,企业年末从业人数则几乎没有变化。

表 7-2-1　上海邮轮服务行业外国附属机构总体情况[①]

指　标	2016 年	2017 年	同比增长（%）
投资总额（万美元）	6 700.41	10 239.18	52.81
营业收入（万元）	874 808.80	1 125 887.23	28.70
利润总额（万元）	58 082.11	71 603.57	23.28
纳税总额（万元）	35 209.61	39 767.02	12.94
企业所得税（万元）	19 965.20	20 126.21	0.81
年末从业人数（人）	2 769.00	2 827.00	2.09
注册资本（万美元）	3 614.78	5 488.36	51.83

数据来源：上海市商务委员会。

二、分指标情况分析

从 17 家样本企业的注册资本看，企业注册资本最高达到 1 628.08 万美元，而最低只有 6 万美元，多数企业的注册资本在 100 万—800 万美元之间（图 7-2-1）。

17 家样本企业的投资总额规模，基本与其注册资本相对应，即注册资本较大的企业其投资总额也较大。如图 7-2-2 所示，在 2017 年，企业投资总额最大为 3 256.16 万美元，最低为 8.57 万美元。在 100 万美元以上的投资总额的企业有 12 家，占全部样本企业的 70.59%。可以看出，大部分的企业在 2017 年都有着一定规模的投资，整个上海邮轮服务行业总体上呈现出规模扩大、行业

① 2016 年有 16 家企业样本，2017 年有 17 家企业样本。

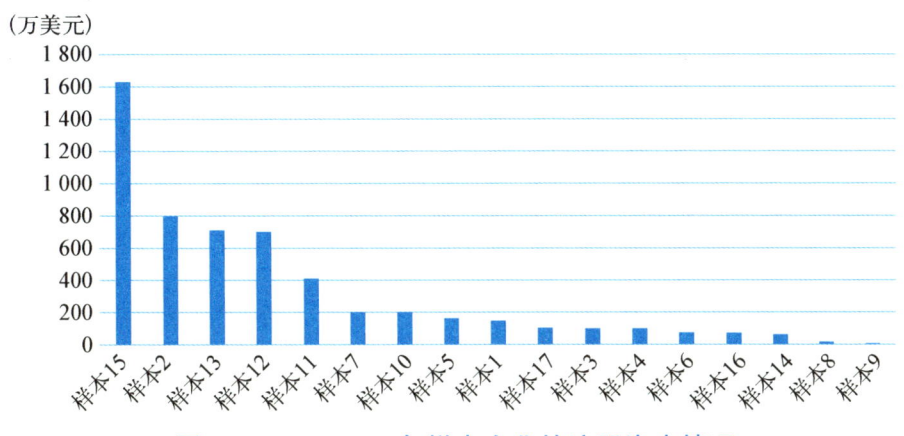

图 7-2-1　2017 年样本企业的注册资本情况

数据来源：上海市商务委员会。

图 7-2-2　2017 年样本企业投资总额情况

数据来源：上海市商务委员会。

向前发展的局面。

但是如果从企业的营业收入和利润总额方面看,该行业在 2017 年的盈利状况则不容乐观。从图 7-2-3 和图 7-2-4 可以看出,样本 11 的营业收入最高,为 810 428.28 万元,利润达到 60 684.22 万元,除此之外的其他企业则盈利微薄,还有的企业利润为负,呈亏损状态。从图7-2-4可以看出,17家样本企业中,有13家企业的利润总额在1 000万元以下,其中8家企业的利润为负值,占全部17家企业的47.06%,也就是说接近一半的企业在2017年是亏损的。

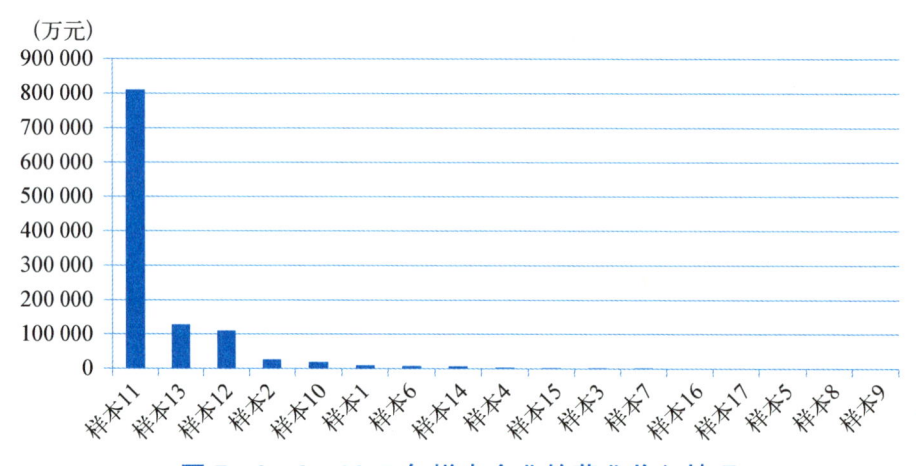

图7-2-3 2017年样本企业的营业收入情况

数据来源:上海市商务委员会。

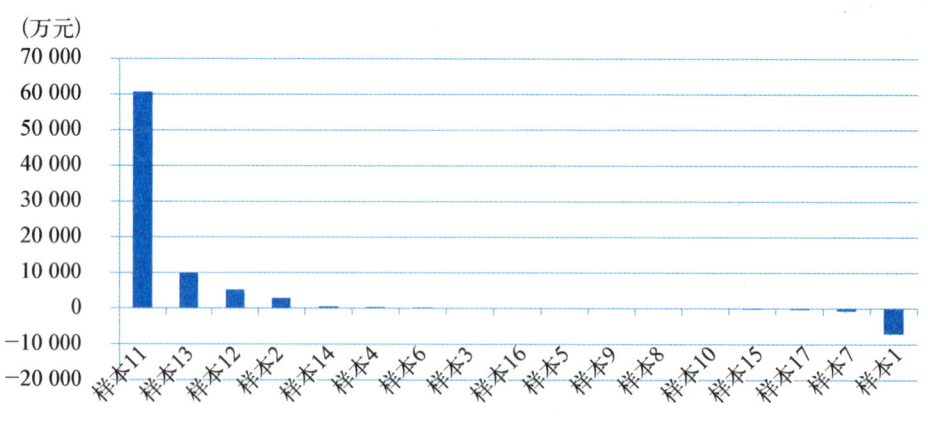

图7-2-4 2017年样本企业的利润总额情况

数据来源:上海市商务委员会。

从业人员数量可以在一定程度上衡量企业或行业的规模情况。从图7-2-5可以看出,2017年,邮轮服务企业的从业人数都不到1 000人,其中有11家企业低于100人。从这个角度看,大多数邮轮服务企业的规模尚小。

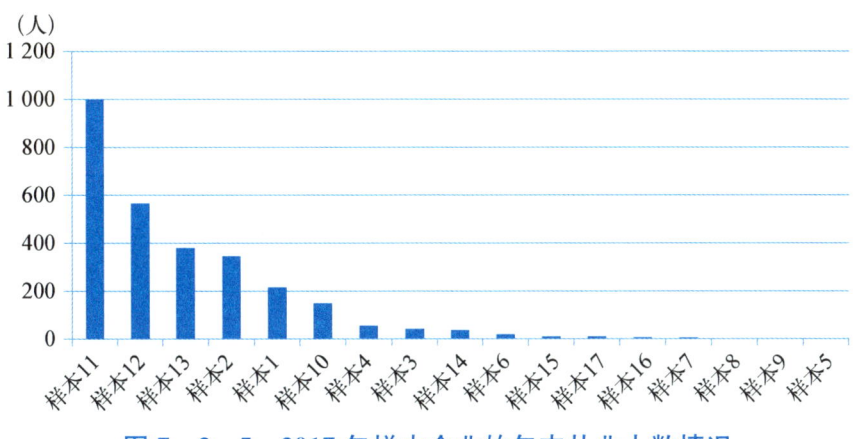

图7-2-5　2017年样本企业的年末从业人数情况

数据来源:上海市商务委员会。

三、分行业情况分析

2017年,17家样本企业主要集中在4个行业(2016年则只有3个行业):交通运输仓储和邮政业、租赁和商务服务业、批发和零售业、制造业,各行业的发展情况并不一样,分行业的指标数据如表7-2-2所示。

(一)交通运输仓储和邮政业

无论是在2016年还是在2017年,交通运输仓储和邮政业的营业收入、利润总额、纳税总额、年末从业人员等指标均为4个行

表 7‑2‑2　上海邮轮服务外国附属机构分行业的指标数据

行　业	投资总额（万美元）	营业收入（万元）	利润总额（万元）	纳税总额（万元）	年末从业人数（人）	注册资本（万美元）
2017 年						
交通运输、仓储和邮政业	6 004.40	1 087 497.30	71 927.60	38 427.40	2 598	3 130.51
租赁和商务服务业	761.08	35 458.38	−74.51	1 295.40	207	555.24
批发和零售业	3 328.70	2 698.76	−64.72	37.91	13	1 700.62
制造业	145.00	232.78	−184.80	6.31	9	102.00
2016 年						
交通运输、仓储和邮政业	5 782.96	853 667.41	57 127.69	33 727.56	2 653	2 947.48
租赁和商务服务业	772.45	20 511.65	954.23	1 388.34	104	565.30
制造业	145.00	629.75	0.18	93.70	12	102.00

数据来源：上海市商务委员会。

业中最高。如图 7‑2‑6 所示，其营业收入在 2017 年增长了 27.39%，利润总额增长了 25.91%；而从业人员数量的变化幅度则很小。

图 7-2-6　上海邮轮交通运输仓储和邮政服务业情况

数据来源：上海市商务委员会。

(二) 租赁和商务服务业

就租赁和商务服务业来讲，2017 年，该行业的营业收入有了较大幅度的增长，从 2016 年的 20 511.65 万元增长到 2017 年的 35 458.38 万元，增长速度达 72.87%；但是另一方面，其利润总额则呈下降趋势，从 2016 年的 954.23 万元下降到 2017 年的

图 7-2-7　上海邮轮租赁和商务服务业情况

数据来源：上海市商务委员会。

−74.51万元,下降幅度达107.81%;另外,从业人员的绝对规模虽然较小,但是其增长幅度达到了99.04%。

(三) 批发和零售业

我们没有获得批发和零售业在2016年的数据。仅就2017年的数据来看,批发和零售业的规模较小,其营业收入仅有2 698.76万元,利润总额则为负值,即亏损64.72万元。当然,因为该行业的代表企业数量较少,这个数据不一定能够反映出行业的全面发展情况,但至少可以看出,该行业在2017年的盈利情况并不乐观。

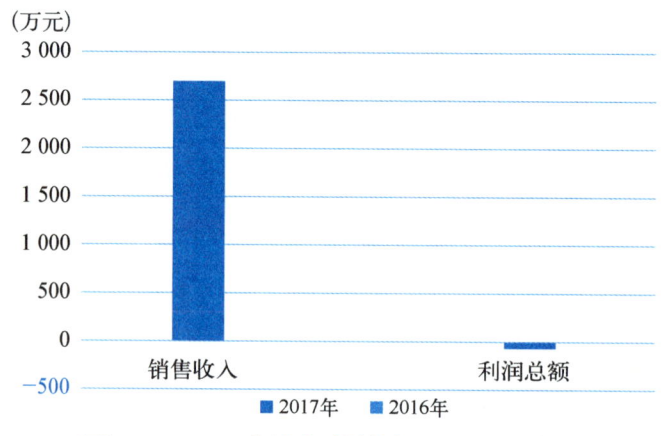

图7-2-8 上海邮轮批发和零售业情况

数据来源:上海市商务委员会。

(四) 制造业

邮轮产业里的"制造业"是邮轮经济产业链的上游产业,可以带动很多与制造业相关的服务业。从相关数据中可以看到,在沪邮轮机构中从事制造业的在2017年并没有实现正向增长,而是呈现出"负增长"态势。例如,营业收入下降了63.04%,在利润总额的衡量上,也呈现出亏损状态,2016年尚有0.18万元的盈利,而进入2017年,其利润总额为-184.80万元。另外,该行业的从业人员数量也呈减少状态。可见,该行业是4个行业中发展最慢的行业。但是,2018年、2019年中国邮轮制造业开始发力,可以预见,邮轮制造业将带动一系列高端服务业的发展。

图7-2-9 上海邮轮制造业情况

数据来源:上海市商务委员会。

四、分国家和地区情况分析

2017年,在沪设立附属机构的境外企业主要来自意大利、利比里亚、英国、瑞士、丹麦5个国家和中国香港地区。

(一)企业数量分析

根据企业数量分类,截至2017年,在沪设立附属机构的境外企业以中国香港地区和意大利为主。在17家企业中,中国香港企业的数量为8家,占在沪境外附属机构总数的比重为47.06%;意大利企业数量为 3 家,占在沪境外附属机构总数的比重为 17.65%;其余为英国、瑞士、利比里亚、丹麦,其比重分别为 11.76%、11.76%、5.88%、5.88%。

如果从 2016 年的数据看,中国香港企业占了接近半数,达到 7 家,占在沪境外附属机构总数的比重为 43.75%;意大利企业数量为 4 家,占在沪境外附属机构总数的比重为 25.00%;瑞士企业数量为 2 家,占在沪境外附属机构总数的比重为 12.50%;此外,英国、利比里亚和丹麦各自只有 1 家企业,各自占比为 6.25%。如图 7-2-10 所示。

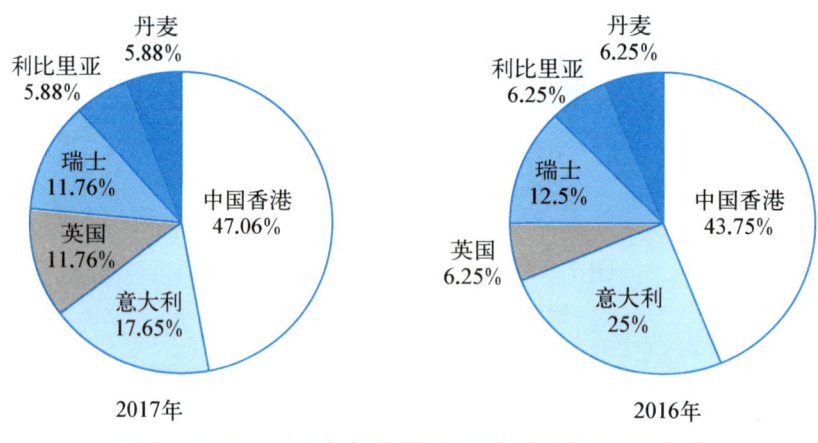

图 7-2-10 上海邮轮服务业境外附属机构占比

数据来源:上海市商务委员会。

对比两年的数据来看,中国香港和英国的企业数量有较大增长,意大利的企业数量则呈下降趋势,瑞士、利比里亚和丹麦则保持平稳状态(图 7-2-11)。

(二)营业收入分析

在境外附属机构中,由于中国香港企业最多,因而其营业收入

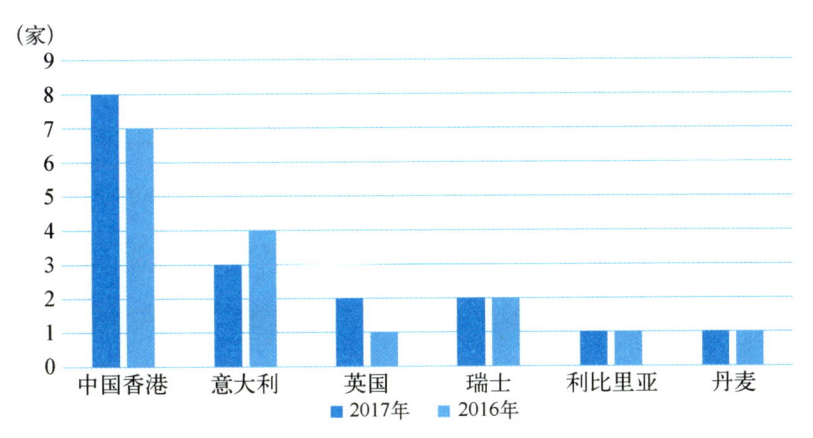

图 7-2-11　上海邮轮服务业境外附属机构数量情况

数据来源：上海市商务委员会。

规模最为突出，2017 年中国香港企业的营业收入达到 1 074 880.92 万元，比上年增长 29.57%；利比里亚企业的营业收入只有微弱的增长，增长速度为 8.29%；其他的国家如意大利、瑞士和丹麦企业的营业收入则呈负增长状态（图 7-2-12）。

图 7-2-12　上海邮轮境外附属机构营业收入

数据来源：上海市商务委员会。

（三）利润分析

从利润情况看，中国香港企业在 2017 年增长达到 35.78%；英国企业的利润总额的绝对数量较小，在图 7-2-12 中几乎看不出来，但是其增长幅度较大，增速超过了 100%；意大利企业在这两年中一直是亏损状态，尤其在 2017 年的亏损额度更大；瑞士和丹麦企业则呈负增长状态，其利润总额在 2017 年都是负值（图 7-2-13）。

图 7-2-13　上海邮轮境外附属机构利润总额

数据来源：上海市商务委员会。

（四）小结

从上述分析中我们可以看出以下几点：

一是上海的外资邮轮服务行业处在较快的发展之中。从 2016 年和 2017 年的数据来看，2017 年，整个行业的外资投资总额有较大增长，增长幅度达到 50% 以上；同时，营业收入和利润总额都达到了 20% 以上的增长。年末从业人数在 2017 年也有增长，只是增长缓慢一些。

二是上海的外资邮轮在沪机构的行业规模比较小，全球十大邮轮公司中前4家的总部都在迈阿密，与之相比，上海邮轮总部经济发展还有很大的空间。2017年上海驻沪外资企业总数约为22家，总利润数只有7亿多元，年末从业人数不到3 000人，除了交通运输、仓储和邮政业、租赁和商务服务业等4个行业之外，金融业、信息传输和软件业、住宿和餐饮业、文化体育和娱乐业等行业还没有统计数据。另外，来沪的邮轮服务企业，除了中国香港地区企业之外，其他5个国家的企业规模都较小。

三是外资邮轮在沪机构之间差异较大。从注册资本看，样本企业从6万美元—1 600万美元不等；从利润总额看，年利润最高的达到人民币6亿元，但同时也有企业亏损达到6 000多万元；从年末从业人数看，最高的企业人数接近1 000人，最低的企业人数只有个位数。可见，样本企业的规模、营利能力等都参差不齐、差异较大。

四是邮轮境外附属机构未来在上海还有很大发展空间。目前境外只有5个国家和1个中国香港地区来上海投资，而且5个国家的投资规模都很小，涉及的行业也较少。如果在未来境外能有更多国家和地区、更多企业来沪投资和发展与邮轮相关的服务及贸易，那么该行业仍有很大的发展空间。

以上从FATS框架的角度，我们对上海邮轮服务领域的境外附属机构情况进行了分析。仍然要强调的是，这只是目前17家样本企业的一般情况。由于样本企业数量较少，将其扩展到对整个行业或整个领域的评价难免会有偏颇，需要结合其他的调研一手数据、专家咨询意见做综合分析，以上仅作参考。邮轮旅游作为新兴融合业态，在上海近12年一直保持高速发展，但邮轮产业和邮轮经济统计工作在全国全上海都没有开展起来,我们在数据有限的情况下做内向FATS的初步尝试,或许可以从某个角度对该行业的发展情况有个大致的了解。

第三节　上海邮轮旅游服务贸易国际竞争力分析[①]

一、邮轮产业对全球服务业的贡献

邮轮产业链涵盖范围较广,是邮轮制造业、邮轮港口业、邮轮服务业等相关行业有机结合而形成的新型产业。邮轮产业具有较强的产业乘数效应,不仅能够带动农业、采矿业、制造业等第一、第二产业的大力发展,还能全面促进批发贸易、酒店餐饮、金融服务、运输服务等涵盖范围广泛的现代服务业的繁荣。国际上对邮轮经济贡献的分析指标主要包括三大类:直接经济贡献、间接经济贡献和诱导产生的经济贡献。直接经济贡献主要包括游客、船员在船上及岸上的消费和邮轮公司的运营支出,这类贡献的产值将直接进入当地经济的总产值,在数值上相当于邮轮消费所带来的其他产业的收益。间接经济贡献和诱导产生的经济贡献是指邮轮产业通过其他相关产业对当地经济的贡献,主要包括直接受益公司及其员工的消费支出。当直接支出产生的经济影响蔓延到各个产

---

① 由于国际、国内没有专门的旅游服务贸易统计,因此,本节参照邮轮旅游对目的地经济贡献中有关服务业的数据进行分析。

业部门的企业和消费者领域时,对地区带来的经济贡献总和显然是非常巨大的[①]。

(一) 全球

根据国际邮轮协会(CLIA)统计数据显示,2017年,世界邮轮市场需求量由2016年的2 470万人次增长至2 580万人次,增长了4.5%。2007—2017年均保持增长态势发展,10年间,邮轮市场需求量增长了64.6%。越来越多的人正选择邮轮作为出游方式,可以预见未来数年,邮轮市场需求将进一步扩大,邮轮产业对地区的经济贡献将继续保持增长。

图7-3-1 2007—2017年全球邮轮市场需求发展情况

数据来源:Cruise Lines International Association。

2017年,全球上岸游览的游客与船员总人次约为1.37亿人次,比2016年的1.29亿人次增长了5.8%。游客、船员及邮轮公司的直接支出总计为610亿美元,通过直接支出进而产生间接经济

---

① "Economic Impact of Cruise Activity: The Port of Barcelona" by Research Institute of Applied Economics, University of Barcelona.

贡献和诱导经济贡献，加总后得到总经济贡献约为1 340亿美元，相比2016年增长了6.3%。同时邮轮产业已经连续两年雇用了超过100万名员工，2016年为102万名员工，2017年更是雇用了110多万名员工，支付给员工的工资报酬达456亿美元，比2016年增长了10.9%。

表7-3-1　2017年全球邮轮产业总经济贡献情况

类　　别	2017年	2016年	百分比变化(%)
游客与船员上岸人次(百万人次)	136.87	129.38	5.8
直接支出总计(十亿美元)	61.02	57.93	5.3
总经济贡献(十亿美元)	133.96	125.96	6.3
工资收入总计(十亿美元)	45.57	41.09	10.9
就业人数总计(人)	1 108 677	1 021 681	8.5

数据来源：Cruise Lines International Association。

(二) 东北亚

全球选择豪华邮轮出游的乘客人数不断攀升，北美、欧洲及地中海地区仍然是世界邮轮经济最为发达和最具活力的地区。近年来亚太地区邮轮市场的快速发展，成为全球邮轮市场保持增长的重要支撑力之一，其中东北亚地区的邮轮市场增长尤为突出。随着东北亚地区经济的不断发展，人们生活水平不断提高，富裕阶层和中产阶层人群数量得到大幅提升，保证了邮轮市场的旺盛需求。丰富的地区旅游资源和不断完善的邮轮港口基础建设，再加上相关国家和地区政府发展邮轮产业的积极政策，使得东北亚区域的邮轮市场具有强大的发展潜力与增长动力。

根据国际邮轮协会(CLIA)统计数据显示,2016年东北亚地区游客与船员访问人次达838万人次,其中母港往返游客人次占总人次的27%,达到223万人次。过境与过夜游客为488万人次,占总人次的58%,船员访问人次约为126万,占总人次的15%。

表7-3-2　2016年东北亚游客与船员访问量

类　　别	日　本	韩　国	中　国	东北亚地区总和
母港往返(人次)	217 178	1 814	2 014 081	2 233 073
过境/过夜(人次)	2 611 642	1 946 127	327 021	4 884 790
船员(人次)	504 740	344 800	410 390	1 259 930
总计	3 333 560	2 292 741	2 751 492	8 377 793

数据来源:Cruise Lines International Association。

邮轮公司通常会在停靠港采购各种商品和服务,包括饮食、酒店用品、船用燃料和广告服务等。游客购买的产品通常包括当地纪念品、食品饮料以及各种住宿、游览等相关服务;船员购买的产品和服务与游客类似,船员不需要考虑住宿问题,他们更关注零售商品、电子产品、手工艺品和当地纪念品等。2016年,东北亚地区邮轮产业对地区的直接经济贡献为32.3亿美元。其中,邮轮公司支出10.22亿美元,占直接支出总额的32%;船舶维修、食品和饮料、其他运营支出、港口费用占邮轮公司支出的57%。母港游客的直接支出总计为 12.42 亿美元,占直接支出总额的 38%,占游客支出总额的 59%。过境与过夜游客直接支出为 8.54 亿美元,占直接支出总额的 26%。船员在东北亚地区的直接支出总计约为 1.09 亿美元,约占直接支出总额的 3%。因此,邮轮公司对港口城市的经济贡献,主要在于船舶维修保养,购买食品饮料,还有其他的运营支出。而游客中的贡献母港游客比过境游客略高,因为母港游客是在统一港口始发和往返,有更多的机会在母港所在区域消费。

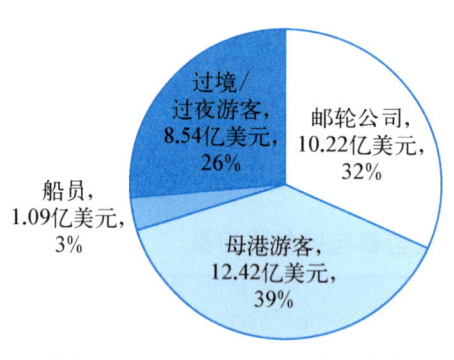

图 7-3-2　2016 年东北亚地区邮轮旅游直接支出及占比

数据来源：Cruise Lines International Association。

邮轮旅游对东北亚地区的直接经济贡献可以从游客、船员和邮轮公司的直接支出情况得出。根据 2016 年东北亚地区邮轮游客直接支出情况可以看出,母港往返的游客总计支出 12.42 亿美元,每人每日平均消费 556 美元。其中交通运输支出包括前往港口城市的国内交通费用和在港口城市的当地交通费用。过境与过夜游客的支出总额约为 8.54 亿美元,每人每日平均消费为 175 美元。所有游客的直接支出总计约为 21 亿美元,通过乘客参观日数,可以得出所有的游客每人每日平均消费约为 295 美元。在总支出情况中,占比前三的支出类目(除其他支出)为住宿、岸上旅游及食品和饮料,共约占总支出的 47%(东北亚地区游客消费偏好与欧美等地区游客不同)。

表7-3-3 2016年东北亚地区邮轮游客直接支出情况

类别	游客开销（百万美元） 母港往返	过境/过夜	总计	占比（%）
乘客参观日数	2 233 073	4 884 790	7 117 863	
住宿	371.55	0.00	371.55	17.70
岸上游览	132.66	224.68	357.34	17.00
食品和饮料	121.75	138.41	260.16	12.40
旅游纪念品	23.23	163.85	187.08	8.90
交通运输	181.31	0.00	181.31	8.60
衣服	58.81	58.74	117.55	5.60
出租车/地面交通	45.29	56.01	101.30	4.80
奢侈品	67.53	26.50	94.03	4.50
娱乐	25.24	9.30	34.54	1.60
其他支出	214.95	176.72	391.67	18.70
总计	1 242.95	854.21	2 096.53	100.00
每日平均消费（美元）	556.33	174.87	294.54	

数据来源：Cruise Lines International Association。

根据表7-3-2和图7-3-2显示2016年东北亚地区船员到访所有目的地的人次为1 259 930人次，总计支出约1.09亿美元，可计算出平均每人每天花费近87美元。另外数据显示，船员在食品饮料、服装和旅游纪念品三大类上的支出占所有消费的47.58%，其他包括在电子产品、零售、交通、网络通信、岸上游览以及娱乐的支出约占消费总额的 22%（见表 7-3-4）。

表 7-3-4 2016 年东北亚地区邮轮船员直接支出情况

类　　　别	开销（百万美元）	占比（%）
食品和饮料	26.8	24.47
服装	13.3	12.15
旅游纪念品	12	10.96
电子产品	7.6	6.94
零售	5.7	5.21
交通	4	3.65
网络通信	2.9	2.65
岸上游览	2.5	2.28
娱乐	0.9	0.82
其他购物	33.8	30.87
总计	109.5	100.00

数据来源：Cruise Lines International Association。

直接支出还包括邮轮公司的直接支出。2016 年，邮轮公司支出总额约为 10.22 亿美元，其中船舶维修的支出最高，达 3.08 亿美元，占总支出的 30%。燃油为邮轮公司的第二大支出，高达 1.19 亿美元。为了拓展业务与提高宣传，邮轮公司支付给旅行社的佣金高达 1.03 亿美元，另外还花费 8 180 万美元用于广告和营销。其余包括行政支出、食品饮料、运营支出、码头收费和岸上旅游等总计约 4.11 亿美元，占邮轮公司总支出的 40%。

表 7-3-5　2016 年东北亚地区邮轮公司直接支出情况

类　　别	支出（百万美元）	占比（%）
船舶维修	308.4	30.15
燃料	118.5	11.59
旅行社佣金	103.1	10.08
行政支出	103	10.07
食品和饮料	96.8	9.46
其他运营支出	96.8	9.46
码头收费	82.7	8.09
广告和营销	81.8	8.00
岸上旅游	31.7	3.10
总计	1 022.8	100.00

数据来源：2017 North-Asia Economics Impact Study，CLIA。

上述对于游客、船员和邮轮公司的直接支出的分析主要是为了得到邮轮产业对于东北亚地区的直接经济贡献，从而计算出间接和诱导的经济贡献，通过加总来得到邮轮产业对于东北亚地区的总经济贡献。国际邮轮协会的分析研究报告中[1]，东北亚地区邮轮产业经济贡献总计为 72 亿美元，增加值为 32.31 亿美元，提供了总计 51 631 个就业岗位和 15 亿美元的员工薪酬。中国作为东北亚地区主要的母港往返的港口，对地区的总经济贡献为 46.67 亿美元，约占东北亚地区总经济贡献的 65%，增加值

---

[1]　"2017 North-Asia Economics Impact Study By BREA"，CLIA.

为18.81亿美元,提供了33 770份兼职和全职工作,员工薪酬总计为6.29亿美元。中国的主要港口包括上海、香港、天津和厦门等。日本作为东北亚地区最大的过境目的地,其总经济贡献占东北亚地区总经济贡献的30%。日本的总经济贡献为21.59亿美元,增加值为11.43亿美元,新增兼职和全职工作14 724份,员工薪酬为7.43亿美元。日本的主要邮轮目的地是福冈、长崎和冲绳,横滨是一个主要的过境港口。邮轮旅游对韩国的经济贡献总额为3.85亿美元,增加值为2.07亿美元,提供了3 137份兼职和全职工作,并支付了1.32亿美元的员工薪酬。韩国的主要邮轮目的地是济州岛、釜山和仁川,韩国的所有港口主要都是过境目的地。由此可见,邮轮公司、游客和船员的直接经济贡献通过乘数效应产生间接和诱导经济贡献而获得的总经济贡献十分可观,是地区经济发展的重要动力之一。

表7-3-6 2016年东北亚地区按国家分列的邮轮产业总经济贡献

	消费（百万美元）	增加值（百万美元）	薪酬（百万美元）	雇员（人）
日本				
直接消费支出	1 197.4	642.7	455.4	8 669
间接消费支出	961.3	499.8	287.4	6 055
总计	2 158.74	1 142.5	742.75	14 724
韩国				
直接消费支出	199.8	106	76.2	1 835

续 表

	消费 （百万美元）	增加值 （百万美元）	薪酬 （百万美元）	雇员（人）
间接消费支出	185.3	101	55.7	1 302
总计	385.07	206.99	131.98	3 137
中国				
直接消费支出	1 831.5	764.9	222.8	13 193
间接消费支出	2 835.4	1 116.5	406.5	20 577
总计	4 666.9	1 881.4	629.3	33 770
东北亚（总计）				
直接消费支出	3 228.6	1 513.6	754.5	23 697
间接消费支出	3 982.1	1 717.3	749.6	27 934
总计	7 210.7	3 230.9	1 504.1	51 631

数据来源：Cruise Lines International Association。

国际邮轮协会统计了按行业分列的东北亚邮轮产业的总经济贡献。其中占比最大的 3 个行业分别是制造业、金融和商业服务以及批发零售业，占了直接支出的 67%，且占了总经济贡献的 69%。总计产生了 49.84 亿美元的产出，创造了 21.57 亿美元的增加值，提供了 28 848 个兼职和全职工作，员工薪酬为 10.34 亿美元。其中制造业的经济贡献最大，邮轮旅游消费使得制造业各部门都会受到一定程度的经济影响。仅制造业一个行业就创造了 23.6 亿美元的产出和 6.49 亿美元的增加值，产生了 9 663 个就业岗位和 2.77 亿美元的员工薪酬。金融和商业服务业为经济贡献第二大的行业,带动了房地产、银行和信息服务等部门的经济发展,总计产生了14.04亿美元的产出和7.79亿美元的增加值,创造了8 451个就业岗位和3.79亿美元的员工薪酬。批发零售业的影响从食品和设备分销商扩展到其他消费品和商业产品的分销商,且批发零售行业涉及很广泛的个人与商业服务,因此会产生较大的经济贡献。该产业总计创造了12.21亿美元的产出和7.3亿美元的增加值,提供了10 734个就业岗位,产生了3.77亿美元的员工薪酬。最后,其余行业如农业、其他服务业和政府服务、交通运输业和建筑业受邮轮产业影响创造了22.27亿美元的产出和10.74亿美元的增加值,提供了22 783个就业岗位,支付员工薪酬为4.71亿美元。除去制造业、农业、建筑业,剩余部门都为服务业部门,产生了42.27亿美元的产出和23.35亿美元的增加值,创造了34 488个就业岗位。邮轮产业中的服务业比农业、制造业等第一、二产业对地区经济和就业的贡献更大。

表7-3-7 2016年东北亚地区按行业分列的邮轮产业总经济贡献

行 业	支出（百万美元）	增加值（百万美元）	报酬（百万美元）	雇员（人）
制造业	2 359.5	648.7	277.1	9 663
金融和商业服务	1 404.0	778.8	379.0	8 451
批发零售业	1 220.7	729.5	377.4	10 734
其他服务和政府服务	1 050.3	579.5	260.5	12 357

续　表

行　　业	支出 （百万美元）	增加值 （百万美元）	报酬 （百万美元）	雇员（人）
农业	599.6	235.5	98.5	7 190
交通运输业	551.9	246.7	103.9	2 946
建筑业	24.7	12.1	7.8	290
总计	7 210.7	3 230.9	1 504.1	51 631

数据来源：Cruise Lines International Association。

（三）欧洲

虽然邮轮产业不断扩展到东北亚、东南亚和澳大利亚等各国各地区，欧洲仍然是世界邮轮产业发展的最重要动力之一。

欧洲具有世界第二大邮轮旅游需求市场，2017年有696万欧洲游客选择邮轮进行度假，相比2015年增长了7.8%。而且欧洲地区也是最受欢迎的邮轮目的地之一，仅次于加勒比地区。2017年有650万游客从欧洲港口上船，比2015年增长了6.1%。其中有550万人为欧洲本土游客，100万人为世界其他地区游客。绝大多数邮轮访问地中海、波罗的海以及欧洲其他地区的港口，总计游客访问人次约为3 410万人次，比2015年增长了9.4%。此外，还有大约1 680万人次的船员对港口进行了访问。

欧洲作为世界邮轮制造业的中心，每年建造大量的大型高端邮轮和新型邮轮，在邮轮建造和维修上的支出连续6年保持稳定增长。2017年，邮轮公司在欧洲的邮轮造船厂花费了56亿欧元，相比2015年增长了22.4%。截至2018年5月，欧洲的邮轮建造公司仍有66艘邮轮的生产订单还未完成,将于2021年完成建造并交付使用①。

2017年,欧洲邮轮产业产生的直接支出高达197亿欧元,其中约56.3亿欧元支付给欧洲邮轮制造企业,用于购买新邮轮和维修、翻新现有邮轮。邮轮公司向为其提供服务和商品的企业支付了总计81.7亿欧元的费用,用于支持邮轮业务的运作,这一数字比2015年增长了18%。邮轮游客和船员总计消费了42.4亿欧元,这里游客的支出主要包括在出发港与目的港的岸上游览、住宿、飞机以及其他商品的费用。船员的主要支出为零售商品、食品和饮料。据统计,包括飞机票,登船游客平均消费约294欧元;不包括飞机票,邮轮游客在登船港口城市的平均消费为81.86欧元,每次访问一个港口的平均消费为64.37欧元。船员每次停靠港口时的人均消费为24.5欧元。最后支付给员工的工资报酬与福利总计约16.7亿欧元,相比2015年增长了7.7%。邮轮产业总计创造了195 241个就业岗位,员工薪酬为60.2亿欧元。

通过研究邮轮产业按部门分列的直接经济贡献情况,可以得出制造业直接经济贡献占邮轮产业对地区直接经济贡献总和的49%,占总就业人数的27%,占总员工薪酬的34%,占比相对2015年有略微升高。邮轮公司直接创造了69 072个就业岗位,占直接总就业人数的35%,员工薪酬总计为16.74亿欧元,占直接总薪酬的28%,这两个占比相对2015年有所下降。交通与公共事

---

① "Contribution of Cruise Tourism to the Economies of Europe 2017", CLIA.

业部门,包括旅行从业者和旅行社在内,总计产生了 43.07 欧元的直接经济贡献,占直接总经济贡献的 22%,创造了 26 470 个就业岗位,占直接总就业岗位的 14%,员工的薪酬总计 9.75 亿欧元,占直接总薪酬的 16%。这三个比例与 2015 年相比几乎没有变化(由于缺少 2016 年数据,因此只比较 2017 与 2015 年变化)。

表 7-3-8 2017 年欧洲邮轮产业直接经济贡献情况

类　别	支出 (百万欧元)	就业人数 (人)	工资薪酬 (百万欧元)
农业、采矿业、建筑业	23	244	5
制造业	9 591	52 536	2 071
批发零售业	887	12 554	255
交通与公共事业	4 307	26 470	975
酒店餐饮	467	7 287	167
金融和商业服务	2 002	15 794	553
其他服务和政府服务	748	11 284	322
小计	18 024	126 169	4 349
邮轮公司雇员	1 674	69 072	1 674
总计	19 698	195 241	6 023

数据来源:Contribution of Cruise Tourism to the Economies of Europe 2017, CLIA。

2017 年,欧洲邮轮产业总经济贡献高达 478.58 亿欧元,总计提供了 403 621 份兼职与全职工作,职工薪酬为 127.69 亿欧元。与直接经济贡献相比,总经济贡献在各行业之间的分布更为均匀。

然而制造业(主要是造船业)和交通与公共事业仍占整个欧洲邮轮业总经济贡献的一半以上,这两个行业总计经济贡献为257.65亿欧元,占总经济贡献的54%,创造了149 927个就业岗位,占总就业贡献的37%,员工薪酬为57.9亿欧元,占总工资报酬的45%。金融与商业服务主要包括房地产、银行、保险和信息服务等,其经济贡献为112.2亿欧元,占总经济贡献的23%,创造就业岗位数量为77 090,占总就业人数的19%。与直接经济贡献相比,该行业的总经济贡献是直接经济贡献的5.6倍,总就业贡献是直接就业贡献的4.9倍,高于其他行业部门。因此,金融和商业服务部门在邮轮产业中创造经济贡献与创造就业岗位方面的能力较为突出。

表7-3-9 2017年欧洲邮轮产业总经济贡献情况

类　　别	支出（百万欧元）	就业人数（人）	工资薪酬（百万欧元）
农业、采矿业、建筑业	2 655	19 722	381
制造业	17 390	98 091	3 795
批发零售业	2 841	38 043	700
交通与公共事业	8 375	51 836	1 995
酒店餐饮	1 496	19 418	448
金融和商业服务	11 220	77 090	2 814
其他服务和政府服务	2 207	30 349	962
邮轮公司雇员	1 674	69 072	1 674
总计	47 858	403 621	12 769

数据来源:Contribution of Cruise Tourism to the Economies of Europe 2017,CLIA。

欧洲地区最大的邮轮港口为巴塞罗那港,巴塞罗那 2014 年邮轮旅游游客数量约为 240 万人,中国上海 2017 年邮轮旅游游客数量约为 297 万人(虽然不在同一时间点,但是由于游客数量相近仍然存在比较价值)。巴塞罗那港游客人均消费约为 203 美元,总计游客和船员直接支出为 4.24 亿美元。估算 2017 年上海邮轮游客和船员的直接消费额约为 7.3 亿美元(游客人数乘中国人均游客消费与船员人数乘中国船员人均消费的加总)[①]。上海邮轮旅游游客及船员的直接消费总额高于巴塞罗那的原因主要有:中国游客购买力旺盛,消费相对较高以及 2014—2017 年期间通货膨胀导致的商品及服务价格的上涨。

(四) 美国

全球邮轮市场规模居全球首位的是美国,邮轮市场的繁荣有力地促进了邮轮母港的建设和发展,成为全球邮轮母港的聚集地,其中世界邮轮之都迈阿密就位于佛罗里达州。邮轮市场最为繁荣的地区是位于北美的加勒比海地区,北美地区的邮轮旅游已经有 50 多年的发展历程,市场培育了大量的邮轮公司,使得北美成为全球邮轮旅游最为发达和最具活力的市场区域。由于全球邮轮市场的集中度较高,近年来美国游客量占据全球乘客总数量的 50% 左右,英国和德国占 15% 左右。[②]

2014—2016 年间,来自美国的乘客数量和从美国港口出发

---

① 根据"2017 North-Asia Economics Impact Study By BREA"中数据计算得出中国游客人均消费约为 490 美元。
② "The Contribution of the International Cruise Industry to the U.S Economy in 2016", CLIA.

的乘客数量都有所增加。2016 年来自美国始发游客数量为 1 166 万人,这比 2014 年增加了 1.5%,比 2011 年增加了 10%。在客运量强劲增长的推动下,邮轮行业的直接支出也随之增加。2016 年游客、船员和邮轮公司的直接支出增长了 3.2%,达到 216.9 亿美元,比 2011 年增长了 15%。邮轮公司花费 160 亿美元用于购买食物和各种服务(包括资本成本),占直接支出总额的 74%。邮轮公司对美国雇员工资的直接支出以及向美国联邦、州和地方税务管辖区缴纳的税款增加了近 4%,达到 14.8 亿美元,占直接支出总额的 6.8%。游客与船员用于交通、住宿、食物与其他零售商品的支出费用总计 41.8 亿美元,约占直接支出总额的 19.3%,增长 8.9%,这种增长的主要原因是美国港口邮轮旅客的强劲增长。

表 7－3－10　2011—2016 年美国邮轮产业直接支出情况[①]

类　　别	2011 年	2012 年	2013 年	2014 年	2016 年
游客数量(百万人)	20.29	20.76	20.67	22.39	23.16
来自美国的游客数量	10.45	10.67	10.71	11.33	11.5
在美国上船的游客数量	9.84	10.09	9.96	11.06	11.66
产业支出(十亿美元)	17.59	18.29	18.72	19.59	20.2
邮轮公司	14.07	14.63	15.09	15.63	16.02
商品与服务	12.15	12.66	13.13	13.65	13.96

① 其中,2015 年数据缺失,因为当年没有做相关分析研究。

续　表

类　　别	2011 年	2012 年	2013 年	2014 年	2016 年
资本成本支出	1.92	1.97	1.96	1.98	2.06
游客和船员	3.52	3.66	3.63	3.96	4.18
工资和税收（十亿美元）	1.29	1.34	1.38	1.43	1.48
总计	18.88	19.63	20.1	21.02	21.69

数据来源：The Contribution of the International Cruise Industry to the U.S Economy in 2016,CLIA。

2016年，美国邮轮产业对地区直接经济贡献216.86亿美元，创造了158 226个就业岗位，直接支付73.83亿美元的员工薪酬，直接支出的影响分布在美国经济的各个行业中。在美国，邮轮产业的核心部门包括邮轮公司、航空公司、旅行社、港口管理公司与各种当地商业，商业主要为酒店、餐馆等受游客和船员的直接支出影响。邮轮产业核心部门的直接支出为105.16亿美元，占总直接支出的48.5%，直接创造了111 515个兼职与全职岗位，占直接就业总贡献的70.4%，员工薪酬为45.81亿美元，占直接薪酬总计的62%。此外，在邮轮产业供应链中还有农业、制造业、零售批发业、信息服务业、政府服务等行业部门，它们创造的直接经济贡献总和为107.5亿美元，创造了46 708个就业岗位和28亿美元的员工薪酬。同样地，就单个行业而言，制造业的直接经济贡献最大，直接经济贡献为54.59亿美元，产生了12 699个就业岗位，员工薪酬为8.69亿美元。但是从第一、二、三产业分类来看，服务业对地区的直接经济贡献最大。

表 7-3-11　2016 年美国邮轮产业直接经济贡献情况

行业部门	直接支出（百万美元）	雇员	工资报酬（百万美元）
核心邮轮旅游部门	10 516	111 518	4 581
游客和船员消费	2 101	24 951	657
港口服务及邮轮公司	3 519	49 246	2 130
运输服务	2 811	26 412	1 248
空运	2 084	10 910	547
邮轮行业供给	11 170	46 708	2 801
农业、采矿、公用事业和建筑业	47	203	7
制造业	5 459	12 699	869
食品和饮料	1 042	2 239	103
服装及纺织品	155	898	42
化学品和塑料	293	372	36
石油加工	1 633	134	19
金属制品	242	917	63
工业机械	483	1 396	94
船舶维修和保养	777	2 176	173
计算机电子设备	288	835	90
其他制造业	547	3 731	251
批发贸易	599	2 903	197

续 表

行 业 部 门	直接支出（百万美元）	雇员	工资报酬（百万美元）
其他运输服务	21	36	4
信息服务	275	557	48
金融、保险、房地产和租赁	1 129	2 923	260
政府服务（不含住宿和旅行社）	3 220	27 387	1 416
总计	21 686	158 226	7 383

数据来源：The Contribution of the International Cruise Industry to the U.S Economy in 2016，CLIA。

由于这些直接经济贡献，使得邮轮产业在2016年整个经济体中的总经济贡献达到477.58亿美元，企业为了生产货物与提供服务总计创造了389 432个就业岗位，总计支付员工的薪酬约206亿美元。

就行业部门而言，政府服务部门在经济影响总额中所占比例最大，产出为163.56亿美元，创造了215 788个就业岗位，工资薪酬为101.43亿美元。政府服务部门经济贡献占邮轮产业总经济贡献的34.3%，占总就业贡献的55%，约占总工资薪酬的49%。制造业为总经济贡献占比第二大行业，经济贡献为109.51亿美元，约占总经济贡献的22.9%。就业方面，创造了33 132个就业岗位，约占总就业贡献的8.5%，工资薪酬为23.78亿美元。

美国是邮轮产业发展最领先的地区，早已形成成熟丰富的邮轮经济群落。北美邮轮市场需求充足、要素齐全，并且具有成熟的

表 7-3-12 2016 年美国邮轮产业总经济贡献情况

行业部门	产出（百万美元）	雇员	工资报酬（百万美元）
农业、采矿、公用事业和建筑业	5 057	7 289	586
制造业	10 951	33 132	2 378
食品和饮料	883	3 265	218
服装及纺织品	1 246	1 750	127
造纸和印刷	333	1 567	119
化学品和塑料	468	4 470	221
石油加工	986	723	92
金属制品	719	4 062	304
工业机械	701	1 635	246
船舶维修和保养	1 136	2 463	280
计算机电子设备	3 288	2 833	525
其他制造业	1 190	10 365	246
批发贸易	2 840	34 232	1 787
其他运输服务	7 354	78 066	3 645
信息服务	963	4 055	401
金融、保险、房地产和租赁	4 236	16 870	1 634
政府服务（不含住宿和旅行社）	16 356	215 788	10 143
专业科学技术服务	5 760	38 706	2 854
管理和废弃物处理服务	3 746	54 732	1 578
住宿和饮食服务	1 757	46 156	1 058
艺术和娱乐休闲	855	25 203	590
其他政府服务	4 238	50 992	4 063
总计	47 758	389 432	20 575

数据来源：The Contribution of the International Cruise Industry to the U.S Economy in 2016，CLIA。

邮轮旅游支撑技术、运营技术等，使得邮轮产业给地区经济带来了巨大贡献。

二、邮轮旅游对中国服务业的经济贡献

中国邮轮市场已经改变世界邮轮旅游的版图，成为向世界传递中国文化、生活方式和推进旅游外交的重要方面。邮轮产业主要以邮轮为载体，以休闲、观光、游玩等为具体内容，是围绕船舶制造、港口服务、后勤保障、交通运输、游览观光、餐饮购物和银行保险等行业形成的产业，可见邮轮产业中大部分为服务业。服务业存在于邮轮产业的方方面面，主要包括：批发零售业、交通运输业、金融和商业服务业以及政府服务等。服务业在邮轮产业中的贡献尤为突出，2016年，中国邮轮产业直接经济贡献中服务业贡献占比为88%，高达107亿元，直接创造就业岗位12 258个，占邮轮产业直接就业贡献的93%，员工薪酬为13.8亿元。从邮轮产业的总经济贡献来看，其中服务业总计创造了168.1亿人民币的经济贡献，占总经济贡献的54%，创造了就业岗位20 002个，占总就业贡献的59.2%，员工薪酬为27亿元。

（一）邮轮运营支出带动的服务业

邮轮运营支出为邮轮公司日常运营产生的费用，主要包括船舶保养、燃料、旅行社佣金、管理支出、饮食、其他运营支出、港口费、广告和促销、旅游等。按产业类型来分主要涉及制造业、批发零售业、交通运输业、金融和商业服务业、政府服务与其他服务。2016年，中国邮轮产业直接支出总额为121.6亿元，邮轮公司直接支出42.4

亿元，占总支出的约 35%。除了制造业以外的支出都为服务业支出。服务业支出占邮轮公司总支出的 79%，其中批发零售业支出为 10.83 亿元，交通运输业支出为 4.31 亿元，金融和商业服务支出为 7.41 亿元，政府服务与其他服务支出为 10.9 亿元。

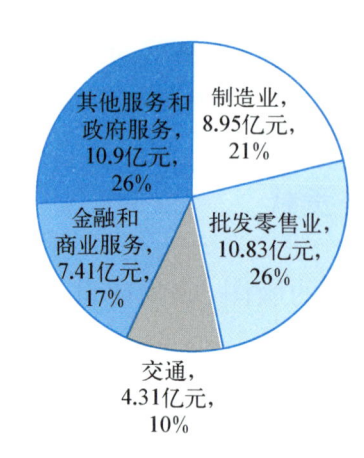

图 7-3-3 2016 年中国邮轮公司直接支出情况及占比

数据来源：Cruise Lines International Association。

通过邮轮公司直接支出情况可以看出，邮轮运营支出对于服务业发展具有较强的直接推动作用。主要直接受益行业为批发零售、交通运输业、金融和商业服务业、政府服务业。这类直接受益行业中的企业及其员工接受其他各类供应商和第三产业的服务，从而产生更多的间接经济贡献与就业贡献，进一步促进服务业及其他各类产业的发展，促进地区经济的繁荣。

（二）游客船员消费带动的服务业

2016 年，游客与船员总计支出 79.2 亿元，占总直接支出的 65%。其中母港往返的游客总计支出 72 亿元，过境与过夜游客总计支出 4.3 亿元，船员支出 2.9 亿元。国际邮轮协会在停靠港为香港、台湾高雄、天津和上海的邮轮上对游客和船员进行消费情况问卷调查，得出游客在目的港的人均消费约为 7 629 元（此消费额为中国籍游客在目的港消费额，中国游客购买力旺盛，因此平均消费数额高于日韩），船员的人均消费约为 294 元。游客大约 60% 的消费用于住宿、交通和零售购物,船员 58% 的消费用于食品饮料和零售购物。游客的消费中占比从大到小依次为:住宿、交通、零售、岸上旅游、食品和饮料、娱乐等。其中消费用于服务业的比重非常大,对目的港所在地区的酒店餐饮、交通运输、零售批发等具有较大带动作用。同时可以看出,我国邮轮产业服务业结构的不平衡,消费大多集中在传统服务业,如住宿和零售购物,而类似于岸上游览与娱乐等仍然占比较低(受消费偏好影响)。从船员消费来看,船员整体消费仍然偏低,对服务业的带动作用较小。

表 7-3-13 2016 年中国邮轮游客与船员在目的港人均消费情况[①]

类　　别	游客支出(元)	船员支出(元)
住宿	2 204.3	0
交通	1 308.6	12.9
零售	1 030.8	113.7
岸上游览	881.1	4.4
食品和饮料	752.2	45.8
娱乐	151.3	5.2
其他	1 300.8	111.6
合计	7 629.2	293.6

数据来源:2017 North-Asia Economics Impact Study,CLIA。

① CLIA 通过调查得出,主要为游客在目的港的消费情况。

2016年，中国邮轮产业中服务业的总经济贡献为168.07亿元，增加值为84.89亿元，创造了20 002个就业岗位，员工的薪酬总计27.09亿元。

表7-3-14 2016年邮轮旅游对中国服务业的贡献情况

类别	支出（百万元）	增加值（百万元）	报酬（百万元）	雇员（人）
批发零售业	3 841	2 171.6	569.4	4 212
交通运输业	2 532.7	1 007.9	251.4	1 630
金融和商业服务	5 690.6	2 786.9	1 045.3	6 237
其他服务和政府服务	4 742.7	2 523.5	842.4	7 923
总计	16 807	8 489.9	2 708.5	20 002

数据来源：Cruise Lines International Association。

（三）中国邮轮服务业与其他国家的差距

中国邮轮产业近几年得到了快速繁荣发展，随着国内市场的扩张，各城市邮轮港口基建设施不断完善，邮轮出游旅客人数总体保持增长态势。虽然2018年邮轮市场需求有所回落进入调整期，但邮轮产业在中国的前景仍然是光明的，拥有巨大潜力。中国邮轮服务业作为邮轮产业中经济贡献最大的产业，能够又好又快发展显得尤为重要。通过与邮轮服务业发达地区的比较，旨在对中国邮轮产业今后的发展有些借鉴与启发。

2017年，来自游客人数前十个国家的旅客总数为2 295万人，占全球邮轮游客的86%。美国拥有1 194万名游客，是迄今为止最大的客源国,占全球邮轮游客的 45%。接下来的两个国家是中国和德国,加起来游客总数为 459 万人,占全球游客总数的 17%。英国有 193 万名游客,澳大利亚有 134 万名邮轮游客,加起来占全球游客总数的 12%。最后 5 个国家:加拿大、意大利、西班牙、法国和巴西共 315 万游客,约占全球游客总数的 12%。中国游客数量虽然位居全球第二,但是与邮轮市场成熟的美国和欧洲地区相比,差距仍然较大——虽然拥有如此庞大的需求与游客数量,但是给邮轮母港所在地城市带来的经济贡献与欧美地区存在较大落差。

图 7-3-4 2017 年邮轮游客数量前十的国家

数据来源:Cruise Lines International Association。

由于购买力旺盛,消费能力较强,我国游客人均消费较高,游客在母港及邮轮上的人均消费额约为 490 美元,该消费水平在所列国家与地区中处于较高水平。邮轮旅游需求较大且游客拥有较高的消费能力,因此我国邮轮旅游的发展还存在较大动能与潜力。一方面,需要加大市场的开拓,让更多人接受和参与邮轮旅游这种度假休闲方式；另一方面，要提高邮轮旅游产品和服务的质量，满足中国游客的需求。

图 7-3-5 2017 年各国家（地区）邮轮游客人均消费情况[1]

国家（地区）	人均消费（美元）
美国	123
中国	490
日本	359.4
韩国	87.1
澳大利亚	392.7
巴塞罗那	203
新加坡	775

数据来源：课题组成员整理计算。

通过对比各国（地区）邮轮公司的运营支出情况，可以得出美国邮轮公司运营支出远远超过其他国家和地区的邮轮公司运营支出。美国邮轮公司运营支出占邮轮旅游对地区直接支出总额的79%。虽然无法直接得出具体的服务业支出数额，但是从美国邮轮公司运营支出来看[2]除了一部分支出属于制造业，其他均为服务业支出，包括船舶维修、资本成本、批发贸易、旅行社服务、政府行政服务等。邮轮公司运营支出对于服务业具有显著的带动作用。

根据国际邮轮协会的数据进行整理得出，2016 年中国邮轮服

---

[1] 由于缺少同年份相关数据，在计算巴塞罗那和新加坡游客人均消费额时使用了2014年的相应数据。
[2] "The Contribution of the International Cruise Industry to the U.S Economy in 2016", CLIA.

(亿美元)

图 7-3-6　2017年各国家(地区)邮轮公司运营支出情况

数据来源：根据CLIA公开数据整理。

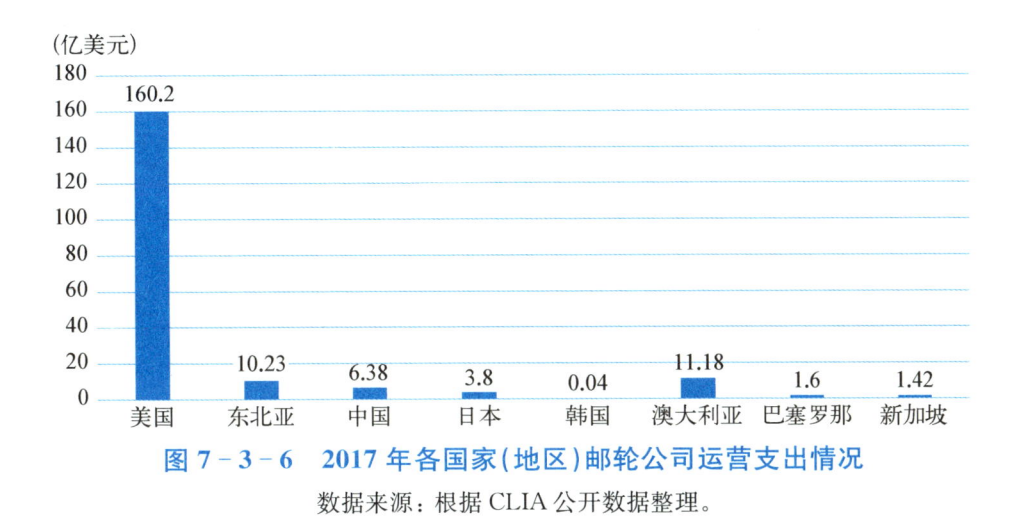

务业的总经济贡献为25.31亿美元,美国的邮轮服务业总经济贡献为317.49亿美元,欧洲的邮轮服务业总经济贡献(由课题组根据2016、2017年欧洲邮轮市场游客数量变化估算得出)为272.28亿美元。可以看出,中国的邮轮服务业与邮轮产业发达地区的差距非常大。当然相对于邮轮产业发展成熟的欧美地区,中国邮轮旅游正处于发展壮大阶段,邮轮服务业作为邮轮旅游的核心产业,对地区的经济贡献和就业贡献较大,具有广阔的发展前景。

图 7-3-7　2016年中美欧邮轮服务业经济贡献比较

数据来源：根据CLIA数据估算。

2016年,中国邮轮服务业总计创造了20 002个就业岗位,员工薪酬为 4.08 亿美元;美国邮轮服务业创造了 349 011 个就业岗位,员工薪酬为 176.1 亿美元;欧洲地区邮轮服务业创造了 207 705 个就业岗位,员工薪酬为 72.08 亿美元。可见由邮轮服务业创造的就业贡献来看,中国与美国、欧洲存在的差距较大。

表 7-3-15　2016 年中美欧邮轮服务业就业贡献比较

地　区	雇员(人)	薪酬(百万美元)
中　国	20 002	407.9
美　国	349 011	17 610
欧　洲	207 705	7 208

数据来源:根据 CLIA 数据估算。

第四节　邮轮旅游服务贸易统计的现状和对策建议

一、服务贸易和旅游服务贸易统计现状

(一)加强服务贸易统计和研究的重要性

近年来,服务贸易正在逐渐成为政府部门工作关注的重点,服务贸易作为我国服务提供者向他国消费者提供服务并获得外汇收入的交易过程,是国与国之间相互提供服务的经济交换活动,是未来世界经济增长的新动力,已成为衡量国际竞争力的重要标志。

近期,中美经贸摩擦加剧,美国借口中美贸易逆差挑战多边贸易体系,却一再回避中美服务贸易长期顺差的事实。随着移动互联网、大数据和云计算等新技术的发展,跨境电子商务、远程服务等贸易新形态的出现,以及跨太平洋伙伴关系协定(TPP)、跨大西洋贸易与投资伙伴协议(TTIP)和国际服务贸易协定(TISA)等的签署或谈判,国际上对于服务贸易无论在分类方法还是在数据统计上都提出新要求,需要我们与时俱进,不断完善服务贸易统计工作的方式方法。

(二)邮轮经济专项统计现状和问题分析

2016年,国务院部署在上海等15个省市和区域开展服务贸易创新发展试点,2018年,上海服务贸易高出全国平均数15%,其中交通运输和旅游服务占比高达30%以上。作为首个获批的国家级邮轮旅游发展实验区,上海邮轮旅游服务贸易也做了很多试点、创新,为全国邮轮旅游服务贸易发展作出了很大的贡献。但是,邮轮进入上海10年以来,有关邮轮产业、邮轮经济的统计数据和分析只有邮轮靠泊数及邮轮出入境人次,无法全面反映邮轮旅游对服务贸易及区域经济的贡献,无法科学分析、对比邮轮服务业的国际、国内竞争力和优劣势。上海领先全国,率先开展了邮轮服务贸易试点创新,设立了邮轮旅游服务贸易示范区,探索邮轮服务贸易统计工作。

2017年,虽然上海仍保持全球第四、亚洲第一大的邮轮母港客源市场,但2018—2019年已经出现增长幅度放缓的趋势。随着本土邮轮制造业开始起步,邮轮服务业仍然有很大的发展空间。仅凭靠泊量和出入境人次无法判定上海邮轮产业结构、区域经济贡献度。**统计是研究的基础,没有统计数据支撑就不能开展深入客观的研究**。为此,2018年10月8日,在上海市人民政府办公厅印发《关于促进本市邮轮经济深化发展的若干意见》的通知里,**首次提到,要加强邮轮经济统计和研究,研究构建科学的邮轮产业统计指标体系,全面反映邮轮产业规模、增加值和经济贡献度。**

2016年年底,商务部和国家统计局联合出台了《国际服务贸易统计监测制度》,但服务贸易、旅游服务贸易的统计难度仍然很大。上海各区县还没有全面开展此项工作。原因有以下几点:产业链长,分布广、变动大,统计对象庞杂,业务拆分困难;统计标准不统一、基础数据和资料不足、数据采集难度大;统计体制缺陷,导致各地服务贸易统计数据缺失,无法反映区域服务贸易产业发展的基础和特征,揭示产业新情况、新趋势,难以研究支持产业发展的顶层设计和具体工作。同期,交通部也开始实施专门的邮轮运营统计制度。

邮轮服务贸易业是综合性的全球性的产业,也是"运输+旅游+娱乐+住宿"的新兴产业,带动其他产业的效应高达1∶10甚至1∶14,邮轮旅游服务贸易有其行业特征,邮轮服务贸易提供方和需求方相对来说比较集中,例如全球邮轮寡头也就是皇家加勒比游轮、嘉年华邮轮、地中海邮轮、云顶邮轮等四家,都是国际上市公司。比起整个服务贸易或旅游服务贸易涉及的行业、产业,旅游服务贸易涉及的统计调查对象,相对来说要少很多,简单很多。因此,上海应率先开展邮轮旅游服务贸易专项试点统计,作为分析邮轮服务贸易发展现状,进一步做好邮轮旅游服务贸易创新试点,发展上海邮轮经济的重要举措。

目前,上海市商务委、交通委、旅游局、统计局、宝山区滨江委、上海吴淞口国际邮轮港、虹口国客中心及一些邮轮行业协会都进行了一些邮轮数据的梳理和整理工作。但全市范围内的邮轮经济专项统计工作还没有正式开展,各部门信息共享机制也没有建立起来。2018年,上海市统计局、宝山区统计局和上海工程技术大学联合开展课题研究,初步拟定了邮轮经济指标体系的框架。交通部、上海市交通委也自2016年起就开展了邮轮运营专项统计工作。上海市交通委自2016年也开始邮轮服务贸易专项统计工作,且正在不断完善统计指标。

二、上海试点邮轮旅游服务贸易专项统计的具体建议

(一)参照国际邮轮经济研究的通行分类指标

为了更好地做好邮轮服务贸易的国际比较,应参照国际通行的邮轮经济研究指标做好邮轮服务贸易的统计工作。邮轮相关服务主要就是运输和旅游(涵盖餐饮、住宿、娱乐)两大服务业,国际邮轮运营经济数据的支出方面一般包括邮轮公司、商品和服务、资本支出(包括净利息),邮轮乘客和员工,邮轮公司支付的薪资和税费。而对当地的经济贡献则包括母港、访问港/中转港(过夜与不过夜)游客人数,邮轮业直接支出,就业人数,薪资等指标。邮轮公司的直接支出中,服务业方面的支出占了55%左右,而邮轮产业链

带来的经济影响方面,主要与服务业相关,邮轮游客和船员的消费更是和旅游服务、商业商务服务业息息相关,比一般旅游带动的服务业发展作用更大。考虑到邮轮旅游的国际性,及在全球价值链中的特殊性,做邮轮旅游服务贸易相关分析和数据收集时,是可参考以上的经济贡献指标的,是有条件把与邮轮旅游相关的服务单列出来进行分析的。

根据国际邮轮协会的历年报告以及专业咨询机构 BREA 的研究,邮轮旅游对各国的直接经济贡献类别包括农业、制造业、建筑业,涉及服务领域的为批发零售业、交通运输业、金融和商业服务业,其他服务及政府服务(行政收费等)。

(二)建立邮轮旅游服务贸易统计指标体系

1. 按对服务贸易的影响度分类

按邮轮业对服务贸易的影响来划分,可以参照邮轮经济贡献中的直接贡献、间接贡献和波及贡献来划分三类指标。经济贡献指某一产业或经济要素在经济总体中的规模和地位(重要性),经济贡献包含直接(经济)贡献、间接(经济)贡献和波及(经济)贡献。直接贡献指某产业或经济要素因完成其核心功能,为城市发展创造的直接的效益和价值。间接贡献包括前向乘数效益和后向乘数效益两个方面。其中,前向乘数效益是指某一产业或经济要素增加产值的部分作为中间投入,在各部门之间进行分配,从而促进各部门扩大生产而产生的经济效益总和;后向乘数效益是指因某一产业或经济要素增加产值而需要消耗其他部门的产品,导致其他部门的生产扩张而产生的经济效益总和。波及贡献又称衍生贡献,指直接贡献和间接贡献通过消费,在社会上不断扩散、一轮一轮波及直至影响为零而产生的贡献。

邮轮业直接经济贡献是指邮轮公司及邮轮旅客在城市和地域周边进行的产品及服务消费,以及邮轮船舶制造和维护等所产生的支出,这些费用一起构成了邮轮产业的直接经济贡献,除了邮轮公司、游客和船员购买的产品,其他都是对服务业的贡献。

邮轮业间接经济贡献指的是邮轮产业相关经济活动因提供产品和服务的各部门,为了开展其各自经济活动必须购买其他部门所生产的产品和服务,这些构成了邮轮产业的间接经济贡献。在这里,前向乘数效益是指邮轮产业的快速发展催生了其他各个生产部门的持续扩大发展。由于各部门需要扩大生产,一定还需要其他中间投入也按比例增加,同时给这些部门带来了经济利益。因此,这些部门也都各自产生了后向乘数效应,上述这些效应的总和组成了邮轮产业的前向乘数效益。后向乘数效益是指,邮轮产业本身会不断扩大对于中间投入的需求,于是又促进了相关部门的扩大生产。这种由于邮轮产业需要其他部门产品作为其中间投入而对社会净产值所作的间接贡献,称为邮轮产业的后向乘数效益。

邮轮业衍生经济贡献是指在间接经济贡献的作用下,通过在其他产业方面购买产品和服务而产生的经济贡献,这种循环组成了邮轮产业的波及经济效应。

2. 按进出口指标分类

出口指标:

① 外籍邮轮在上海港的运营支出(境外注册邮轮)。

② 外国邮轮游客和船员在上海的岸上消费。

③ 外国邮轮公司雇用中国籍工作人员及薪酬支出。

进口指标：

① 国际邮轮对中国境内居民(持中国护照)的船票收入。

② 游客在船上的二次消费。

③ 游客在岸上旅游及消费(根据有关统计和研究,或抽样调查)。

表7-4-1　外国邮轮公司使用中国居民跨境服务(出口指标)

购物和燃料供应(Shopping & Fuel Supply)	船员通勤(Movement Crew)	船供服务(Provisions)	港务局服务(APB Services)行政收费	码头服务(Terminal Services)	船务代理(Shipping Agents)	系泊服务(Mooring & Practical)	旅行社和旅游经营者的服务(Services of Travel Agencies & Tour Operators)	废物收集和处理(Waste Collection & Treatment)	船员和乘客的医疗救援(Medical Assistance Crew & Passengers)

具体来说,通常会根据以下情况进行指标分类：游客\船员消费(数据为示例、非实际统计数据);游客(区分国籍\中国籍及出入境)消费(区分船上、岸上);船员消费(区分外籍\中国籍)(区分船上、岸上)。

表 7-4-2　邮轮服务贸易出口详细指标(外籍游客在上海的岸上消费)示意

类　　别	乘客花销			
	母港 Turn around	经停 Transit	过夜 Overnight	占比 %
乘客参观日数(天)				
住宿(美元)				
沙滩游玩(美元)				
食物和饮料(美元)				
旅游纪念品(美元)				
交通(美元)				
衣服(美元)				
当地交通费用(美元)				
奢侈品(美元)				
娱乐(美元)				
其他支出(美元)				
总计(美元)				
每日平均花费(美元)				

3. 按供应模式分配的服务贸易总额(GATS统计方式)

世界贸易组织服务贸易协定中将服务贸易分为四种模式,分别是跨境交付、境外消费、自然人流动和商业存在。在邮轮服务贸易中,跨境交付是指外国邮轮公司在中国的运营支出及中国境内居民交付给国外的邮轮制造、维修保养等;境外消费指邮轮游客在船上、目的港岸上的消费,以及外籍船员在中国境内的消费;

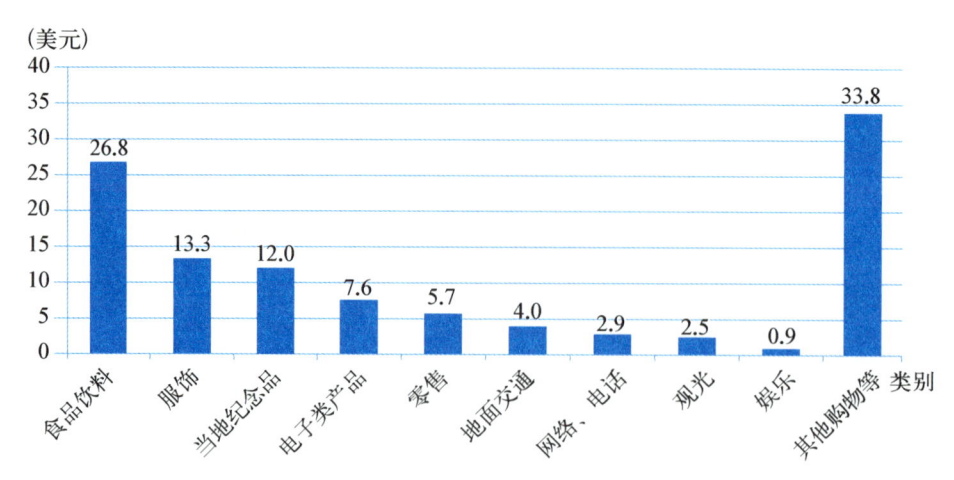

图 7-4-1　邮轮服务贸易出口详细指标（外籍船员在上海的岸上消费）

自然人流动指外国邮轮公司雇用中国籍雇员在船上和岸上为邮轮提供的服务、商业存在指驻沪邮轮公司及为邮轮提供服务的机构。

（三）建立邮轮统计数据信息跨部门共享机制

尽快建立由市商务委、外管局上海分局、统计局、自贸区管委会，以及宝山、虹口等邮轮旅游发展实验区、交通委、旅游局等组成的部门协调和信息共享机制，定期召开邮轮经济专项统计工作会议。借助上海市服务贸易联席会议和上海市邮轮旅游联席会议的平台，召开以邮轮经济统计数据分享交流为议题之一的专题讨论会。

（四）做好邮轮服务业样本企业统计监测

发掘和跟踪一批邮轮旅游服务贸易重点企业和重点项目，抓好重点样本企业和规模以上企业的统计上报工作。

由于邮轮旅游服务贸易是以邮轮为载体，邮轮旅游服务贸易的专项统计相当于在这个海上移动度假村做统计,因而相对容易些。国家《统计法》《对外贸易法》要求企业有配合统计调查的义务,因此,需要对企业加强守法、尊法教育,配合统计部门如实做好统计数据上报工作。上海可以借鉴美国《国际投资和服务贸易调查法》,率先做好《国际投资和服务贸易调查制度》的地方立法先行先试工作。因为全球邮轮公司只有几家,在沪邮轮机构也不足10家,而它们的相关运营数据基本上由3家船务代理掌握,定期上报交通部。可以以这几家作为第一批试点统计单位,要求根据商务部、国家统计局的服务贸易统计制度上报有关服务贸易数据,探索邮轮服务贸易专项统计。

(五)在上海试点中国邮轮服务贸易统计监测管理系统

中央财政和地方配套拨款,作为新的部市合作项目,在上海设立中国邮轮旅游服务贸易统计监测管理信息系统。《服务贸易创新发展试点方案》明确提出,中央财政支持建立服务贸易统计监测管理信息系统,创新事中事后监管举措。《商务部办公厅、国家统计局办公室关于开展服务贸易重点企业统计监测工作的通知》明确要求各地商务主管部门会同本级统计部门根据已下发的服务贸易重点监测企业基础名单,建立服务贸易重点企业统计监测制度。服务贸易重点监测企业名单将动态调整更新,不断增加企业覆盖面。

第八章　邮轮产业政策及制度创新

第一节　中国邮轮产业政策概述

邮轮旅游作为新兴业态，以其发展速度快、高附加值、对地区经济带动辐射效应强等特点，已成为旅游休闲行业发展速度最快的新业态，而且作为沿海地区产业转型发展的风向标，受到国家及地方政府的大力支持和扶持。中央和邮轮港口所在省市地方层面都高度重视邮轮产业发展。相继出台制定了一系列有利于邮轮行业发展的政策、法规和部门规章。由于邮轮产业链是全球性的，而且涉及船舶制造、港口建设、邮轮运营、通关等多个环节，这种复杂性决定了我国邮轮旅游产业不可能单独依靠国内自身的市场、企业以及资本的运作快速成长起来，不仅需要众多主管部门密切配合,还需要政府、企业、行业协会和科研院所之间加强互动交流。进一步开放市场,加强邮轮旅游业的对外国际交流与合作也非常重要。国家层面的顶层设计中包括各类专项规划、总体指导性意见和规范性文件,各部委出台的支持邮轮产业发展的相关政策,相关部委联合出台的文件等。地方政府也纷纷通过地方性的规划、立法和部门规章等方式来支持和引导邮轮产业的发展。

一、国家层面

国家层面支持邮轮产业发展的往往是一些原则性和指导性的文件,有国务院,也有各部委;有的是专项规划和规范性文件,有的是综合性的;有的是一个部门单独发文,有的是联合发文。可概括为五类:第一类,国家文旅部(原旅游局)对6个中国邮轮旅游发展实验区做出的批复意见;第二类,邮轮旅游、沿海邮轮港口布局等专项规划或综合性的规划;第三类,第二批4个沿海自贸区建设总体方案;第四类,各部委支持邮轮产业发展的文件;第五类,多部门联合发文。

二、地方层面

(一)省市级层面

近年来,在国家推进邮轮产业快速发展的大背景下,地方政府也高度重视邮轮旅游产业发展,纷纷出台一系列鼓励政策、法规与规划。目前以大连、天津、青岛、威海、烟台、上海、福州、厦门、广州、深圳及三亚邮轮港口为核心,重点发展本土邮轮企业,培育本土邮轮文化,主动对接国际邮轮旅游规范,探索建立邮轮旅游的中国标准。在此基础上,各地还积极构建邮轮产业链,拓展邮轮航线,丰富邮轮旅游产品,加快推进各区域邮轮母港建设,吸引更多资源,努力打造邮轮旅游的"亚洲品牌"。

(二)区级层面

上海吴淞口国际邮轮港可谓是唯一用区级财力支持一期和二期邮轮码头建设的,在产业政策和资金扶持上也是全国领先的。为支持邮轮产业发展,把邮轮旅游"过路经济"转化为母港所在地"产业经济",宝山坚持在邮轮产业链延伸拓展上做文章,先后引进上下游企业50余家,于2018年推出了支持发展邮轮经济的产业政策。

2018年2月,宝山区人民政府出台的《关于加快宝山邮轮经济发展的实施意见》指出,主动对接上海自贸区和自由贸易港建设,建立健全体制机制,为邮轮企业提供更优的发展环境,加快形成产业集群,全面推进邮轮经济发展和邮轮滨江带建设。实施意见共包括35条,涵盖每年由财政安排不少于1亿元用于支持邮轮经济发展,打造具有全球影响力的邮轮企业总部基地,建设具有全球竞争力的邮轮母港,构筑全产业链的邮轮经济发展高地,推动产城融合、区港联动发展和优化邮轮经济发展的营商环境等,为上海邮轮产业发展提供更强动力。

广州南沙邮轮港是广州自贸区的片区。2018年9月,自贸区南沙片区管委会出台了《广州南沙新区(自贸片区)促进旅游产业发展扶持办法》和《广州南沙新区(自贸片区)促进邮轮产业发展扶持办法》。

第二节 中国邮轮旅游发展实验区建设制度创新[①]

一、中国邮轮旅游发展实验区

中国邮轮旅游发展实验区是指由国家旅游局（机构改革前）批准设立的，依托当地丰富的港口资源、旅游资源和区位优势，以邮轮母港建设为核心而成片开发的面向国内外游客的集旅游运营、餐饮购物、免税贸易、酒店文娱、港口地产、金融服务等于一体的综合服务区。截至目前，我国已设立6个国家级邮轮旅游发展实验区。国家文旅部成立后批准在上海建立国际邮轮旅游发展示范区。邮轮旅游发展实验区的功能定位一般都是要求以推进完善邮轮产业政策体系、促进母港建设管理能力、提升邮轮产业服务质量、培育本土邮轮服务力量、扩大邮轮经济产业水平等方面为主要内容，在重点领域加强研究，探索实验，并与其他邮轮旅游城市积极配合，为我国邮轮旅游持续、快速、健康发展不断积累经验，充分发挥示范功能和引领作用。自2012年来，已先后有6个邮轮港口城市获批"中国邮轮旅游发展实验区"。广州和三亚正在积极申报中。

2012年9月，（上海）中国邮轮旅游发展实验区成立；2013年4

---

① 根据中交协邮轮游艇分会（CCYIA）《2017—2018年中国邮轮发展报告》及公开发布的资料整理。

月,天津邮轮(滨海新区)旅游发展实验区成立;2016 年 5 月,深圳(蛇口)邮轮旅游发展实验区成立;2016 年 5 月青岛邮轮旅游发展实验区成立;2017 年 7 月,福州邮轮旅游发展实验区成立;2017 年 8 月,大连邮轮旅游发展实验区成立。各邮轮旅游实验区结合当地邮轮经济发展情况,不断摸索,互相学习,出台了一系列制度创新举措。

二、中国邮轮旅游发展实验区的制度创新

邮轮旅游是我国支持发展的一种商旅文体综合性的新兴业态。设立中国邮轮旅游发展实验区,建立中国邮轮旅游发展实验区,为探索完善现代的、科学的产业体系提供了条件。其重要意义在于:第一,为我国现代的和科学的邮轮旅游产业体系建设提供"先行先试"的机遇;第二,为加速我国邮轮旅游产业可持续发展少走弯路提供经验与启示;第三,为挖掘潜在市场和充分利用已有产业和环境资源"创新驱动、转型发展"提供一个范例。发挥实验区的示范功能和引领作用,为全国邮轮旅游产业发展积累经验。目前,各个邮轮旅游实验区在建设过程中已经做出了较多的尝试和创新,主要包括以下几个方面:

(一)完善邮轮旅游发展实验区的基础设施和配套设施建设

邮轮旅游实验区应当是更高效的邮轮接待和服务的示范区,进一步完善优化基础设施包括邮轮码头岸线、配套用地及关联产业资源,推进邮轮产业基础与配套设施、水上安全监管设施设备、口岸查验与警务安全设施设备、配套环境和产业项目建设。

第一,完善实验区核心区规划。以邮轮母港客运大厦及码头区域为中心设立实验区核心区。按照实验区功能定位和市场需求,完善实验区核心区各项规划。

第二,完善港口设施建设。(1)继续完善邮轮母港码头功能。为满足国际邮轮停靠艘次及进出境游客逐年增加的业务发展需要,加快完善相关码头设施设备建设。(2)提升邮轮母港使用效益,优化邮轮母港业务布局,完善客运功能。(3)优化邮轮母港客运大厦功能。在保障邮轮游客快速、便捷通关的基础上,丰富免税商品种类,完善对游客的便利服务设施,包括货币兑换店、旅游商店、餐厅、咖啡厅、船员休闲厅、贵宾服务厅、邮轮体验店、票务销售中心和精品展示店等。进一步提升写字楼配套功能,吸引邮轮旅游产业相关企业和机构设立办公区。

第三,完善港口周边商业配套服务功能。逐步完善实验区核心区基础设施,打造集邮轮综合服务、休闲度假、购物观光、居住办公于一体的邮轮产业综合体,形成以邮轮母港为主导的"母港—旅游—城市"产业集群和集成协同发展业态。

第四,完善实验区内外交通配套和周边路网建设。完善实验区内道路交通系统,在通往实验区核心区的道路、桥梁上,合理设置交通标志牌,为车辆行驶、导航提供便利。开通和适当增加实验区核心区至客运总站、国际机场、火车站和市区的公交专线,便于游客往来邮轮母港区域旅游、休闲和观光。

(二)建立保障机制,完善产业发展政策

第一,加强组织机制建设。建立实验区建设推进机制,由政府分管领导牵头，涉及旅游局、发展改革委、商务委、交通运输委、口岸办、公安局、财政局、海关、出入境边防检查总站、检验检疫局、海事局、保税港区和邮轮港口运营企业等部门。主要任务是负责推进实验区总体规划的编制、研究制定邮轮产业发展重大政策、创新邮轮产业发展体制机制、完善邮轮产业发展环境、引进重点邮轮产业项目、研究邮轮游艇产业发展资金的使用等事关实验区建设发展的重大问题和全局性工作。

第二，争取国家政策、法律突破及中央事权下放，主要包括：(1) 争取 72—144 小时邮轮口岸过境免签政策。(2) 争取邮轮旅游航线审批下方和优化等政策。争取有关部门对邮轮母港新开辟的航线给予特批政策，简化到中国台湾等地区航线审批流程。(3) 争取邮轮吨税优惠政策。协调财政部、海关总署等国家部委，对运营母港航线且在试验区注册的邮轮企业给予吨税减半政策支持，对于访问港邮轮实行免征船舶吨税的政策。(4) 争取入境购物免税政策。扩大邮轮母港免税店经营范围，对乘坐邮轮经由邮轮港口入境的境内外游客，可在邮轮母港免税店购买符合退税条件的物品入境。(5) 争取无目的地邮轮线路许可政策。争取交通运输部、公安部等国家部委支持，以实验区为试点，允许由国内邮轮公司运营以试验区邮轮母港的无目的地邮轮旅游航线。

第三，制定支持邮轮旅游产业发展相关政策：(1) 复制推广自贸区制度创新中对发展邮轮旅游有利的政策，积极探索与境外邮轮服务企业组建合资企业，在邮轮旅游服务、邮轮人才培养、邮轮物资供应等方面先行先试。(2) 利用港口原有的在国际航运功能区的政策,以及国际船舶登记制度、融资租赁等制度创新,吸引邮轮公司、配套产业企业和机构在实验区内注册经营。(3)充分利用保税港区和海关特殊监管区域的功能政策,对从境外采购入区的货物予以保税,只检疫不检验;对从境内区外采购入区的货物视同出口,实行退税;对保税港区内企业之间的货物交易,不征收增值税和消费税。在政策允许的情况下,对提供的国内货物运输服务、仓储服务和装卸服务,实行增值税即征即退。(4)加大对邮轮游艇产业发展的资金支持力度。资金来源由市、区两级在财政预算中统筹安排,如天津每年资金支持不少于1 000万元,连续支持3年。上海宝山区设立了每年不少于1亿元的邮轮产业发展扶持资金,支持邮轮产业发展。

第四,充分发挥行业协会的作用,支持邮轮会展业的发展。积极参与行业政策和产业发展规划的制定,搭建政府与企业沟通的桥梁,打造邮轮企业发展交流平台,引导邮轮服务经营单位加强行业自律,开展人才培训,提高行业专业服务水平,促进行业发展。

(三)大力发展和规范邮轮旅游业,优化营商环境

第一,促进邮轮产业集群,支持邮轮全产业链发展。(1)吸引国内邮轮公司在实验区内登记注册,鼓励国际邮轮公司在实验区设立经营性机构,支持邮轮公司开设新航线。(2)鼓励在实验区设立邮轮专业旅行社,吸引中外旅行社设立经营性机构或分支机构,引进国内外邮轮代理公司等中介机构,鼓励和吸引社会资本参与邮轮产业发展。(3)支持邮轮港口运营企业的发展,参照国际邮轮港口的运营管理经验,采取灵活经营的方式,积极开展多元化的业

务。(4)促进邮轮要素集聚,鼓励和吸引邮轮研发制造及其他配套企业落户实验区。鼓励从事邮轮研发制造及维修、会展、商务、酒店、餐饮、通信、快递、咨询服务、信息服务、会计服务、法律服务、金融保险、物料供应等配套服务企业或机构在实验区注册经营。

第二,加强国际合作与宣传、丰富邮轮旅游产品。加大邮轮旅游宣传推介力度,加强邮轮旅游区域合作,加强与日本、韩国、俄罗斯等国家和中国台湾等地区邮轮港口城市的旅游合作,推动实现互为邮轮母港。联合开发邮轮旅游地接产品,加强国内主要邮轮港口城市合作。引导、支持旅行社积极开发国际邮轮访问港旅游产品,重点开发具有地域文化特色的国际邮轮访问港岸上游旅游产品。增加消费型旅游产品,在实验区内通过招商引资,建立中国旅游纪念品和特产购物中心以及免税商店,满足国内外邮轮游客"一站式"购物需求。推动完善母港邮轮旅游产品,增加到达港口城市数量,丰富线路选择。例如,2017年6月,南方航空和云顶集团达成"空—港"一体战略合作,首创亚洲"机票+邮轮+旅游"跨界合作新模式,助力广州打造世界级邮轮母港及旅游中心。

第三,建立健全行业标准和机制,引导邮轮旅游规范发展,建成全国邮轮旅游标准化示范区。建立健全以游客评价为中心的邮轮旅游评价机制,探索建立社会组织、邮轮公司、邮轮码头与旅游企业相结合的邮轮旅游纠纷快速调处机制。树立行业标准,建立邮轮旅游服务质量监管体系。健全和完善邮轮旅游投诉处理机制、邮轮旅游突发事件应急处理机制、邮轮旅游服务质量反馈机制、邮轮旅游产品评价机制,实现邮轮旅游服务质量监管体系建设的目标,构建邮轮旅游公共信息综合服务体系。

第四,优化邮轮旅游环境,提升旅游服务水平。(1)简化国际邮轮人员进出境联检手续。对从邮轮入境短期逗留的游客,依照国家政策实行短期免签或落地签。对国内来船,在边检预检正常、没有游客离船的前提下,船方不需集中交验游客护照。依托国际航行船舶电子查验系统,实行电子申报、审批的新通关模式,逐步推进邮轮通关无纸化。简化母港邮轮外籍船员临时入境手续。(2)改进邮轮物品通关流程。对入境邮轮检验检疫实行分类管理,按照不同风险等级采取相应的检疫模式。对检疫预申报和边检预检情况正常、风险较低、符合检验检疫要求的入境邮轮,在船舶靠泊后检查结束前,经边检、海关许可,允许行李先行落地作业。推动海关、检验检疫、港口部门对行李物品查验实行"一机多屏"。(3)加强国际邮轮通关保障。对国际邮轮进出境实行24小时通关保障,先办理国际邮轮及船员相关审批事项,港口、海事、引航部门优先安排国际邮轮的靠泊、离港作业。邮轮靠泊后,在预申报正常的情况下,游客和船员即可下船办理入境、入港手续,缩短在港停留时间。

三、中国邮轮旅游实验区已形成可复制推广的经验

(一)创新邮轮口岸的监管机制

1. 邮轮口岸旅客通关便利化

上海和广州两地推行"诚信船舶通关零待时"等新机制,在风险评估后,针对性地实施随船检疫,在国际邮轮进港靠泊前的航行

途中实施入境卫生检疫,加快邮轮通关验放和靠港作业速度,同时推行"自主通关、智能分类、风险选查"的智能化旅检通关模式,依托码头行李分拣线对托运行李的快速布控拦截,旅客可在登船时 5 分钟内办理完成行李托运手续,大幅提高通关效率。

上海针对保税船供探索"保税船供＋分流查验＋门到门查验"等便利举措,设立国际邮轮港专用保税仓库,将通关时间由 1 周缩短为 2 天,并将每小时通关能力提升至 2 500 人次。广州通过优化检疫监管提升国际邮轮服务水平,经风险评估,针对性地实施随船检疫,在国际邮轮进港靠泊前的航行途中实施入境卫生检疫,加快邮轮通关验放和靠港作业速度。南沙邮轮口岸推行"出入境船舶 24 小时随到随检""邮轮过境旅客免办边检查验手续"等便捷通关服务,创新搭建"CII 易检服务平台",船舶作业实现"零待时",大幅提高了口岸通关效率;推动建设亿级人脸、指纹比对中心系统,推进口岸信息化综合服务能力。南沙边检将稳步推进港口边检管理改革,发挥"大数据"和"大情报"的优势,进一步优化完善邮轮管控系统,落实各项便民服务措施,推进生物识别签证项目在南沙口岸实施,努力营造更加安全、高效、便捷的口岸通关环境。

2. 国际货柜在邮轮港过境直供

2015 年,上海出入境检验检疫局发布《过境供邮轮食品供应链检验检疫管理规定(试行)》;2016 年 7 月,上海出入境检验检疫局发布《关于支持上海邮轮产业发展若干意见的公告》。2016 年 10 月,国家质量监督检验检疫总局出台《出入境邮轮检疫管理办法》,自 2017 年 1 月 1 日起施行。2017 年上海检验检疫局 2017 年度工作计划中提出"提高非侵入、非干扰式查验比例,简化邮轮通关手续,试点邮轮电讯检疫"。上海出入境检验检疫局推出全国首个邮轮检疫监管综合性检查方案,试行邮轮卫生指数(CQI)检查机制。海关、检验检疫对于国际邮轮货柜转运采取"一次开箱"模式,简化了流程。

上海的经验在其他邮轮旅游实验区得到推广和深化。2017年6月,厦门对国际邮轮船供采取"进口直供""保税供船"模式,对进境后需直接转运至指定邮轮的船供食品,在满足监管要求的前提下,"只检疫、不检验",发挥海关特殊监管区域内的保税仓储优势,实施关检一站式作业。2017年6月,在青岛邮轮母港,由船公司在全球统一采购的物资,在邮轮靠泊之前通过集装箱运至大港保税库,邮轮靠泊当天将集装箱运至邮轮港口,在码头现场进行拆箱供船,由海关、检验检疫、码头三方共同监督所有集装箱内物资全部上船,开展"进口集装箱邮轮物资船供直通车"运营模式。

3. 邮轮运营多部门协调应急保障机制

为建立健全应急管理机制、落实国际邮轮应急保障常态化工作机制,上海制定市级层面的应急总预案和各应急单元专项预案,确保应急救援体系高效运作,加强邮轮运营保障能力建设,进一步提高对大雾大风等灾害天气的监测、预报和预警能力。进一步落实邮轮公司运营安全、旅行社旅游安全的主体责任,督促其完善各类应急预案,经常开展应急演练,切实提高应急处置能力。

为保障邮轮航行安全,促进行业健康发展,天津东疆、青岛、厦门、三亚等7地海事部门2016年在津共同签署《关于成立国际邮轮海事合作机制的倡议书》，呼吁海事部门建立信息互通、资源共享、问题同解的合作联动机制。7地海事部门从进出口岸查验、通航环境维护、船舶安全检查、海上应急搜救等方面，努力为邮轮经济发展提供安全保障。对于邮轮安全监管的标准如何统一、恶劣天气下如何保证邮轮通航、如何强化对邮轮公司的管理、如何预防邮轮安全问题的发生等问题，迫切需要一个有效的合作平台来解决。因而，在创新邮轮运营联动的保障机制方面，还需要进一步的工作来及时协调解决有关水上交通安全问题，推动海事监管区域合作，促进邮轮产业链延伸，促进形成"标准统一、信息互通、资源共享、问题同解"的合作机制，共建促进邮轮产业安全发展的"生态圈"。

（二）进一步规范邮轮旅游市场

1. 邮轮旅游示范合同

上海市工商行政管理局和上海市旅游局共同制定了《上海市邮轮旅游合同示范文本（2015版）》，要求在发生不可抗力情况时，邮轮旅游经营者要告知消费者改变内容，同时对风险分担原则有所涉及。2015年9月20日，在吴淞口国际邮轮港、上海携程国际旅行社有限公司等5家知名旅行社与游客签订了《上海市邮轮旅游合同示范文本（2015版）》，该范本为全国首份规范邮轮旅游经营活动的示范文本。

该示范合同约定，当发生延误或不能靠港等情况时，旅行社应当及时向游客发布信息，告知具体解决方案。对行程前发生不可抗力的，游客在合同中可选择继续履行合同或者解除合同。并且，合同区分了行程前或行程中发生不可抗力两种情况,分别设定了延误不足 1 天、无法停靠目的港以及自然天数减少 3 种情形的处理方式:如延误不足 1 天的,则由当事人在合同中事先约定退还旅游费用的金额;无法停靠目的地港口的,旅行社应退还该港口的港务费以及未发生的岸上观光费用;至于行程自然天数减少,旅行社扣除已实际支付且不可退还的费用后,按照减少行程的自然天数所占计划行程的百分比退还旅游费用。如果旅客不同意邮轮行程变更或取消部分停靠港口等约定,解除合同,旅行社应当在扣除已实际支付且不可退还的费用后,将余款退还。

另外,示范合同对擅自转团进行了约定,并强调了旅行社的责任。合同明确,旅行社未经游客同意,擅自将旅游业务委托给其他旅行社的,游客在行程前(不含当日)得知的,有权解除合同,旅行社应全额退还已收旅游费用,并按旅游费用的 15% 支付违约金;游客在行程开始当日或者行程开始后得知的,旅行社应当按旅游费用的 25% 支付违约金。

2. 邮轮旅游经营规范

2016 年 6 月 21 日,上海市旅游局和上海市交通委联合发布《上海市邮轮旅游经营规范》(以下简称《规范》),首次对邮轮旅游经营主体和旅游者关系等进行了明文规定,《规范》对邮轮旅游产品实施分类规范,将邮轮旅游产品区分为两大类:包价旅游产品和单船票销售。无论是包价旅游产品还是单船票销售,该规范都设置了资质要求。单船票销售允许邮轮公司在国内设立的船务公司直接销售邮轮船票,也可以委托取得《国际船舶代理经营资格登记证书》的有资质的经营主体销售邮轮船票。经营出境包价邮轮旅游业务或者代理销售包价邮轮旅游产品的,应当取得旅行社经营出境旅游业务许可。

《规范》的核心制度设计是"两个功能、三个合同"。"两个功能"指邮轮兼具旅游目的地和交通工具两种功能。"三个合同"指该规范用3种合同关系梳理、界定了邮轮旅游的主要法律关系。(1)邮轮船票:邮轮公司与旅游者之间的合同关系。邮轮公司向旅游者销售邮轮船票,构成了一种合同关系。这种合同关系以船票为体现形式。用船票来明确、体现邮轮公司与旅游者的合同关系,得到绝大多数意见征求单位的认可,也符合邮轮业和船舶客运业的长期惯例。旅行社代理邮轮公司进行船票销售,为委托代理行为,其行为的法律后果仍由邮轮公司直接承担,不改变邮轮公司与旅游者之间的合同关系。(2)邮轮船票销售和代理。邮轮公司和旅行社应当就邮轮船票销售和代理签订书面合同,以便明确双方的委托代理关系。船票销售代理模式无论是单卖船票还是"切舱""包舱",只是船票销售数量和付款方式的差别,只要不将船票包成一价式的包价旅游产品,均不改变船票销售的委托代理的基础法律关系。(3)邮轮旅游合同旅行社将邮轮船票和岸上观光活动打包成包价旅游产品向旅游者销售的,构成《旅游法》所称的包价旅游产品,应当与旅游者签订包价旅游合同。

对于旅游者的权益保障,《规范》做了多方面的制度设计。(1)按照中国旅游者消费要求和习惯,对邮轮设施、设备的设置做出要求。如第六条规定:邮轮上与旅游者安全相关的设施、设备、安全标识、使用说明等有文字说明的,应当配置中文说明。(2)针对长期以来邮轮公司不提供中文文本的弊端,要求邮轮旅游中的各类文本应提供中文文本。(3)对三种合同的条款内容做了规定,强化对旅游者权益保护。(4)维护司法主权,对以司法管辖方式限制中国旅游者合法维权渠道的做法加以调整。如第十一条规定:船票应从有利于解决邮轮消费纠纷角度出发,充分考虑连结点的关联性,按照便利中国旅游者维护合法权益的原则确定司法管辖地和适用的法律。(5)要求以重要合同条款说明、行前说明会等多种方式履行特殊告知义务,使旅游者正确认识、理解邮轮旅游,减少纠纷产生。(6)明确了邮轮旅游纠纷处置的企业责任主体。该规范明确了旅行社代理销售、购买邮轮船票产生纠纷的处置主体,明确了包价邮轮旅游产品产生纠纷的处置主体。规定邮轮旅游合同服务发生纠纷的,由组团社牵头负责纠纷解决。因邮轮公司的原因造成旅游者人身损害、财产损失的,或者因邮轮航程取消、变更发生纠纷的,由邮轮公司牵头负责纠纷解决,旅行社应当协助纠纷解决。

3. 试点邮轮船票制度

实行邮轮船票制之前,邮轮产品主要以旅游产品的形式在市场上销售,旅客都是与旅行社签订旅游合同,邮轮船票被"隐形化",邮轮公司与乘客之间的旅客运输合同关系也随之被淡化。邮轮公司、旅行社和邮轮乘客之间缺少了一个明确各方责任、履行告知义务的具体载体,导致邮轮乘客普遍不清楚船票的存在及其作用和功能,更不知道邮轮船票背面条款所列示的责任归属,一旦因台风等不可抗力情况而变更航线,将导致乘客、旅行社、船公司三方争议和纠纷不断。

为更好地维护游客和合法权益,培育健康发展的邮轮旅游市场,交通运输部深入调研、积极探索,于 2017 年 10 月 31 日复函,同意在上海吴淞口邮轮港开始试点邮轮船票工作。2017 年 12 月 23 日,上海市交通委、市旅游局、上海边检总站联合发布了"关于上海试点邮轮船票制度的通知",明确分三个阶段开展试点,并细化了各阶段的任务。市交通委联合宝山区政府等部门通过健全机构、职责到岗、建章立制、规范船票格式、研发系统、强化培训、完善信息报送、阶段评估、创新服务载体多措施开展并严格按照时间节点完成各阶段邮轮船票试点工作。经过上海 10 个月的试点,邮轮船票制度在安全管理支撑、服务质量提升、通关登船效率提高、游客权益保障、销售模式转变等方面都取得初步成效。

邮轮船票试点以来,取得了初步成效,上海邮轮旅游产品的安全性、便利度、舒适度都得到了明显的提高,游客的权益得到了更好的保障,体验感和满意度有所提升,产品的销售模式得到改进,对于维护正常的市场秩序起到了积极的作用。今后,要继续优化凭票进港管理,进一步完善信息报送机制,探索电子船票制度,搭建统一的信息平台,鼓励拓宽销售渠道,推动邮轮经济向健康的可持续发展的方向迈进。邮轮船票制度试点以来得到业界的一致好评。

邮轮公司也认为邮轮船票制度具有突破性、创新性。邮轮船票厘清了乘客与邮轮公司间的法律关系,可以在邮轮出发前将船票这一运输合同相关的权利义务及时有效传递给乘客。在线值船措施也有效提升了登船效率、通关效率及乘客登船前的体验度。邮轮船票带来的销售模式的转变,促进了邮轮公司直销比例的上升,解决了销售渠道受制约的瓶颈问题。试点邮轮船票制度以后,船票主体的确认对上游的邮轮公司和下游的分销商以及代理的包船批发商都是一种保护,将原有的责、权、利通过船票的确认进行明确,也是对最终游客权益的维护和保护。72小时单一窗口申报也有效提高了邮轮预订的信息准确性。

从游客的角度来看,试点邮轮船票很方便,自己在家即可打印出来,凭船票进港,轻松地进免税店购物、出境上船。试点邮轮凭票登船制度之前,经常有超卖而导致游客不能上船的情况,现在船票提前拿在手里游客就多了一层安全保障。

邮轮船票制度的全面推广,还有利于提高旅客通关效率、安全度和体验感,有助于规范邮轮行业一体化管理,改善邮轮旅游行业营商环境,从而促进全国邮轮旅游市场的健康发展。在上海邮轮船票试点工作经验成熟的基础上,2019年起,交通运输部拟在全国邮轮港口推广应用。

4. 设立邮轮延误综合保险

经上海市交通委批准及专家综合评选,上海环亚保险经纪有限公司率先推出上海市邮轮取消延误综合保险,这一举措获得2016年上海市促进现代航运服务创新项目。太平洋保险等也在积极研究和推出邮轮保险产品。

2016年5月,在上海率先推出邮轮取消延误综合保险这一新险种以来,发挥了良好的市场调节作用,对近30起因台风、大雾等天气原因造成的邮轮行程取消或延误状况进行了保险理赔,累计赔偿达4 000余万元,涉及游客近10万人。其中,环亚作为重要的保险服务供应商,发挥了保险经纪人的协调服务优势,从邮轮游客的利益出发,提供综合全面的服务,成立专门的邮轮延误取消项目服务团队,开发邮轮延误取消理赔查询系统,有效地化解了因邮轮旅游延误、取消造成的民事纠纷事件。这标志着上海创新运用保险市场化手段来协助邮轮旅游纠纷应急处置,解决了因行程延误和变更而造成邮轮游客不得已采取霸船行为的难题,也第一次明确了对邮轮航程延误和取消采取经济补偿的全国性标准,填补了上海国际航运服务的空白。这为加快推进上海国际航运中心建设,健全航运服务功能,发展航运服务业,优化航运市场环境,提高航运资源配置能力作出了贡献。

(三) 优化港口服务标准体系

1. 推进国家级邮轮港口服务业标准化试点

上海市宝山区市场监管局积极对接"区港联动"战略,将推进国家级服务业标准化试点单位作为加快全区服务业发展、推动区域经济转型升级的重要举措,积极指导吴淞口国际邮轮港开展邮轮服务标准化体系建设,不断完善管理制度,全面提高标准化水平。

2018年9月11日,由上海吴淞口国际邮轮港发展有限公司承担的国家级上海吴淞口国际邮轮港服务标准化试点项目顺利通过终期验收。全国首个邮轮港口服务标准化试点的成功验收，标志着邮轮港口服务标准化工作迈向新阶段。

在国内外邮轮行业发展迅猛的背景下，为进一步提高标准化建设水平和邮轮港口服务质量，吴淞口国际邮轮港承担了国家级服务标准化项目，成为宝山区唯一一家国家级服务标准化试点单位。此项目成为提升公司运营效能，提高港口过程管理和服务水平，进一步为游客提供安全、高效、舒适、便捷服务的重要契机。

试点取得了显著成效：一是建立了一套符合邮轮要求、满足游客需求的邮轮港口服务标准体系。二是完善了应急体系、设备管理标准化和相关方满意度管理。三是提升了品牌效应、经济效应和社会影响力。四是牵头成立亚太邮轮港口服务标准联盟，将标准化建设理念向亚太区辐射，推动亚太邮轮产业标准化建设和发展。

2. 成立亚太邮轮港口服务标准化联盟

在 2017 年亚太邮轮大会上，由上海宝山区市场监管局积极推动，包括上海吴淞口国际邮轮港、深圳招商蛇口邮轮母港、天津国际邮轮母港、厦门港务集团和平旅游客运公司、舟山群岛国际邮轮港、大连港运总公司，以及新加坡邮轮中心、环美邮轮码头 8 家国内外港口结成标准联盟，在大会上共同发布《推进亚太邮轮港口服务标准化共同宣言》，标志着国内首次正式组成邮轮港口服务标准联盟，通过业内资源和社会资源，建立国际一流的亚太邮轮港口服务标准体系，促进亚太邮轮产业健康快速发展。

联盟合作主要分为五大目标：

一是牢固树立真情服务理念。国际邮轮港口是一个城市、地区和国家对外交流的重要窗口，承担确保旅客安全、便捷和愉悦出行，保障邮轮高效完成港口作业的重要责任，通过不断完善港口服务设施，从而优化服务流程和品质，满足广大游客和邮轮公司的需求。

二是积极采用和推广国际先进标准。推动标准化成果的转化、运用和实施，持续提升港口运营能力和管理水平。

三是推动建立行业服务标准体系。围绕邮轮港口服务标准的制定、应用和完善等环节开展讨论和研究，凝聚共识，着力解决好邮轮港口服务的短板问题，整体提升亚太地区的服务能级。

四是不断加强港口合作交流。加强联盟成员间的合作交流，深化与区域内各国政府、邮轮公司、旅行社、行业协会及相关企业的沟通与协调。

五是建立和完善港口服务评价体系。完善与国际先进水平接轨的邮轮港口服务评价体系，以全面准确评价港口服务能力。

3. 建立邮轮变频岸电系统，推广绿色能源

2017年1月，交通运输部印发《靠港船舶使用岸电2016—2018年度项目奖励资金申请指南》，2016年建成的岸电设施可申请60%的设备补贴；2017年建成的岸电设施可申请50%的设备补贴；2018年3月31日之前建成的岸电设施可申请40%的设备补贴。

上海出台了《上海港靠泊国际航行船舶岸基供电试点工作方

案》,支持对开展试点的码头企业的岸电设施建设费、电力增容费、船舶使用岸电所致的电费差价和运行维护费等进行补贴。

亚洲首套邮轮岸电系统——上海吴淞国际邮轮港岸基供电一期项目已投运,这是目前世界最大邮轮变频岸电系统。据悉,这一岸电系统一年可实现替代电量 3 660 万千瓦时,减排二氧化碳 3.6 万吨。据了解,上海吴淞国际邮轮港岸基供电项目整体建设共分为两期,全面建成后将覆盖 4 个泊位。本次投运的为一期项目,覆盖 2 个泊位,容量 1.6 万千伏安,不仅可为用电频率为 60 赫兹的国际邮轮供电,也可为用电频率为 50 赫兹的国内客轮、货轮供电,实现了供电对象的全覆盖。上海还有 4 个电厂煤码头的岸电工程也相继完工。

上海交通管理部门将会同发改、财政部门研究制定新一轮地方支持政策,拟进一步扩大岸电设施建设补贴支持范围、提高使用环节的补贴标准、便利岸电设施建设审批流程,提高港口企业、航运公司建设、使用岸电的积极性。

(四)推进邮轮全产业链发展

1. 形成三大产业集聚

总结各邮轮旅游实验区在拓展邮轮全产业链方面的经验,包括以下三个重点产业:

第一,形成邮轮制造和配套维修产业集聚,如深圳蛇口邮轮旅游发展实验区积极发挥港口在船舶制造方面的产业优势,大力引进国内外邮轮生产龙头企业和配套企业,支持邮轮维修、配套企业发展,加快邮轮保养部件及配套设施设备的研发、制造、组装、加工、维修、装饰、保养等产业发展,形成邮轮维修、养护产业链。天津也积极建设邮轮配件产业基地,大力发展邮轮装备技术研究、邮轮设计、邮轮制造和维修等上游产业。

第二,培育壮大国际邮轮物资供应产业,如天津大力发展邮轮物料仓储和供应业务,制定邮轮物资生产、采购、储备、分拣加工、物流配送、信息管理等招商计划,吸引相关企业入驻实验区;大力推广国际邮轮公司物资采购目录和采购标准,积极发展邮轮物资交易、保税仓储和国际中转,使实验区逐步成为主要国际邮轮公司的全球采购配送中心之一;充分发挥中国邮轮用品采购联盟物资需求信息和邮轮物资交易平台的作用,加大国际邮轮物资供应力度。

第三,大力发展邮轮教育培训产业。加强与国际邮轮公司合作,建立产学研一体的人才培养机制,建立人才储备和输送平台。

2. 注重上中下游全产业链发展

(1) 上游:发展本土豪华邮轮设计建造产业

过去十年,中国豪华邮轮游客急剧增长。中国豪华邮轮运营产业是一个万亿产值的广阔蓝海市场。由于豪华邮轮的设计制造和运营长期被西方发达国家垄断,中国的邮轮市场本土邮轮运营处于空白状态,具有极大的投资机会和产业前景。自主设计制造豪华邮轮成为中国邮轮产业的迫切需求。参照西方邮轮发展的历史,20年以后,中国需要300艘以上的豪华邮轮。2015年6月,国家发展改革委员会、交通运输部、国家质检总局、旅游局、民航局等六部委联合发布的《关于促进旅游装备制造业发展的实施意见》中,将"加快实现邮轮自主设计和建造"列为重点任务之一。

在邮轮产业链的上游,上海与中船集团合作,延伸发展本土豪华邮轮设计建造。2016年12月,由中船集团牵头、吴淞口邮轮港公司参与设立的国内首支邮轮产业基金也落户宝山,首期募集到300亿元的资金用于邮轮产业发展。2017年2月22日,中国船舶工业集团公司与美国嘉年华集团、意大利芬坎蒂尼集团签署我国首艘国产大型邮轮建造备忘录。

在国家大力支持及相关各方的通力合作下,国产大型邮轮设计建造进程正持续稳步推进。2018年成立了中船集团控股的中船邮轮科技发展有限公司已落户宝山邮轮产业园,将整合中船集团及国内外企业在邮轮设计、建造、配套、管理等方面的优势资源和能力,为面向全行业的邮轮设计建造提供整体解决方案,引领我国邮轮产业发展。2019年5月,招商局邮轮制造有限公司与上海世天邮轮产业发展有限公司签订了1+1+2艘37 000总吨豪华邮轮建造合同。这艘豪华邮轮是由世天邮轮与招商邮轮合作自主设计、自主建造、并将由世天邮轮安排运营的中国首艘豪华邮轮,对标世界上著名的中小型豪华邮轮银海邮轮和世鹏邮轮,定位为六星级豪华邮轮。该邮轮总长204.2米,宽27米,是3.7万吨级的小型豪华邮轮。该邮轮的设计方案中,有12层甲板,267个海景阳台房。船上有豪华酒店、豪华餐厅、豪华影视娱乐大厅、高级游泳池、豪华SPA、豪华健身场地,还配置了罕见的深海潜艇,可以离船深潜200米,观看海底世界。

(2) 中游：吸引邮轮企业入驻，形成邮轮产业集群

目前，国内首个国际邮轮产业园——"上海中船国际邮轮产业园"落户宝山工业园区，中船集艾等已成功入驻。由中船集团牵头、吴淞口邮轮港公司参与设立的国内首支邮轮产业基金也已落户宝山，首期募集资金 300 亿元用于邮轮产业发展。上海中船国际邮轮产业园在上海揭牌，将为中国打造豪华国际邮轮提供制造、运营、配套等服务。作为我国首个国际邮轮产业园区，其将借助上海吴淞口国际邮轮码头的运营优势和上海外高桥造船有限公司的建造优势，不断完善配套延伸中国邮轮产业链。

在中游，大力吸引邮轮总部型企业入驻。目前，歌诗达、地中海等邮轮公司纷纷落户，宝山已成功引进各类邮轮企业 50 余家，"邮轮总部经济"逐渐凸显。

(3) 下游：全面提升邮轮服务

上海邮轮旅游发展实验区通过打造"吴淞口"邮轮服务品牌激发邮轮带动效应。2016 年，上海国际邮轮旅游服务中心正式成立，积极推动"邮轮保险""邮轮直通车"和"邮轮便捷通关条形码"等服务，携手上海文广互动传媒，打造全国首档邮轮专属栏目——《目的地！邮轮！》。2017 年 3 月，上海吴淞口邮轮港还推出了乐购仕（日本免税店）跨境电商项目，打造了"境内下单、境外提货"的邮轮旅游全新购物模式。2017 年全年邮轮船供总金额超过 4 亿元。在邮轮旅游带动下，2017 年宝山旅行社、旅游饭店和旅游景点接待游客 1 303.11 万人次，实现旅游总收入 115.08 亿元，分别同比增长 15％和 4.5％。

第三节 中国邮轮产业政策和法律制度不足之处

由于邮轮产业的复合型和全球性,我国邮轮产业政策和法律还不能完全适应这一新业态。邮轮的要素主要是船、港、货、人几方面,与一般的船舶有很大差别,因为邮轮已经不是单纯的运输工具,不能按照传统的运输工具的管理模式来管理。同样,邮轮港口和货物以及游客与传统意义上的港、货、人也不同。进一步优化邮轮产业政策要解决如下几个问题:第一,母港如何进一步提升游客出入境、登船便利度,访问港和过境港如何优化旅游环境,打造世界一流的邮轮旅游目的地,吸引更多外籍游客入境及消费;第二,如何做好邮轮补给,根据邮轮四大采购流特点,让逆向采购流(维修保养物品、邮轮废弃物处理)顺利开展;第三,如何通过邮轮旅游带动游船、游艇等水上旅游产业的发展。经过十多年的摸索,中国邮轮产业政策和法律制度完善还存在如下问题:

一、邮轮船舶、船员制度

首先,我国现有的邮轮购置税制、邮轮注册和登记制度不适合邮轮产业发展。发展本土邮轮船队,需符合国际惯例,具有国际竞争力的船舶购置、注册、管理制度,包括船员管理制度。目前,进口邮轮国家需征收5%的进口关税和17%的进口环节增值税,船龄超过10年不准进口,不符合国际管理,因为中国企业购买的邮轮不愿(或不能)在中国注册,中资邮轮无一例外都是悬挂国外注册地的旗帜,例如马耳他等可以便捷管理、降低成本的船舶注册地。国外邮轮也大多注册在巴哈马、利比里亚等地。此外,我国现行的船员管理制度也不能适应邮轮的需求,如比照货轮管理,设定中国船员配备限制显然是不符合邮轮运营模式及对邮轮上工作人员、船员身兼多职的需求的。

二、邮轮船供制度

目前,国际各大邮轮公司大都采用全球采购、定向配货配送方式,统一供应分布在世界各地的邮轮。如果口岸监管如海关和检验检疫部门按照"先进口、再出口"的贸易方式进行,非疫区食品入境审批流程不适应邮轮食品种类多、数量少、变化快、供应急的特征。一些特殊食品,例如美国牛肉,按照国家规定禁止进口,根本无法实现邮轮供应,而即使是可以进口的食品,按照进口监管,则检验检疫流程也较为复杂,一般需要两个月左右。种种问题凸显出新兴行业需求和监管模式的矛盾。如果邮轮供应都在经停港,天气或者邮轮自身等原因都可能造成无法靠岸,国际邮轮无法在经停港靠港时,食品供应就很可能出现断链。因此,国际邮轮公司常常会选择经停日本、韩国港口进行食品补给。这个瓶颈得不到突破,中国邮轮母港的补给功能不能正常发挥。上海邮轮产业乃至全国邮轮经济发展,势必都受到严重阻碍。

另外，如果鼓励邮轮公司尽量在本地采购，中国的产品种类和各方面的供应应该是非常齐全的。有些海事供应的物品韩国和日本都不一定有。但是国家财政部、税务总局对邮轮船供退税没有配套举措。若沿用船用货轮供应方式则全国只有两家企业可以享受船供退税政策，这造成我国邮轮供应商的价格不具备国际竞争力，甚至国产的一些物品要到了中国香港地区或越南，享受出口退税政策后又被邮轮公司在外采购，然后复运到中国邮轮港口。还有一些供应邮轮的清洁剂（用于清洗泳池等）、氮气（用于船上仪器）等被列为危化品不能供船。此外，邮轮的维修，电子废弃物和医疗废弃物处理都因比照货轮的监管而无法正常操作。按照我国现行法律要求，过境直供邮轮检疫监管制度实施前，在过境货物直供邮轮这个新兴业态发展过程中，有些物品例如疫区动植物源性食品是禁止入境的。目前，国际各大邮轮公司大都采用全球采购、定向配货配送方式，统一供应分布在世界各地的邮轮。以往对邮轮食品的检验检疫监管按照"先进口、再出口"的贸易方式进行，非疫区食品入境审批流程不适应邮轮食品种类多、数量少、变化快、供应急的特征。

邮轮检验检疫制度改革前，一些特殊食品，例如美国牛肉，按照国家规定禁止进口，根本无法实现登船供应，而即使是可以进口的食品，检验检疫流程也较为复杂，没有一两个月，连完成入境审批工作也存在较大困难。种种问题凸显出新兴行业需求和监管模式的矛盾。如果邮轮供应都在经停港，天气或者邮轮自身等原因都可能造成无法靠岸，国际邮轮无法在经停港靠港时，食品供应就很可能出现断链。因此，国际邮轮公司常常会选择经停日本、韩国港口进行食品补给。这个瓶颈得不到突破，上海邮轮产业乃至全国邮轮经济发展，势必都受到严重阻碍。

邮轮供应监管制度改革，其实就是应对邮轮经济三个特点转变一个思路的问题。一个思路是如何理解过境概念。过境等于进境加出境，还是平行于进、出境的概念而独立存在？一直以来，没有确切的官方定义。可是不管按照《中华人民共和国进出境动植物检疫法》有关条目章节，还是当今世界物流业发展趋势来看，"过境"是可以作为平行于进、出境概念而独立存在的——这一结论也决定了"改革最终是否走得通、通向哪里"的方向。

首先，普通过境或出口货物贸易是集装箱不开封通过货轮运到国外，再经过很多环节才能最终到买家或消费者手里，而邮轮却是货物上船后就直接被终端消费者消费了。国际法意义上，悬挂哪国国旗，国际航行的船舶视作该国移动领土。关键恰恰在于，悬挂我国国旗的在国际航行的邮轮根本就没有。对我国而言，一些国际采购的产品只是在我国过境，最终还是消费在境外领土（邮轮）。所以需要转变的，只是监管的观念，如果不是按照进口再出口的方式，而是采取过境监管的方式，各方面的要求和流程都会大大简化，通关效率会大大提高。其次，过境物品供应邮轮具有种类多、总量少、变化大、供应快等特点，现行海关保税贸易监管方式和检验检疫审批式监管已不能适应其发展。最后，保税贸易监管方式所引发的强制进保税仓库的要求、监管制度不健全所引发的供应可行性不明确、集装箱滞留港口的仓储费用等，风险很大，对邮轮供应时效性和稳定性是致命的影响,灭火器、救生筏、清洁剂、船用仪器等不能正常供应甚至严重影响邮轮的正常运营。据不完全统计,皇家加勒比在釜山过境直供的集装箱有 300—400 个,给当地带来了至少 100 万美元的物流服务费用,这个数字还不包括货物装卸的费用。在当前的外贸形势下鼓励中国制造、中国生产和中国种植养殖的各类产品供应邮轮,带动相关的服务业发展意义非常重大。

三、邮轮服务相关制度

邮轮服务涉及旅游服务和航运服务对外开放,现在邮轮公司和外资旅行社不能经营出境游业务,已经造成邮轮出入境严重失衡,邮轮出境游品质也受到很大影响。自贸区内允许外商设立独资船务公司,试点六大专业服务业对外开放,但这些政策并没有复制推广到邮轮旅游发展实验区。其他服务相关制度包括出入境的便利化服务,邮轮金融制度创新等都需要进一步完善,邮轮服务业发展所需要的特殊政策仍然需要深入研究。

举个例子,飞机、船舶都是运输工具,在操作境外飞机租赁项目方面,自贸区相关文件规定:允许将试验区内注册的融资租赁企业或金融租赁公司在试验区内设立的项目子公司纳入融资租赁出口退税试点范围。对试验区内注册的国内租赁公司或租赁公司设立的项目子公司,经国家有关部门批准从境外购买空载重量在 25 吨以上并租赁给国内航空公司使用的飞机,享受相关进口环节增值税优惠政策。其中,政策优势第一是允许融资租赁公司在自贸区内设立项目子公司,并且开展境内外的融资租赁服务。融资租赁公司在自贸区内设立单船、单机项目子公司,不再设立最低注册资本金限制,为内外资融资租赁公司在自贸区设立SPV(特殊目的机构/公司载体),对项目子公司降低了准入要求,从而为公平开展租赁业务提供了政策允许。第二是下放审批权限,对外商投资类融资租赁公司,包括商业保理公司,商务部门的审批权限已经下放至自贸区管委会,也就是自贸区经济发展管理局。为企业办理登记手续提供了便利。手续齐全的话在5个工作日内完成融资租赁公司的审批手续。第三是实施促进贸易、租赁的税收政策,在试验区内注册的融资租赁企业或者金融租赁公司在试验区内设立的项目公司,都纳入融资租赁出口退税的试点范围。第四是允许融资租赁公司兼营与主营业务相关的商业保理业务,是自贸区对投资改革的进一步探索。没有纳入负面清单管理模式之内。第三方的商业保理业务处于备案状态。融资租赁是在负面清单管理范围内,融资租赁公司兼营与主营业务相关的商业保理业务还是处于审批的状态。权限在经济发展局,在5个工作日内,手续齐全的话,办理审批手续。而在区外的话融资租赁是不得混业经营的。邮轮产业的发展,特别是邮轮上游的建造业离不开金融的支持,3艘豪华邮轮相当于十几架飞机,而豪华邮轮造价成本比普通船舶、飞机造价都高,世界上最大的邮轮"海洋绿洲号"25万吨级,造价为14亿美元。为发展本土邮轮船队,采用融资租赁方式购买邮轮也需要同样的制度创新。

第四节　国外促进邮轮产业发展的经验借鉴

一、国外邮轮产业发展模式及产业政策

（一）欧洲

2009年欧盟委员会在"2009—2018年欧盟海运政策战略目标和建议"的会议中提出了战略目标，将关键领域具体化，提高部门竞争力，同时走可持续发展之路。欧洲议会强调了邮轮旅游对欧洲旅游部门增长的重要性，因此呼吁委员会与成员国一起评估资源需求、现有港口和航海基础设施，并使废物分类回收标准化，以智慧港口城市概念为这些地区制定创新规划。

比利时奥斯坦德市与泽布勒赫市在"比利时海岸邮轮项目"中合作，以促进其港口的邮轮旅游，并加强其港口在世界邮轮市场中的地位。欧洲积极吸引邮轮公司参与码头运营，因为这些码头早期都是由当地港务局投资建设的，属于市政设施，政府通常不愿利用纳税人的钱加大投资建设，因此希望吸引邮轮公司入股邮轮码头，但由于劳工、土地和环保等多方面因素的制约，双方利益不一致则很难达成合作。在实际操作中，港务局一般会采取租赁方式和邮轮公司合作，由邮轮公司建设码头设施，土地所有权归港务局，租期一般都在25年左右。例如，歌诗达邮轮公司在巴塞罗那的邮轮码头是由歌诗达投资建设，港务局将其租赁给歌诗达（BOT模式），租期为25年，到期后所有设施

归港务局所有，然后由港务局决定是否续租给歌诗达公司或者其他公司。

欧洲邮轮码头采取较为低廉的收费制度，收费较为简单，主要有码头使用费和乘客费。欧洲同一港口的不同码头或泊位之间的收费基本一致，同一邮轮航线上所挂靠的港口收费标准差异也不大。与亚洲港口相比，欧洲邮轮码头的总体费用相对较低，这有利于吸引更多邮轮公司更多频次地挂靠码头。需要指出的是，欧洲码头收费具有一定的灵活性，例如，邮轮挂靠货运码头时，遇到与其他作业船只撞期，由于邮轮船期紧张，通常码头会让邮轮优先靠泊，让出泊位的费用和其他作业船只的损失由邮轮公司承担。

邮轮公司的自有码头与公用码头运营存在着设施差异。以巴塞罗那和萨沃纳歌诗达公司母港的设施来看，候船厅内的商业设施规模非常小，主要目的是邮轮并不鼓励游客在岸上消费，希望游客在船上消费；那不勒斯和巴勒莫等公用码头的设施比较陈旧，但非常实用，可以很便捷地实现游客的集散；帕尔玛和马赛的情况也类似，仅在码头搭建简单的活动板房和免税店。但在部分公共码头，候船厅和商业规模的规模会比较大，码头会倾向于吸引更多游客在此消费。

（二）美国

美国早在19世纪就出台客船法，确立了一系列旅客权益保护制度。2010年又出台了《邮轮安全法案》，包括对邮轮管理的要求、邮轮经营人的各项义务、邮轮上安全设施及措施等。地方层面，邮轮所在港口城市也采取各种促进邮轮产业发展的举措，包括邮港口投资建设、运营管理、航线设置和港口服务等。以迈阿密为例：

1. 港区周边交通便捷，旅游资源丰富

迈阿密邮轮码头紧邻机场，交通服务便捷。迈阿密拥有两座国际机场，分别距离邮轮码头不足10公里和50公里，机场每天起降次数多达1 700架次，进出旅客6万多人次。在迈阿密登船的旅客有80%是乘飞机到达的，因此机场强大的运输能力为邮轮产业发展提供了保障和支持。迈阿密国际旅游业成熟，有15家国际大型邮轮公司在迈阿密设立了总部，完善的服务体系为来到迈阿密的旅客提供各种合适的旅游航线，满足其不同需要。而迈阿密著名的阳光海滩一直是吸引源源不断的旅客的重要因素，距离邮轮出入口不到10米就有海滨浴场，十分便捷。

2. 与国际邮轮公司合作，对邮轮港口采取市场化运营方式

迈阿密从20世纪90年代起就对邮轮码头进行市场化运作，实施开放经营，与邮轮公司合作建设新码头，将邮轮码头市场化经营，设施十分贴近邮轮人流与物流的个性化需求。迈阿密拥有世界上最先进的管理设施系统、最规范的业务流程设置，以及力求便捷的服务，能够同时为8 400名游客出行提供服务。还拥有许多相关设施，如舒适的休息大厅、多个商务会议大厅、全封闭并加装中央空调的游客上船通道，以及完善的订票系统、安全系统、登轮查验系统和行李管理操作系统等。拥有能够容纳733辆汽车的车库，先进的信息化服务能够高效指挥码头内部的交通，为游客出行提供近乎完美的服务。

3. 迈阿密政府采取便捷的邮轮挂靠政策，方便游客在沿途港口城市上下船

迈阿密采用多港挂靠吸引旅客，迈阿密旅游部门与航线沿途城市政府达成协议，提供多个国家登陆入境游。也就是说，游客持有本国护照和美国签证即可随时在沿途港口城市入境游玩而不必返船。迈阿密的多港挂靠政策使得全世界的游客愿意专门乘坐飞机到达迈阿密港开始邮轮之旅。

（三）亚洲

1. 日本

日本在国土交通省专门成立邮轮振兴室，做好邮轮靠泊的各项服务，包括港口设施信息、联系方式和观光信息。由于日本的码头多属于私人码头，日本政府为经营邮轮客运站等设施的公司建立免息贷款制度。虽然日本具有较为长久的邮轮市场发展历史，但是原有日本邮轮旅游主要基于国内沿海线路和国内邮轮公司运营的层面，因此日本邮轮母港出发客源少，访问港入境客源多。日本于1989年成立了以促进国际邮轮旅游发展为目的的外航客船协会，促进日本国内及国际的各类邮轮旅游线路的开通。日本邮轮产业发展政策主要包含宣传及奖励政策、相关组织的建设以及专业人力资源开发三个方面。

在宣传及奖励政策方面，日本各级政府及民间团体通过大量的宣传活动加强国民对邮轮旅游的认识，印制发行了介绍港口及相关旅游资源的宣传资料，并通过在国际邮轮会议上设置日本展台等方法对外宣传日本港口。以神户市为代表的地方政府与社会

团体合作开展为到港的邮轮举办欢迎仪式,在外籍邮轮上组织日本传统表演等活动来吸引外籍邮轮到访。在加强宣传的同时设立了一系列以费税减免(包括减免入港费、码头使用费及登陆许可费等)为主要形式的奖励政策,这些政策的实施在国内邮轮旅游市场培育及吸引外籍邮轮到访方面起到了十分积极的作用。邮轮产业在发展过程中涉及众多政府部门及企业,因此协调政府各部门及相关企业间的关系就成为促进邮轮旅游产业发展的重要因素。

邮轮旅游产业在发展过程中,日本相关民间组织的建设在行业标准制定、部门间协调、宣传及市场培育等方面起到了十分积极的作用。如成立冲绳邮轮促进联合协会、关西邮轮振兴协会、函馆邮轮振兴协会。其中,关西邮轮协会的会员包括船舶运营的企业。港口有关机构、旅游企业及相关政府机构的主要作用是制定发展邮轮旅游产业的相关战略,同时负责协调各会员间的关系,力求通过各部门的共同努力发挥既定政策效果。2006年日本国土交通省向日本政府提议,联合日本旅行协会事务局、日本国际旅游振兴会、日本港口协会、外国政府旅游局、各港口管理者、地区政府等机构及旅行社、船舶公司等企业成立外籍邮轮振兴全国协会。该协会主要负责制定全国邮轮旅游战略,定期举办邮轮旅游会议,开展各种邀请国外邮轮相关人士及各种吸引外籍邮轮的活动。

在专业人力资源开发方面,日本外航客轮协会、日本旅行业协会及日本船业协会制定了人力资源开发及培训制度。同时,为了培养熟悉邮轮旅游业务的专业人员,日本邮轮管理机构针对各旅行社中负责邮轮旅游商品销售的负责人进行专门培训,并于2003

年11月开始实施研修、邮轮乘船体验、考试等与邮轮旅游相关的人力资源开发政策。

2. 新加坡

新加坡采用以基础设施建设、商业发展和行业能力为重点的三管齐下式的发展战略。新加坡旅游局与邮轮业界加强合作，高标准建设邮轮母港，并提供最好的乘客体验。新加坡旅游局还与邮轮公司合作，开展商业营销活动，使消费者提高对邮轮旅游的认知与需求。新加坡促进邮轮产业发展有以下几大举措：（1）成立新加坡邮轮发展署；（2）成立新加坡机场与港口联运发展基金①，用于提升港口与机场的联运能力。此外，新加坡在邮轮港口规划和运营方面合理引导两个邮轮码头的分工，注重在功能定位上提升游客体验度。新加坡滨海湾邮轮码头附近怡丰城、圣淘沙购物和娱乐设施齐全，现今已经发展成为亚洲邮轮航域的重要门户港口和中转站。

除了建造码头时的高标准，新加坡邮轮码头的高效运作是其成功的关键因素。每年约有1 200艘国际邮轮到访新加坡，被CLIA誉为"全球最有效率的邮轮码头经营者"。此外，新加坡便捷的航空枢纽和购物、娱乐、餐饮、酒店业较高的发展水平也为邮轮旅游的发展提供了强有力的支撑。新加坡邮轮产业鼓励和吸引邮轮总部落户，目前嘉年华等行业巨头已建立亚洲地区总部，并形成配套服务体系。

---

① 新加坡邮轮中心（SCCPL）与新加坡旅游发展局及新加坡民用航空局于2006年合作推出的1 000万美元的新加坡fly-cruise发展基金（FCDF）。

新加坡在旅游局下设有专门的邮轮业务管理部门,由新加坡邮轮中心统一管理新加坡两个邮轮码头,自 2003 年起进行私有化企业管理。新加坡政府定期对邮轮产业进行规划。新加坡邮轮鼓励政策较多,早在 1998 年,新加坡利用原有较完备的船舶修理和船供配件资源优势以及较为明显的地理优势,将货船维修功能扩展到邮轮领域并建立了"新加坡邮轮维修中心"。2005 年出台航空—邮轮发展基金,专门集资发展航空与邮轮结合的邮轮前程运输业务。新加坡实行过境 96 小时免签的政策,为新加坡邮轮前程运输服务以及新加坡母港国内旅游提供制度保障。

3. 韩国

韩国 2015 年 2 月制定的"邮轮产业培养与支援法律"根据邮轮产业的培养与支援必需的事项规定,努力把邮轮产业的基础设施建设与增强竞争力的健全发展相结合,以作出贡献为目标。法律规定了 10 项基本计划,以及必须实行的规定,但是内容规定的是邮轮产业培养的基本方向、邮轮产业的动向分析、邮轮产业活动的基本构成、邮轮产业的竞争力强化、邮轮产业专门人才的养成、邮轮产业的培养投资扩大、邮轮产业相关的国际活动等的招商、国外船只的泊航扩大、国家间邮轮产业的合作,以及除此之外邮轮产业培养需要等事项。

韩国邮轮产业的相关政策主要集中在法律及港口建设两大方面。在法律方面,韩国政府修改了海运法中关于国际邮轮公司的相关内容,从法律角度为国际邮轮公司的发展提供了依据。在港口基础设施建设方面,韩国海洋水产部与文化旅游体育部于 2007

年共同提出了韩国海洋邮轮旅游事业发展方案,其目标是增加外籍邮轮在韩国港口起航次数及邮轮游客的数量。为此,韩国政府制定了对釜山港、济州港等6个港口的投资计划,该计划预计到2020年在釜山港、济州港等6个港口建设8个邮轮泊位的邮轮码头,预计总投资金额约为3 136亿韩元。韩国政府在建设邮轮旅游相关基础设施的同时考虑到了韩国整体海洋旅游产业的发展,以及各地区地理位置和城市转型等诸多因素,力求通过邮轮港口的建设带动旅游休闲产业及地区经济的发展。此外,韩国为了加快邮轮经济发展,近年来举办了海洋和港口领导者峰会、航运贸易会议、海事联合会展、航海旅游峰会等活动促进建立国际旅游交流平台,促进邮轮产业交易。

4. 中国香港

中国香港邮轮港口附近集疏运体系也很发达,能够将位于港岛中心的维多利亚邮轮码头的旅客最快速地运输分散到各个旅游景点。香港国际机场是全球最繁忙的客运机场之一,2010年乘飞机访港旅客超过2 600万人次,通过轨道交通连接,可以在24分钟以内到达中心商业区,也方便了旅客通过飞机换乘邮轮。香港被誉为购物天堂,免税商品加上货币汇率的优势吸引着全世界的游客将香港作为邮轮目的地首选。除了购物外,香港的迪士尼乐园、海洋世界以及当地著名美食小吃等使其在邮轮母港的发展上占有很大优势。

除了改善硬件设施外,香港特区政府还不断加强与邮轮市场和邻近港口的联系。香港特区政府为了充分把握亚太地区邮轮市场的发展潜力,成立"邮轮业咨询委员会",工作重点包括加强与内地毗邻沿海省份共同开拓邮轮航程,推广区内的邮轮旅游产品,并鼓励邮轮业界和相关行业培训人才。此外,香港还积极拓展区域邮轮合作,已经和广东、广西、福建、海南等省区建立合作关系,共同推出了航游南中国计划。亚洲邮轮旅游联盟商讨香港兴建邮轮码头后与内地的合作空间,并达成开发旅游路线及研究开发多次性签证等共识。通过与周边省区的合作与联合,香港将进一步提高地区综合实力,从而加固南海地区邮轮中心的地位。香港对于在港设立的邮轮公司给予免税优惠,并开放邮轮公海游,促进邮轮产业迅速发展。

(四)澳大利亚

澳大利亚政府早在1995年就制订了邮轮航运国家战略,将发展邮轮经济作为该国海洋旅游发展的主线,并在2006年进一步扩展战略规划,出台其修正版本"澳洲—亚太海洋邮轮业务发展计划"。在澳大利亚政府支持下,澳大利亚长期以来在全球邮轮市场中占据重要地位,根据2018年CLIA数据,除了美洲和欧洲外,澳洲占有全球邮轮旅游市场6%的份额,形成了以本土P&O邮轮公司和全球邮轮公司共同竞争的市场格局。除了政府鼓励政策外,澳大利亚建立邮轮发展的专门非政府组织,该组织为澳洲及南太平洋地区提供合作共赢的市场品牌,将澳洲区域内的邮轮港口(33个)、国有/州立旅行社、船代公司、内陆旅游运营者等78个成员纳入该组织,为全球邮轮提供世界级邮轮协同和配套服务。澳大利亚建有类似美国的CLIA的邮轮行业协会,主要从事南太平洋地区邮轮旅行社的评级、邮轮市场数据分析、邮轮旅客满意度调查等工作。所以,澳大利亚邮轮管理形成了政府战略—非政府组织协同参与—协会市场监管的三个层面。

二、国外促进邮轮产业发展的经验借鉴

(一)邮轮产业的长期规划

从国外邮轮政策来看,尤其是邮轮产业起步较晚的国家或城市,通常制定长远的综合发展规划,以国家战略或城市整体发展出发对邮轮产业进行科学规划,主要考量邮轮产业所能带来的经济效益、社会效益和环境效益等。日本、韩国、新加坡等国都明确了这些国家邮轮产业的长期规划,并作为国家战略对待。我国虽然也将发展邮轮经济上升到国家层面,但相应的宣传工作做得不够,扶持力度不大。对比邻国日本,在日本各级政府及民间团体的广泛宣传下,日本民众逐步转变对邮轮旅游的态度和旅游休闲方式,对该国邮轮产业发展具有积极的意义。此外,日本税费减免等奖励政策促进了国内邮轮旅游市场的培育,并对本国船队的发展起到有益的效果。

(二)有序发挥市场主导作用和政府监督管理和服务引导的职能

在邮轮产业监督管理方面,国外更多采用以市场为主导的自由竞争和行业自我监督模式,政府监管更多集中于邮轮港口安全和配套交通建设等问题上。政府通过扶持邮轮产业的硬件设施和基础配套工程,构建高效的产业运营机制和公共服务,为邮轮产业

的发展提供有力的支撑。如新加坡鼓励新加坡飞机入境乘坐邮轮，迈阿密在邮轮码头修建高速公路直通机场和主要交通枢纽，为邮轮产业发展提供基础保障。美国等国在邮轮产业链发展中积极发挥市场的作用，减少政府干预行为。在较为发达的邮轮产业体系中，对于邮轮产业中涉及的邮轮企业、旅行社、邮轮码头、配套交通、酒店餐饮、岸上旅游、船供维修等多个利益相关主体，政府统一将其纳入类似行业协会或非政府组织的管理平台中，依托企业信用和行业监督对这些行业单位进行管理。

（三）重视邮轮人才的培养

亚洲地区邮轮产业起步总体较晚，对于邮轮这一新兴事物，人才队伍和相关研究都有所欠缺。韩国近年来举办关于邮轮产业的国际交流和行业交易会展活动，不但为起步阶段的韩国邮轮产业提供了学习国外经验的机会，也有效地提升了韩国邮轮市场的品牌。

第五节　中国邮轮产业发展的对策建议

一、设立自贸区邮轮港专区的必要性和可行性

（一）充分发挥国家战略的叠加效应

国家邮轮旅游发展实验区和自贸区都具有制度创新、先行先试的功能。此外国务院 19 号文也有促进和规范邮轮发展的规定。2019 年上海因作为全国第一个邮轮旅游发展试验区做出很多

制度创新如邮轮旅游经营规范、过境检疫直供、国际邮轮船供货柜试转运、试点邮轮船票制度及邮轮旅游示范合同等,被国家文旅部授予邮轮旅游发展示范区,但由于是国家文旅部批的,各部委协调推进不如自贸区力度大。设立自贸区邮轮港专区可以实现国家战略叠加,针对性更强。

(二)丰富自贸区文化旅游服务贸易内涵

邮轮产业对接上海自贸区有利于丰富自贸区的试验功能。原有上海自贸区内拥有货运码头、国际机场、保税区等,较为适合发展货物贸易自由化方面的制度创新,但自贸区除此功能外还需涵盖金融改革、外资准入、政府管理三部分的制度创新,相对较小的自贸区区域内无法实现全面的改革创新。虽然扩区后的自贸区功能得到延展,但是目前自贸区内坐拥国际海上货运、航空客运、航空货运,唯独缺少国际海上客运这一功能,而邮轮正好弥补了上海自贸区的这一空缺。通过在自贸区内尝试邮轮的制度创新,从而形成完整的对外开放和口岸管理的实验功能,全面系统地检验制度创新的效果。

邮轮业作为一种新兴旅游业态和产业体系,在发展过程中面临许多阻碍,需要在航运、港口、旅游、金融、税收等领域上突破现有制度瓶颈,很多改革创新涉及中央事权,地方尝试制度创新遇到较大阻力。虽然中国的国家邮轮实验区提出了先行先试的要求,但在实际操作中,由于实验区由国家旅游局牵头,协调海关、税务、交通、财政等中央部委有难度。自贸区作为国家战略,地位高于邮轮实验区,依托自贸区进行"区港联动"制度创新,会有利于邮轮产业的大胆尝试和突破现有政策。

（三）制度创新只有在邮轮旅游发展实验区才能达到邮轮产业集聚的效果

对于邮轮港口城市而言，简单的政策扶持并不适合邮轮经济的长期健康发展，必须通过优化投资环境、提高行政服务水平效率、制定适合邮轮产业发展的政策等措施，从而吸引国外邮轮公司设立总部，吸引更多邮轮将中国作为母港。上海自贸区的制度创新4个方面中投资准入、海关监管、政府职能转变都与发展邮轮经济密切相关。由于自贸区多是从传统的海关特殊监管区升级而来，无法涵盖邮轮产业。例如上海自贸区从28平方公里扩容至120平方公里，把专业服务领域也扩大到有产业基础的张江、陆家嘴、金桥等地；2019年又新增了临港地区作为上海自贸区新片区，作为特殊经济功能区。与邮轮相关的专业服务产业的发展也必须通过区内区外联动，发挥自贸区"溢出效应"，推动邮轮经济的新一轮发展。

（四）邮轮旅游发展实验区复制推广自贸区制度创新的障碍和对策建议

2015年1月，国务院发布了《关于推广中国（上海）自由贸易试验区可复制改革试点经验的通知》，要求全国范围内可复制推广的如下内容：原则上，除涉及法律修订、上海国际金融中心建设事项外，能在其他地区推广的要尽快推广，能在全国范围内推广的要推广到全国。

邮轮旅游发展实验区可以复制推广的改革创新举措：

投资管理领域：中国（上海）自贸区允许外资企业超过49%的股权比例限制投资运输企业；应允许在邮轮旅游发展实验区内设

立合资合作邮轮公司全资船舶管理子公司。

贸易便利化领域：邮轮维修产业检验检疫监管、邮轮中转货物产地来源证管理、邮轮检验检疫通关无纸化、邮轮食品第三方检验结果采信。

服务业开放领域：允许在邮轮旅游发展实验区内开放教育等三大服务业，允许邮轮游艇融资租赁公司兼营与主营业务有关的商业保理业务，邮轮融资租赁公司设立子公司，不设最低注册资本限制。

邮轮登记建造方面：中资企业购买或建造的邮轮可以悬挂方便旗，享受自贸区有关税收优惠政策以及非五星旗邮轮可以运营中国沿海业务的有关政策。以上4条，完全基于国务院65号文已明确的可复制推广的自贸区经验，可在邮轮旅游试验区内实施。

具体建议如下：

1. 促进邮轮船供（货物贸易）的监管模式创新和税收优惠

遵循国际惯例，对国际邮轮公司采购物品给予进口保税、中转免税、通关和检验检疫手续费减免、手续便捷快速的政策。对国际邮轮公司在中国本地，特别是邮轮母港所在城市采购物品出口退税或直接免税。

对在自贸区邮轮港专区内注册，符合相关部门资质要求的邮轮船供企业给予营业税、所得税两免三减半的优惠政策。对注册在区内、符合相关部门资质要求的邮轮船供企业，入区邮轮船供物品视同出口，办理相关出口退税政策，对在区内设立地区采购总部及母港航线的国内外邮轮公司在中国境内采购邮轮物品的予以直接免税（增值税）政策。

赋予邮轮专用仓库进口保税和出口监管双重功能,给予在区内设立总部的邮轮公司在国外采购的邮轮货物实行进口中转保税,保税货物出库时依法免征关税和进口环节代征税。对国内采购货物入区退税(出口货物销售增值税),比照日本、新加坡等港口船供货物转运的相关程序,简化进出境程序。此外,在专区内建立国际邮轮食品安全示范基地,构建冷链物流体系、邮轮船供食品和其他物品安全检测体系和溯源体系,保障邮轮食品安全和运营安全也很有必要。

2. 与邮轮相关服务业进一步对外开放

上海自贸区制度创新涉及服务业 6 个领域的扩大开放,但是与邮轮产业发展密切相关的专业服务业对外开放还不能复制推广到中国邮轮旅游发展试验区。建议参照自贸区服务业对外开放的有关举措,在邮轮旅游实验区也允许在区内注册的符合条件的外商独资旅行社,从事除中国台湾地区以外的出境旅游业务。允许在邮轮旅游发展实验区设立中外合资人才中介机构,外方合资者可以拥有不超过 70% 的股权。允许在邮轮旅游发展实验区内举办中外合作经营性教育培训机构。允许在区内举办中外合作经营性职业技能培训机构。下放相关行政审批权限至邮轮旅游发展实验区,例如,中外合资的教育培训机构在上海自贸区即可自由设立,不再有前置审批的环节。而自贸区以外,如果成立中外合资的教育培训机构,先需要商务委的批复,按照合资公司的程序,然后需要得到教育部或人社部批准,教育部负责批准教育培训机构,人社部负责批准职业技能培训机构,才可以在工商注册企业。目前只有自贸区允许设立外商独资国际船舶管理公司,邮轮管理先进经验来自国外,自贸区现在还没有邮轮船务管理的现实需求,邮轮旅游发展实验区非常需要这一业态的发展。应允许外资在邮轮旅游实验区设立外商独资邮轮船务公司和船舶管理机构。

二、加强中国邮轮旅游发展实验区的保障体系

(一)邮轮旅游发展实验区的组织保障

市级层面,虽然很多地方都有省市级邮轮旅游发展领导小组,由分管市领导亲自作为召集人,但是没有常设实体机构推进,工作无抓手,仍然难以协调发改委、海关、商检、税务、交通委等各部门,与中央各部委的直接沟通与对接不如国际航运中心建设中央各部委联席会议及自贸区联席会议便捷,中国邮轮旅游发展试验区到现在还没有具体的制度体系,没有常设管理机构,没有具体可落地操作的政策。借鉴自贸区建设的经验,首先要在中国设立自贸区邮轮港管委会,或邮轮旅游发展实验区管委会,由分管副市长担任管委会主任,区政府分管领导担任相关职务,相关职能部门入驻。

(二)邮轮旅游发展实验区的法治保障

目前,我国邮轮行业尚未形成完整的法律体系,具体运营过程中,大多参照货轮标准执行,在保障和监管中存在空白和滞后的现象。国家层面立法应基于保证邮轮安全、维护游客权益,放宽邮轮上中国船员的比例限制、放宽二手邮轮船龄限制,进一步扩大旅游服务业和航运服务业对外开放。

自贸区的制度创新离不开法律保障,全国人大、上海市交通

委、国家质检总局、工商局、海关总署都先后出台了一系列的意见和文件,从法律层面保障自贸区制度创新,例如暂停"三资法"在自贸区的适用等。搞好中国(上海)邮轮旅游发展实验区工作离不开法律制度的保障。建议中国(上海)邮轮旅游发展实验区旅游局、区商务委通过市旅游局、市商务委反映如下诉求:

1. 建议国家商务部、国家旅游局出台类似于《支持中国邮轮旅游发展实验区建设制度创新的若干意见》等相关文件,允许在中国(上海)邮轮旅游发展实验区里试行中资旅行社和国际邮轮公司合资设立邮轮旅行社,开展相应的邮轮出境旅游业务,延伸邮轮产业链。以上举措的实现路径需区商务委(旅游局)与市旅游局、市商务委、市工商局积极对接,共同研究制定实施方案。

2. 建议国家商务部出台支持意见,允许在中国(上海)邮轮旅游实验区里加强与外资邮轮人才中介机构的合作,打造上海邮轮人才服务中心。

3. 建议国家商务部、教育部、工商局联合发文,允许在邮轮旅游实验区里设立中外合作教育培训机构和职业技能培训机构。

4. 其他涉及国家层面的监管制度的创新,例如海关总署对《国际邮轮、游艇、游船监管方案》《供国际物品海关特殊监管办法》等还需要海关总署、国家质检总局做出顶层设计。

总之,中国邮轮旅游发展了12个年头,要上升到国家战略,一方面要通过复制推广现有自贸区制度创新,另一方面要在新的邮轮旅游发展示范区内进一步试点创新适于邮轮产业发展特点的新制度。

路径篇

第九章　亚洲邮轮旅游合作路径探析

第一节　借RCEP谈判契机达成邮轮旅游合作的法律文件

随着我国"一带一路"建设和中国—东盟自由贸易区升级版工作的不断深入,中国—东盟经济一体化进程有望加速推进。旅游业是中国与东盟各国重点发展的产业类型,在拉动区域投资、消费,促进不同地区人员往来与文化交流方面发挥了重要作用,有望成为"一带一路"及中国—东盟自由贸易区升级版建设中重点合作的先导产业。因此,政府、企业、智库层面必须合力推进亚洲邮轮旅游合作,解决政策信息缺乏沟通渠道、邮轮旅游航线单一、邮轮人才供不应求等问题。

2019年10月,《区域全面经济伙伴关系协定》(RCEP)正在越南进行最新一次谈判,各方有望在关税减让方面达成重要进展,标志着中国同亚太地区的重要贸易伙伴之间将进行更为深入的经贸合作,中国迈出了通过扩大经贸朋友圈来抵御中美贸易摩擦不利冲击的关键一步。

《区域全面经济伙伴关系协定》(RCEP)是 2012 年由东盟发起,成员包括东盟 10 国、中国、日本、韩国、印度、澳大利亚和新西兰共 16 方而制定的协定。该协定是亚太地区规模最大、最重要的自由贸易协定,达成后将覆盖世界近一半人口和近 1/3 贸易量,成为世界上涵盖人口最多、成员构成最多元、最具发展活力的自由贸易区。

截至 2019 年 9 月底,RCEP 已经完成了 28 次谈判并召开了 7 次部长级会议。总体来看,RCEP 的谈判取得了重要阶段性进展,中小企业、经济技术合作等条款已经完成谈判,尽管在一些领域仍存在分歧,但大部分条款都有实质性的推进并达成了初步共识。自 2013 年 5 月 RCEP 进行第一轮谈判以来,由于各成员国在货物和服务贸易领域分歧较大,谈判进程较为缓慢,没能按预期在 2015 年结束谈判。随后,在 RCEP 成员国的共同努力下,RCEP 谈判继续向前推进。

2019 年 10 月在越南举行的谈判表明,RCEP 谈判已经取得实质性进展,正在进入最后冲刺阶段,各方均显示出强劲的达成协议意愿。从议题来看,RCEP 不仅涵盖货物贸易、争端解决、服务贸易、投资等议题,也涉及知识产权、数字贸易、金融、电信等新议题。RCEP 谈判不仅将货物贸易中的关税与非关税壁垒纳入自由化范围,最终实现贸易自由化,而且计划大幅削减服务贸易领域的限制和歧视性措施,基于现有的服务贸易总协定(GATS)和"东盟+1"

自由贸易协定实现更高水平的服务贸易自由化。

与此同时，由于 RCEP 的成员国大多是发展中国家，使得 RCEP 具有一定程度的"南南合作"特征，这就意味着，RCEP 不可能一味地追求高标准，必须充分考虑到成员国的经济发展水平和贸易自由化容忍度，因此 RCEP 的成功，也离不开经济技术合作、能力建设、早期收获、过渡或差别待遇等特殊安排或条款，自由贸易协定中各方利益的"平衡"也是影响谈判成败的关键因素。

在亚洲地区，中印两国都是具有举足轻重地位的大国，近年来，两国之间的合作关系日趋紧密，而竞争关系也日趋激烈。据印度媒体报道，印度钢铁、乳制品等行业公开反对印度加入 RCEP，担心本行业受到冲击。但印度商工部长表示，印度拒绝加入 RCEP 将使"出口业处于不利地位"，国家利益不能被个别行业所挟持，必须从整体角度看待"国家利益"。这就意味着，印度将在可预见的时期内签署 RCEP。印度各方都意识到，即使没有自贸协定，中国在多个领域也具有市场优势，签署 RCEP 后，印度可能逐步对 80％的中国产品减免关税，这一减让规模要小于对其他国家的减让规模。

第二次世界大战后，世界市场的开放主要依靠多边机制（GATT/WTO）推动。但是，现实中，在多边层面推动世界市场的深度开放，包括规制建设越来越困难，就像多哈回合，无疾而终。如今，尽管美国推行单边主义，对 WTO 发难，以双边替代区域，但区域性开放潮流势头不减。例如，近期完成了一些大型自贸区的谈判，包括欧日紧密伙伴关系协定、欧越自贸区协定、欧盟—南方共同市场协定、非洲自贸区等，令人瞩目。

推动 RCEP 的谈判过程中，中国的作用令人关注。作为世界最大的贸易国、第二大经济体，中国发挥引领作用，协调好同印度等大国之间的利益，就会极大推进 RCEP 的谈判进程。当前，中美贸易摩擦仍在持续，中美双方正在进行艰苦的贸易谈判，中国对外贸易未来前景不容乐观。通过 RCEP 这个区域开放平台，中国能更好地融入亚太经济一体化之中，通过扩大经贸朋友圈来抵御不利的外部冲击。中国如果能为 RCEP 拿出高水平的开放清单，不仅能够起到引领作用，而且有利于解决中美贸易摩擦与争端，从而更好地发展外向型经济、分享经济全球化的红利。

第二节　加强邮轮相关政策沟通

邮轮产业发展涉及多个部门的政策，因此亚洲邮轮港口城市区域合作政策需要将航运政策、港口政策和旅游政策协同起来，以充分发挥邮轮产业对经济的贡献。根据上述研究结论中关于亚洲邮轮港口城市区域合作的具体内容，促进亚洲邮轮港口城市区域合作需要在以下政策方面进一步完善。

一是加强各邮轮港口城市间旅游局、海事局、海关、检验检疫的政策沟通和合作交流。

二是亚洲和中国海丝沿海邮轮航线政策一体化。沿海邮轮航线亟待发展，迫切需要制定市场准入条件和相关配套政策支持。可联合展开沿海邮轮港口布局、船型匹配、市场需求、航线开发、船队运营管理方面的研究，在邮轮运营资质、服务范围、相应邮轮建造等方面均需要相应政策。

三是亚洲多母港及多港挂靠邮轮航线政策一体化。完善促进邮轮多港挂靠积极性的相关政策支持，鼓励开发多母港邮轮航线、区域性循环航线等产品创新政策。

四是无目的地邮轮航线政策一体化。推进无目的地邮轮航线的试点工作和相关政策支持，无目的地邮轮航线已取得政策突破，如何试点、落地，需要有新的突破。

五是邮轮港口服务规范和服务标准的制定，提升邮轮港口整体服务水平，推进邮轮港口分级工作。

六是邮轮船供业务相关政策的完善。联合拓展邮轮船供业务，设立区域性船供基地，建设邮轮船供网络平台，特别需要在检验检疫方面完善政策。

七是共同推进海丝沿线邮轮港口城市应急联动机制。

八是鼓励绿色港口与智慧港口建设区域政策一体化。

第三节　推进邮轮港口服务协同发展[①]

一、统一港口服务分级标准

沿海各港口城市建立的邮轮码头，发展阶段不同，运营条件不

[①] 参见 2016 年黄海东、徐珏慧等上海邮轮经济专项决策咨询报告《"一带一路"背景下的亚洲邮轮港口城市合作研究》。

同,服务能级也各不相同。但是邮轮港口作为邮轮度假活动的关键节点,其服务水平受到越来越广泛关注,为促使邮轮港口经营获得良好的经济效益和社会效益,有必要对邮轮港口的服务设定分级标准。各邮轮港口应达到最低服务标准,而发展较好的港口可以参考较高级别的标准提供服务。

构建邮轮港口服务分级的指标体系:

第一,邮轮港口的接待规模:游客进出港人次、访问港航次、母港航次、邮轮数量、港口的经济效益等。

第二,港口条件:航道水深、靠泊最大载重的邮轮、泊位数、航线数量、港口客源辐射范围、邮轮办事处数量等。

第三,港口设施设备:安检、停车场(车位数)、岸电设施、候船大厅设施等。

第四,服务功能体系:行李服务、通关效率、候船条件、观光服务、交通服务(公共交通、出租汽车)、咨询服务、候船大厅拥挤程度(接待候船旅客最大规模与最大登船人数的比例)、船舶代理、引水服务、船舶维修服务、港口信息化服务水平(WiFi、网站建设、App、公众号、微博)等。

第五,邮轮港口客源辐射规模:港口经济纵深、港口所依托的城市及区域的人口规模、港口所在区域居民可支配收入水平、港口所在城市的国际机场旅客吞吐量、城际交通条件等。

二、统一港口科学费率体系

一是形成价格自律,避免包干费价格恶性竞争;也可以针对相关费用设定最低标准。

二是建立统一泊位预定平台,形成泊位预定约束机制,邮轮公司必须在平台上以确定航线的形式预定泊位,避免随意取消。据调研,国际邮轮公司在向港口申请泊位预留这个环节上十分不严谨,往往对已经确认预定的泊位随意取消。三亚凤凰岛国际邮轮 2015 年取消 38 个航次,2016 年取消 55 个航次,2017 年取消 102 个航次,2018 年取消 15 个航次。这给港口运营造成十分不利的影响。

三、建设港口信息共享机制和公共服务平台

(一)国际邮轮港口信息服务平台建设

国际顶级邮轮母港发展均依托完善的邮轮经济公共信息服务平台。世界最大的国际邮轮母港美国迈阿密最早建成公共信息服务平台(MCPISP),使得围绕邮轮旅游产业的各个环节运行高效、配合密切,建立了良好的国际口碑,吸引了 12 家邮轮公司总部入驻,每年出入境旅客约 500 万人次,邮轮旅游产业成为其重要的经济支撑。巴塞罗那、新加坡都建立了邮轮信息服务平台。

(二)邮轮信息服务平台的作用

邮轮信息服务平台以数据交换和云计算技术为核心,服务于邮轮码头、供应、监管、旅行社团队和散客、邮轮供应、人力劳务等相关行业和个人,全面满足邮轮航运经营、通关服务、旅游休闲、供应采购、维护维修等需求的一站式功能。邮轮信息服务平台可提高通关效率,目前旅客、船员信息没有实现共享,通关服务、各港旅客船员签放信息没有共享,边检人员需要在国内一上港就上船重

新核查签放。邮轮旅客也对到港码头周边旅游休闲配套服务、交通情况不了解，无法尽兴游玩。

（三）邮轮信息共享服务平台建设建议

建立邮轮港口信息共享服务平台，实现国内邮轮港口接待数据的统一、权威发布，以及邮轮船舶动态的即时查询。邮轮信息服务平台可以由各港口城市联合建立，委托专门公司或由核心企业参与合作投资成立专门公司负责开发与运营。

各邮轮港口自身的信息化建设可由邮轮港所在市、区政府牵头，联系协调邮轮产业各相关职能部门和机构参加，包括市、区发改委、旅游委（局）、建交委、边防、海关、检验检疫、税务等相关部门，研讨方案并达成共识；政府提供配套专项资金，委托专业机构，开展项目可行性报告，论证项目实施方案，落实平台开发的先期投入。

四、共同推进智慧港口和绿色港口建设

随着世界邮轮产业的快速发展，邮轮对港口环境的影响引起广泛关注，建设绿色邮轮港口成为国际邮轮产业发展的必然趋势和共同追求。中国正在积极推动绿色邮轮港口建设，不少邮轮港口相继推出绿色港口发展规划，并发展邮轮岸电工程建设。2016年10月底，IMO海上环境保护委员会在第70次会议通过了一项有关限制硫化物排放的决议。该决议提出于2020年强制实施所有船舶燃料0.5%的硫化物排放上限生效，从而控制含硫污染物的排放量。合作推广邮轮港口岸电技术时，邮轮国际化的特点决定其岸电技术标准必须考虑国际通行做法。船舶岸电技术逐渐成

熟,国内外都开始应用。

智慧港口建设是让港口更聪明,是港口发展的趋势。沿海各邮轮港口企业应形成联动机制,分享智慧港口建设经验。智能化不仅让港口充满智慧,更是凸显了港口运营管理企业的软实力,依靠智能化,企业的效率会更高,服务会更优、功能会更全、成本更低,市场竞争力会更强。国内关于货运码头的智能化建设研究较多,但对于邮轮港口的智能化研究几乎是空白。

智慧港口系统是将互联网技术(WEB)、全球定位系统(GPS)、移动通信技术(GMS)、无线通信技术(WAP)、地理信息系统(GIS)、无线射频识别技术(RFID)、实时监控系统(AIS)、自动化装卸设备、物流搬运机器人(AGV)等先进的信息技术和自动化技术综合应用于整个港口物流作业、旅客通关服务及港口管理等各个方面,建立一种在港口服务范围内全方位发挥作用的,实时、准确、高效、优质的港口服务体系。

基于游客服务的智能化主要体现在:

第一,实时预定。部分邮轮港口的网站正在努力实现实名售票,力争即时预订实时支付。通过功能模块的实现,完成了一套以管理控制为核心,邮轮票务业务为主线,安全和高效为保障的平台系统。

第二,自助通关系统。在上海乘坐邮轮出境时,可以凭中国电子普通护照自助通关。自助通关系统已经服务过数万邮轮乘客,使得游客通关更便捷。后续发展可实现刷脸通关,通关效率更高。

第三,行李跟踪系统。游客可以通过手机App查询自己的行李状态、位置信息。

五、促进邮轮港口运作经验交流借鉴

首先,邮轮港口之间的合作实际上可以分为两个方面:一方面是共性的,比如港口服务标准、口岸政策以及港口市场运作开发特色航线等;另一方面是个性化的,每个港口码头面临的口岸行政管理环境不同,这就需要每个码头之间互相借鉴。比如上海的邮轮港口应急反应机制、邮轮旅游保险、邮轮旅游示范合同等做法,值得其他港口复制推广。

其次,港口运营经验应互相借鉴,特别是在游客服务、大客流管理、配套服务等方面。运营时间比较长的邮轮码头,都有自己正在开展或即将开展的特色业务。例如,旅客行李中转,通过机场、高铁与码头的联动,游客行李可直接被转运到码头,解放了游客的双手,轻松地参加本地游;未来可逐步实现旅客在码头即可办理登机手续,不需要到机场再办理。

再次,应促进国际邮轮港口之间的交流,吸收和借鉴国际化运营经验,引导企业进行借鉴,积极展开国外港口投资和国际化布局,实施"走出去"战略。

第四节　共同建设和营销亚洲邮轮旅游目的地

邮轮旅行目的地很多,可以说,只要船可以开到的地方,甚至

南北两极,都可以作为邮轮旅行目的地,不过比较受欢迎、邮轮最常去的几个区域有:亚洲的日韩东南亚,欧洲的环地中海、大西洋、北欧峡湾,北美阿拉斯加,澳洲新西兰大溪地等。据数据显示,全球范围内,邮轮旅行排名第一的区域是在加勒比海一带,这里是邮轮最喜欢的地方,最活跃的一片海域,也被评为世界上最美的邮轮目的地之一。从岸上游的角度考虑,加勒比海地区是一个多元的文化共同体,不同的文化元素汇聚融合在一起,创造了一个融合了不同历史、种族、民族、语言、宗教等的社会。这里有以玛雅文明为代表的远古生存痕迹的保留,这里环绕潟湖和海湾有浓密的红树林,沿海地带有椰树林,各个岛屿普遍生长仙人掌和雨林,珍禽异兽种类繁多。踏上一段旅程,探寻这个被土壤、海洋、生物、历史所包围住的神秘古老地带。此外,水温常年保持在 22—31 摄氏度,适合各种水上运动。虽然飓风季节(通常在 6—11 月)会影响航程,但该地区的面积足够大,邮轮可以很容易地重新安排航线,以避开危险的风暴。乘着邮轮在加勒比旅行,所到之处尽是碧海蓝天,如同水晶般清澈的海面,惊艳的日出日落场景……在陆地上,郁郁葱葱的热带风景,盛开的鲜花,白色的沙滩等都令人心旷神怡,让大家流连忘返。

亚洲邮轮港口城市特别是环南海区域有着类似的多元文化共生现象,水温和气候适合全季旅游,打造全球著名邮轮旅游目的地是亚洲邮轮港口共同的追求,可以借鉴加勒比海、地中海、波罗的海整体旅游目的地的发展经验,形成东北亚、东南亚、环南海等多个区域性整体旅游目的地,形成品牌优势,做大区域邮轮旅游市场。亚洲各国在航线开发和市场推广等方面有现实和迫切的合作需求。例如,联合构建邮轮产业上下游之间的信息交流平台,进一步创新港口服务,密切港航关系,及时了解邮轮公司的需求,提高和改善港口管理和服务水平,与邮轮公司搭建常态化的对话机制。对话的内容包括但不限于：港口的服务收费、泊位预定、船供、航线设计、旅客服务、市场推广等双方关心的核心问题。

第十章　亚洲邮轮旅游合作机制和具体举措

第一节　区域邮轮协同发展机构建设

一、进一步完善亚洲邮轮港口协会和旅游联盟的合作机制

2011年6月,上海吴淞口国际邮轮港联合新加坡、日本、韩国以及国内的众多港口,倡议发起成立亚洲邮轮港口协会等行业组织,举办了一系列行业盛会,邮轮母港成功搭建起一座我国民间外交的新舞台,树立了一座21世纪海上丝绸之路邮轮领域新航标。邮轮产业在推进发展理念传播、国际文化传播、配合国家外交战略、推进世界各区域和平共赢发展中发挥着重要的作用,成为实施"一带一路"倡议的一大抓手。

2018年4月9日,中国—东盟省市长对话会在博鳌举行,来自中国和东盟有关省市代表、克罗地亚和芬兰特邀嘉宾和世界知名邮轮企业代表汇聚一堂,共同探讨21世纪海上丝绸之路沿线邮轮旅游合作。会上签署了《共同倡议》,成立"21世纪海上丝绸之路沿线邮轮旅游城市联盟"。对话就推动中国与海上丝绸之路沿线有关国家和地区开展邮轮旅游产业务实合作进行交流,尤其对开展邮轮旅游合作、开辟邮轮航线、推动港口建设、发展邮轮建造、开放邮轮签证政策、开展邮轮旅游推广等进行探讨,形成以下七点共识。一是在平等互惠、互利共赢的原则基础上,开展全方位邮轮旅游合作;构建21世纪海上丝绸之路无障碍邮轮旅游合作机制,促进邮轮旅游共同发展。二是推动邮轮入境口岸签证政策进一步开放,为外国游客乘坐邮轮入境提供便利;逐步消除政策壁垒,为邮轮互相进入对方口岸给予方便,为建立21世纪海上丝绸之路相关地区邮轮旅游产业一体化发展打下良好基础。三是相互开放邮轮旅游领域,实现旅游资源和客源市场共享,优化邮轮航线布局,提升航线互联互通,共同推动开通21世纪海上丝绸之路相关地区的多条邮轮航线。四是完善邮轮港口基础设施和服务体系,按照"共商、共建、共享"原则,21世纪海上丝绸之路沿线地区建立邮轮港口和服务体系共同规划、联合建设、统筹经营、共同得利的常态化合作机制。五是构建邮轮旅游信息平台,有效促进邮轮旅游合作不断拓展广度和深度。六是发挥优势在邮轮旅游产业科研合作、职业培训、合作办学、人才信息化等方面加强合作;定期举办国际性邮轮旅游论坛,促进邮轮旅游业界交流与互通、为地方决策提供智力支持。七是加强邮轮产业合作，围绕邮轮设计建造配套全产业链，发挥各方技术、工业和人才优势，推动技术交流与产业合作。

在大开放、大交流、大合作的时代背景下，以"21世纪海上丝绸之路沿线邮轮旅游合作"为主题，共商邮轮产业合作发展计策，有助于中国和东盟的地方之间增进了解互信、实现合作共赢。海南与东盟地区地缘相近、人文相亲、民俗相融，有经贸文化交流的历史渊源和合作的良好基础。在邮轮旅游合作方面，也已经有了很好的基础，也将会有更加广阔的前景。特别是海南拥有地理位置、国际旅游岛政策、气候环境、基础设施、市场等诸多优势，为海南与东盟地区开展邮轮旅游合作提供了重要支撑，也为各邮轮公司带来了重要商机。海南倡议成立"21世纪海上丝绸之路沿线邮轮旅游城市联盟"，在平等互惠的原则基础上，开展全方位邮轮旅游合作，促进旅游经济共同发展、合作共赢。然而，亚洲邮轮港口协会和海上丝绸之路沿线邮轮旅游城市的联盟不仅止于"吴淞口宣言"和"博鳌倡议"，更应把合作落实到实处，形成较稳定的区域邮轮旅游发展的法律文件。

二、组建亚洲邮轮港口城市合作组织或联盟

2018年，亚太邮轮大会上上海牵头又组建了亚洲邮轮港口城市联盟。不论什么组织形式，笔者建议更加完善和推动邮轮港口城市的合作。如在亚洲邮轮港口协会的基础上，吸纳亚洲邮轮港口城市的旅游管理部门、邮轮旅游相关管理部门作为成员，建立邮轮港口城市级合作组织。亚洲邮轮港口城市合作组织可以由各港口城市旅游管理部门牵头组织相关活动。

亚洲邮轮港口城市合作组织的主要职责：在亚洲邮轮港口协会的基础上，在更高级别、更大范围内加强亚洲邮轮港口城市之间的合作，以促进亚洲邮轮旅游业的健康发展。亚洲邮轮港口协会的职责主要聚焦于邮轮港口层面的合作，而亚洲邮轮港口城市合作组织则将邮轮港口职位的邮轮旅游相关环节纳入合作范围，例如将旅游管理部门、交通管理部门等组织起来，从城市层面探讨邮轮旅游合作的问题与挑战、解决途径。

建议上海在推动亚洲邮轮港口协会各项具体工作的同时，组织召开亚洲邮轮港口城市合作会议和亚洲邮轮港口高峰论坛，并将之发展成为一年一届的年度盛会。亚洲邮轮港口城市合作会议可邀请相关城市领导人、旅游管理、交通管理和邮轮港口部门负责人等讨论邮轮旅游事业发展的障碍、合作空间，形成诸如上海邮轮宣言一类的有广泛影响力的亚洲邮轮港口城市合作指南。之后的亚洲邮轮港口城市合作会议可以进一步商讨邮轮旅游事业的合作发展问题，促进亚洲邮轮经济的发展。在上述亚洲邮轮港口城市合作会议、亚洲邮轮港口协会会议基础上，磋商当前亚洲邮轮港口面临的重要问题，并研讨确定解决路线图，从而为亚洲邮轮港口合作提供切实可行的指南。

第二节　共同开发多母港邮轮航线

一、欧美多母港邮轮航线的成功经验

在地中海、东南亚海域、波罗的海沿岸国家众多，港口分布较

为集中,邮轮客源分布较分散,适合开发多循环航线、母港航线。游客可以在两个港口选择登船、离船。

二、地中海循环航线

邮轮在沿线各港口循环,每个港口均有游客登船、离船,邮轮公司在每个港口都分配一定数量的仓位供销售,邮轮公司根据各港口的客源状况、销售价格的高低来调节各港口的仓位分配量,销售压力大减,可提升舱房出租率,提高整体收益。

每个港口均可作为出发港如萨沃纳—马赛—巴塞罗那—萨沃纳—马赛—巴塞罗那—萨沃纳航线。

三、波罗的海双母港航线

游客可选择斯德哥尔摩登船,然后到哥本哈根离船;或者相反。双母港航线的好处是可以减缓销售压力,提高邮轮航线的效率;游客离船后可以继续异地观光、度假,再返回国,邮轮旅行只是整个旅行的一个组成部分。此产品对区域外游客有很强的吸引力。

四、东南亚双母港航线

星梦邮轮推出的中国广州和香港地区联合母港航线。包括6天5晚越南航线、5天4晚的冲绳航线、6天5晚菲律宾航线。

五、以上海为始发港的双母港航线开发探索

要改变现有邮轮港口之间以始发港/母港为单纯定位的竞争

关系,在已有的多港挂靠政策或者未来可试点的沿海游航线的基础上,进行多母港运作的探索,即航线上各个港口均可以作为母港上下客,形成航线组合基础上的区域合作。只有这样,才能尽可能解决邮轮产业发展初期的客源广度和深度不足的问题,才能尽量将旅游消费留在国内。

"上海—舟山—冲绳—厦门"双母港航线:上海旅客游舟山、冲绳、厦门后下船,再乘飞机回上海;舟山旅客游冲绳后厦门下船;厦门旅客游玩冲绳后可在舟山或上海下船,再飞回厦门。

"上海—东京"双母港航线探索:丽星邮轮推出"上海＋大阪＋东京＋富士山＋鹿儿岛＋上海"8天7晚,这条航线主要含日本东京、大阪及京都,以东京为中转港,它是自由组合度极高的分段航线。游客可选择上海登船、东京离船的"海陆空"组合,也可以选择"空陆海",乘飞机先东京自由行,接上5天4晚东京、富士山、鹿儿岛的邮轮航程,然后随邮轮返回上海。

多母港运作在地中海区域十分成熟,前提是此类航线必须稳定运作数月,合理调配各港口旅客舱位数量。

沿海航线、多港挂靠航线上的国内港口,甚至常规国际邮轮航线上的境外港口,都可以联合尝试开展多母港运作。只有真正将多母港运作开展起来,盘活各港口城市的客源和旅游资源,才能打开中国邮轮母港城市间竞合关系的新局面。

邮轮公司在推进沿海港口合作、港口经济发展方面起到重要作用。多母港航线均需要邮轮公司的主导推动,建议各邮轮港口城市联合起来,从政策层面鼓励邮轮公司运作多母港航线,在开发始发港客源的同时,能够带来更多访问港客源,真正实现邮轮经济的城市间合作和互动。关于中资邮轮或中资控股邮轮运营沿海航线的试点,目前中资邮轮只有"中华泰山号"在实际运营。用于试水的民营系本土邮轮公司,如"海娜号""钻石辉煌号""天海新世纪号"纷纷夭折,但2019年起国资头、中资头大集团,如招商集团、中船集团和中交建集团、中远海集团纷纷布局邮轮全产业链,本土邮轮船队发展路漫漫而砥砺前行。

第三节 共同开发和营销邮轮旅游产品

建立一体化的邮轮旅游产品开发与推介机制。塑造区域整体旅游形象,并联合开发和对外推介区域跨境旅游产品是亚洲邮轮旅游一体化建设的有效路径之一。欧盟旅游一体化建设的经验值得借鉴。欧盟通过采用"抱团取暖"的旅游营销策略,不但成功地在全球塑造了一个鲜明强大的"全球首屈一指的旅游胜地形象",也为欧盟内部许多面积较小或旅游资源相对匮乏的国家提供了持续稳定的客源和旅游收益,极大增强了它们推动欧盟旅游一体化的热情和动力[1]。中国与东盟国家虽然近年来在旅游产业发展速度比较快,但相互的邮轮旅游合作比例非常小,更加有必要共同开发和营销旅游产品,以提升在全球邮轮旅游市场的区域竞争力。

---

[1] 李志勇、徐红宇:《基于欧盟经验的中国—东盟旅游一体化建设》,载于《广西社会科学》,2016年第7期。

对外合作开发和营销邮轮旅游产品的步伐应该加快,重点需在三个方面尽快取得突破。第一,联合开发邮轮旅游线路产品。应在完善现有"新马泰"等传统经典旅游路线的基础上,积极整合和发挥双方的旅游资源优势,对区域优势旅行路线产品进行系统开发规划,推出更多具有特色的满足不同层次、不同类型旅游者需求的跨境旅行路线。在联合开发旅游路线产品时,双方都应打出自己的拳头产品,进行强强联合,打造出若干个有特色、有创意、品位高的经典旅游路线,面向区域内外旅游市场进行推介。第二,合作建设旅游信息发布网站。中国与东盟应合作建立一个包含所有国家在内的旅游信息发布网站,发布内容涵盖各国重要的特色旅游资源、旅游景区景点、接待旅行社、旅游餐饮住宿信息及各国重要的旅游政策、条例和规定等[1]。第三,联合开展对外旅游营销。要在营销策划方面把中国—东盟旅游区作为一个完整的旅游目的地进行打造,共同塑造国际邮轮旅游形象,提高区域整体旅游知名度和美誉度[2]。同时还要重点针对欧美地区游客,制订统一的促销计划,进行整体促销。通过不断加强亚洲各国的沟通协调,尽快构建"区域联动、资源共享、优势互补"的联合促销体系。

未来亚洲邮轮旅游产品开发应强化本土化的特色。为了满足亚洲游客的需求,各国还应将境外免税购物,船上中餐、日料、韩料

---

[1] 李志勇、徐红宇:《基于欧盟经验的中国—东盟旅游一体化建设》,载于《广西社会科学》,2016年第7期。

[2] 同上。

等地区特色美食供应,中式娱乐项目等消费需求列入产品设计[①]。

第四节　加强邮轮旅游港口建设的投融资合作

邮轮产业链的中上游,即邮轮设计建造和邮轮运营管理,目前在亚洲的发展程度较低,主要表现在缺乏自主建造的本土邮轮和自主经营的民族品牌。我国邮轮市场爆炸性的增长催发了建造本土邮轮的需求。2015年国务院领导两次批示要鼓励发展邮轮建设建造。今后,亚洲各国可通过相互的投融资合作,循序渐进地发展各自国内的造船技术[②]。政府应为邮轮企业提供全方位的投资政策支持,吸引国际邮轮公司入驻,并积极培育和组建本土化的邮轮公司和邮轮船队,共同促进亚洲邮轮旅游合作。

第五节　共同开展邮轮旅游人才培训业务

人才培养是中国邮轮旅游业参与国际竞争、建设国际邮轮母港至关重要的一环,更是共同推进亚洲邮轮旅游合作必备的人力

---

① 倪菁:《亚洲邮轮旅游市场发展对中国邮轮旅游业的启示》,载于《淮海工学院学报(人文社会科学版)》,2016年5期。
② 同上。

资源。虽然国内已经开设了邮轮专业,但由于对邮轮旅游认识不足、师资不足、实践基地稀缺,人才培养还停留在最初级的船员服务层次,远不能满足高速扩张的市场对专业邮轮人才的需要。为此,亚洲各港口城市高校应积极开设与邮轮产业相关的专业,培养出适应国际邮轮产业发展的应用复合型人才。同时,亚洲国家应积极开展邮轮旅游专业人才的职业培训和职业资格认证,提升各国邮轮运营管理的影响力[1]。主要可以从以下几个方面入手:

第一,招商引资,通过国际合作方式发展邮轮教育培训[2]。经济危机的产生给西方国家的邮轮旅游市场带来了巨大的冲击。随着国际各大邮轮公司将目光转向中国,中国成为世界邮轮经济新的增长极。邮轮旅游专业需要培养的是具有实践能力的人才,而培养学生的实践能力需要有相应的产业基础、设施来提供学生进行实践的场所,而这些场所一般都耗资巨大,通过招商引资的方式,吸引资金帮助学校完善培训设施,既解决学校培训设施的问题,又帮助扩大邮轮旅游专业的影响。

第二,构建与国际接轨的邮轮教育机构,完善人才培养体系。邮轮旅游专业作为国际化的专业,必须培养具有国际意识的高素质人才。目前我国邮轮教育结构比较单一,未来我国邮轮人才的培养必须构建以高等教育为主、职业教育和岗位培训为辅的国际邮轮教育结构。高等邮轮教育主要培养具有扎实的邮轮专业理论

---

[1] 倪菁:《亚洲邮轮旅游市场发展对中国邮轮旅游业的启示》,载于《淮海工学院学报(人文社会科学版)》,2016年5期。
[2] 巩文丽:《我国邮轮旅游人才培养机制创新研究》,大连海事大学硕士论文,2015年4月。

知识,掌握邮轮经营管理技能以及具有较强实践能力的创新型人才。

第三,形成人才培养机制的监督体系。任何机制的构建和运行过程都需要辅以相应的监督措施来保证机制构建过程的稳定性和准确性。同样,人才培养机制的构建也需要相应的监督评级体系来辅佐。邮轮人才培养机制是否合理,培养模式能否正常运作,是否符合我国的教育背景,人才培养机制构建过程中是否按照规划进行,高校及培养机构是否积极进行了邮轮人才培养机制的构建和完善,都是需要监管的方面。同时邮轮专业人才的培养质量也是需要重点评价的内容。只有形成完善的监督体系,才能确保运行过程中不出现标准不统一、管理分散等问题。

第六节 充分发挥现有各类合作平台的作用、深化合作

2011年11月,上海吴淞口国际邮轮港与新加坡邮轮中心联合创办亚洲邮轮港口协会(ACTA)。该协会是一个非营利组织,致力于为成员国提供一个地区性的码头开发、运营和管理的合作平台,以符合邮轮港及延伸产业的共同利益为准则,促进邮轮港功能及服务体系的资源整合和延伸产业、产品的开发。协会自成立至今,成员国已经扩充到10个,包括:新加坡邮轮中心,马来西亚的巴生港、槟城,韩国的济州岛,日本的神户、境港,上海的吴淞口,中

国台湾的基隆等。同时,该协会积极参加国际邮轮事务以及筹划国际邮轮港口合作论坛。诸如:在韩国济州岛和中国台湾举办亚洲邮轮论坛、在美国迈阿密的邮轮航运会议、新加坡的亚洲邮轮航运会议等,在成员国的扩充以及定期各种论坛、会议的举办下,形成了成熟的区域合作机制。

亚洲邮轮港口协会的创建,加强了地区旅游合作,推广区域内的邮轮旅游产品,促进了地区内各国遵守共同的行业标准以及地区国家在邮轮旅游合作的实践,成为亚洲邮轮码头城市区域合作的先例和范例。

第七节 进一步发挥行业协会作用,推进区域邮轮经济发展[①]

一、合作建立跨区域邮轮经济研究机制

亚洲邮轮港口城市可以依托亚洲邮轮港口协会,CLIA 北亚和东南亚分会成立联合研究基金,借鉴区域合作联合研究成功经验,共同选题,共同讨论,开展有利于邮轮港口城市协同发展的课题研究。

我国邮轮港口相关研究可以通过中港协,开展联合研究工作,各邮轮港口城市积极参与或主导课题研究,为部分或全部邮轮港

---

① 参见黄海东、徐珏惠等:2016 年中国港口协会邮轮游艇协会研究报告《邮轮港口合作研究》。

口提供决策服务；同时，通过联合研究工作的开展，也可提升各邮轮港口城市的自身研究能力，培养邮轮经济相关人才，加深邮轮港口之间的相互了解，为加强合作奠定基础。在研究过程中，可以通过中国港口协会，联合国内外邮轮相关专业研究机构，整合社会智力资源，为中国邮轮港口城市提供研究支持。

二、联合拓展港口城市邮轮产业链

中国是亚洲邮轮旅游的最大客源输出国，发展邮轮旅游经济，除邮轮公司受益外，邮轮经济效应更多地体现在邮轮旅游停靠港，而非出发港。东北亚地区邮轮经济的繁荣，日韩作为邮轮目的地受益最大，中国作为客源市场，从邮轮产业发展中受益较少。

针对中国大多数邮轮港口企业经营困难、邮轮港口城市经济贡献不足的问题，特别需要各邮轮港口企业和城市研究邮轮产业链的产业基础、资源条件及协调发展的定位，以及形成合力的路径，从而有利于构建良好的中国邮轮经济生态圈。在深入研究的基础上，中国邮轮港口城市可以在邮轮经济发展中围绕邮轮旅游、邮轮产业发展中邮轮船上物品生产供应、邮轮修造等邮轮产业链中的重要经济环节，开展联合行动。例如，可开展各邮轮港口城市之间邮轮产业链企业上下游合作、同行有序竞合、互补合作等。

邮轮船供是邮轮港口城市协同发展邮轮经济的重要突破口，邮轮船供包括船上旅客的食品、淡水、酒类、药品、酒店用品等贯穿整个旅游航行的所需物品；广义上，除包括旅客所需的供应品外，还包括船员、雇员的消耗品以及船舶航行所需的燃油和物件等。

邮轮船供是邮轮运营的前提和至关重要的环节，邮轮公司通常选址建设全球性或区域性邮轮采购中心，专业管理邮轮供应物资。发展国际邮轮船供服务业对拉动区域内需、促进国际贸易建设有着重要的作用。目前国内的天津、上海、青岛、厦门等港口都在开展邮轮船供业务。

由于中国的海关及检验检疫政策方面还存在很多限制，邮轮船供的合作发展面临约束，很多邮轮公司准备把集采地放到越南、韩国、日本等地，这对于我国邮轮经济是一种损失。中国的港口有自己的优势，比如水果蔬菜在山东有价格优势。通过政策突破，吸引邮轮公司把区域采购中心转移到中国，全国可以通过设立1—2个船供集散中心，弥补邮轮母港的功能不足。

三、邮轮港口之间的资本合作

邮轮港口以共同业务和利益互相联系，同时又为各自发展而展开竞争。目前，区域邮轮经济尚未发展起来，邮轮港口已经存在重复建设、过度超前建设的现象，造成岸线资源浪费。各邮轮港口可通过错位发展和资本合作，促进资源共享，增强邮轮港口群的整体竞争力。探讨开展邮轮港口资本投资合作，通过资本、股权或行政的合作等方式建立更加紧密的合作关系，以调节和优化邮轮港口布局，改善竞争态势。鼓励港口跨区域投资，促进港口以多方参股、控股、交叉持股等多种方式形成紧密的利益共同体。

综上，加强区域邮轮旅游合作是亚洲沿海国家共同的需求，但目前很多合作平台没有实质推进，主要是机制建设不足。例如，早在2002年就由上海、新加坡等倡议成立了亚洲邮轮港口协会,2018年博鳌亚洲论坛上也成立了海上丝绸之路沿线城市邮轮旅游联盟,但具体如何开展工作还没有明确。为了将亚洲邮轮港口城市的合作事业推向更高水平,需要通过建设科学的组织机制、开展有效措施稳步推进。

四、邮轮产业政策国际比较

中国邮轮旅游呈良好发展势头,带动相关邮轮产业的发展,但是,仍然存在各种不足与制约因素,在邮轮相关的政策与法律上存在部分空白与障碍。出台相关邮轮产业发展政策有助于邮轮产业的健康与可持续发展。

(一)其他国家的邮轮产业发展政策

2009年欧盟委员会在"2009—2018年欧盟海运政策战略目标和建议"的会议中提出了战略目标,将关键领域具体化,提高部门竞争力,同时走可持续发展之路。

欧洲议会强调了邮轮旅游对欧洲旅游部门增长的重要性,因此呼吁委员会与成员国一起评估资源需求、现有港口和航海基础设施,并使废物分类回收标准化,以智慧港口城市概念为这些地区制定创新规划。

比利时奥斯坦德市与泽布勒赫市在"比利时海岸邮轮项目"中合作,以促进其港口的邮轮旅游,并加强其港口在世界邮轮市场中的地位。

日本为应对邮轮停靠港的需求,通过建立服务台提供港口设施信息、联系方式和观光信息，同时为经营邮轮客运站等设施的公司建立免息贷款制度。

美国于2010年出台的《邮轮安全法案》确立了一系列邮轮旅客人身权利保护制度。包括对邮轮管理的要求、旅客人身权利保护、邮轮经营人负有的各项义务，邮轮所有人需仿照美国酒店设施需求，加强安全措施。

新加坡采用以基础设施建设、商业发展和行业能力为重点的三管齐下式的发展战略。新加坡旅游局与利益相关者合作确保邮轮基础设施在未来可以容纳最大的邮轮，并提供最好的乘客体验。旅游局还与邮轮公司合作，开展商业营销活动，使消费者提高对邮轮旅游的认知与需求。新加坡促进邮轮产业发展有以下几大举措：一是成立新加坡邮轮发展署；二是成立新加坡fly-cruise（机场与港口联运）发展基金[1]，用于提升港口与机场的联运能力。此外，新加坡在邮轮港口规划和运营方面合理引导两个邮轮码头的分工，注重在功能定位上提升游客体验度。

韩国2015年2月制定的"邮轮产业培养与支援法律"根据邮轮产业的培养与支援必需的事项规定，努力把邮轮产业的基础设施建设与增强竞争力的健全发展相结合，以作出贡献为目标。法律规定了10项基本计划，以及必须实行的规定，但是内容规定的是邮轮产业培养的基本方向、邮轮产业的动向分析、邮轮产业活动的基本构成、邮轮产业的竞争力强化、邮轮产业专门人才的培养、

---

[1] 新加坡邮轮中心(SCCPL)与新加坡旅游局及新加坡民用航空局于2006年合作推出的1 000万美元的新加坡fly-cruise发展基金(FCDF)。

邮轮产业的培养投资扩大、邮轮产业相关国际活动等的招商、国外船只的泊航扩大、国家间邮轮产业的合作，以及除此之外邮轮产业培养需要等事项。

（二）中国的邮轮产业发展政策

1. 国家层面的政策与立法[①]

国家制定了《中华人民共和国国民经济和社会发展第十三个五年规划纲要》，明确提出了对于海洋工程装备及高技术船舶层面，重点突破邮轮等高技术船舶及重点配套设备集成化、智能化、模块化设备建造核心技术，同时稳步发展海南凤凰岛等国际邮轮码头建设，提高港口智能化水平。

2016年1月28日，财政部印发《关于进一步调整海南离岛旅客免税购物政策的公告》，对海南离岛旅客免税购物政策进行调整。对非岛内居民旅客取消购物次数限制，每人每年累计免税购物限额不超过16 000元。明确海南现有的两家实体免税店可开设网上销售窗口。

2016年5月12日，国家旅游局批复同意在深圳蛇口太子湾区域设立"中国邮轮旅游发展实验区"，要求深圳邮轮实验区在邮轮产业政策体系、母港建设管理能力、邮轮产业服务质量、本土邮轮服务力量培育、邮轮经济产出水平提升等相关重点领域，加强研究、探索试验，并与其他邮轮旅游城市积极配合，为全国邮轮旅游又好又快发展不断积累经验。

---

① 参见《2016—2017年中国邮轮发展报告》。

2016年7月27日,交通运输部印发的《综合运输服务"十三五"发展规划》中明确提出,"十三五"期间,将推进海峡、岛屿之间的水上旅客运输,积极发展邮轮、游艇等水上旅游休闲服务,延伸邮轮产业链条和服务功能。

2016年8月8日,国务院公示《关于平潭国际旅游岛建设方案的批复》,提出支持发展邮轮游艇旅游,将平潭建设成为休闲型旅游生态海岛。

2016年12月5日,国家发展改革委、国家旅游局联合发布了《关于实施旅游休闲重大工程的通知》,鼓励发展邮轮旅游,并将邮轮旅游列入新兴旅游业态培育工程。

2016年12月7日,国务院印发了《关于"十三五"旅游发展规划》,旨在促进旅游经济稳步增长、提升综合效益和国际影响力。

2017年3月6日,国家旅游局办公室印发《"十三五"全国旅游公共服务规划》,明确提出要拓展邮轮码头等客运枢纽旅游服务功能,改造升级枢纽内旅游信息服务系统等设施,增强自驾游服务等功能。鼓励发展旅游客运码头、游艇停靠点,加强邮轮港口与城市旅游体系的有机衔接,鼓励有条件的城市建设邮轮旅游集散枢纽,提升旅游服务能力。

2017年3月31日,国务院发布《中国(浙江)自由贸易试验区总体方案》,提出浙江将着力发展海洋旅游;推动与旅游相关的邮轮、游艇等旅游运输工具的便利化。

2018年3月,国务院办公厅发布《关于促进全域旅游发展的指导意见》,指出了目前我国旅游有效供给不足、市场秩序不规范、体制机制不完善等问题,提出要着力推动旅游业从粗放低效方式向精细高效方式转变,从封闭的旅游自循环向开放的"旅游+"转变,从企业单打独享向社会共建共享转变,从单一景点景区建设向综合目的地服务转变。

2018年8月,交通运输部印发《交通运输部贯彻落实〈中共中央国务院关于支持海南全面深化改革开放的指导意见〉实施方案》,该方案从指导编制综合交通运输体系规划、加快自由贸易试验区和中国特色自由贸易港建设、支持海南国际旅游消费中心建设、健全南海海上救援保障机制体制、推动海南交通运输绿色发展等方面提出了26项具体的政策和工作任务,支持海南在国际海运海域全面对外开放,推进三亚邮轮母港建设,培育游艇旅游消费新业态。

2018年9月,交通运输部水运局发布《关于促进我国邮轮经济发展的若干意见》,提出到2035年,我国邮轮市场成为全球最具活力的市场之一,邮轮自主设计建造和油轮船队发展取得显著突破,体系完善、效率显著的邮轮产业链基本形成,邮轮经济规模不断扩大,对城市转型、产业升级、经济发展和人民消费的支撑力和保障作用显著增强。同时也提出了邮轮各相关主要产业的发展目标。

经国务院批准,自2019年1月1日起,厦门、青岛、武汉、成都、昆明5个城市将实施外国人144小时过境免签政策,来自53个国家的人员,持有效国际旅行证件和144小时内确定日期、座位前往第三国(地区)联程客票,可以从上述城市有关口岸免签入境,分别在厦门市、青岛市、武汉市、成都市、昆明市免签停留144

小时。

2019年3月,上海市副市长在全国两会建议,要推动国产大型邮轮建造为国家战略。

2. 地方层面的政策与立法①

2016年9月26日,天津市发展改革委印发《天津市工业经济发展"十三五"规划》等23个市重点专项规划的通知,其中服务业、口岸、综合交通、智慧城市、海洋经济和海洋事业等"十三五"规划均将邮轮产业列入发展规划中,作为新的经济增长点,需突破发展。

经国务院批准,自2017年12月28日起,北京首都国际机场、北京铁路西客站、天津滨海国际机场、天津国际邮轮母港、石家庄国际机场、秦皇岛海港6个口岸,对奥地利、俄罗斯、美国、澳大利亚、韩国等53个国家持有效国际旅行证件和144小时内确定日期、座位前往第三国(地区)联程客票的外国人,实行过境免签政策。

2018年11月,天津市印发《天津市邮轮旅游发展三年行动方案(2018—2020年)》,提出未来3年天津市邮轮旅游发展目标,明确十项重点任务,到2020年实现年进出港邮轮130艘次,年出入境游客80万人次。

2016年4月10日起,上海市旅游局会同上海市交通委出台《上海邮轮旅游经营规范》,旨在引导邮轮码头、邮轮公司和相关旅

---

① 参见《2016—2017年中国邮轮发展报告》。

行社规范经营行为,维护邮轮旅游市场秩序,保障旅游者和邮轮公司、旅行社、码头的合法权益。

2016年6月23日,上海市第十四届人民代表大会常务委员会第三十次会议通过《上海市推进国际航运中心建设条例》,并于2016年8月正式实施,旨在进一步推进邮轮旅游发展试验区建设,规范和促进邮轮产业发展。

2017年1月1日,上海出入境检验检疫局联合质检总局颁布实施上海《邮轮检疫管理办法》。

2018年3月2日,上海市交通工作会议召开。会议内容显示,上海将继续完善和提升"枢纽型、功能性、网络化"的国际大都市一体化运输体系,着力加快国际航运中心建设,完善现代化航运体系。建设吴淞口国际邮轮码头后续工程。完成上海港外高桥港区五号沟作业区规划方案调整,加快外高桥港区八期工程前期工作。提升黄浦江两岸和水上的景观风貌。全面启动上海邮轮船票试点工作,推进启运港退税二次扩围、中转集拼、国际船舶登记等政策落地。

2016年,深圳市将邮轮产业列入深圳市未来产业发展专项资金、深圳市现代物流业发展专项资金支持的项目给予重点支持。

2017年3月2日,广东省人民政府印发了《实施〈粤港合作框架协议〉2017年重点工作》,在旅游合作层面,提出合作开发"一带一路"沿线国家旅游产品,发展面向"一带一路"沿线国家的邮轮市场,共同开发粤港邮轮旅游"一程多站"路线,加强邮轮旅游宣传推广合作,并尽快落实《粤港旅游合作协议》合作项目。

2017年5月13日,广东省人民政府印发《实施珠三角规划纲要2017年重点工作任务》,明确推进重大平台建设,重点加快广州南沙邮轮母港、深水航道拓宽工程等重大港口基础设施建设,完成南沙港区三期工程建设。

2017年5月31日,广东省人民政府办公厅发布《关于加快发展健身休闲产业的实施意见》。《意见》明确依托海岸资源,配套完善游艇和码头设施,培育游艇、邮轮、海上高尔夫等旅游新业态。

2019年3月7日,"粤港澳大湾区邮轮合作与发展研讨会"在南沙开幕。该研讨会由广州市港务局与市商务局、南沙区政府主办,广州港集团、广州中交邮轮母港投资发展有限公司和云顶邮轮集团协办支持,主题为"创新大湾区,邮轮新启航",探讨如何深入落实《粤港澳大湾区发展规划纲要》,创新发展大湾区邮轮旅游休闲产业及服务产品,促进大湾区邮轮产业的融合与发展,共同提升大湾区邮轮产业国际竞争力。

(三)中国特色邮轮产业高质量发展的对策建议

1. 鼓励融入中国元素的邮轮服务业发展

从中国邮轮服务业与欧美地区邮轮服务业的对比可以看出,我国邮轮产业服务业仍然较为薄弱。服务业在邮轮产业中占比最大,对经济贡献较大。邮轮产业是一个利润巨大的产业,其最大的收益来源是邮轮上提供的各种各样的消费,包括美容院、幼儿护理、老人康复、按摩设施、酒吧、KTV及会议中心等,国外邮轮中最大的收入来源还有船上赌场。中国邮轮服务业应当深刻理解中国消费者,打造出适合中国游客的娱乐项目。如"海洋光谱号"在娱乐板块投入了更多资金,在 270 度景观厅和皇家大剧院上演全新设计和制作的 3 场娱乐大秀,其中"The Silk Road(丝绸之路)"是为中国游客量身打造的原创大型演出,融入了中国、波斯、印度和罗马的文化、色彩、音乐和舞蹈风格。

2. 实现邮轮产品差异化

邮轮产品竞争的核心是差异化,差异化做到位,才是在市场立足的根本,依靠自身所建立的差异化形成了一定的市场进入壁垒,对该差异化有偏好的游客就会成为粉丝。实现差异化要从消费者的偏好入手,充分了解消费者需要什么样的产品与服务。比如我国内陆水系发达,沿河、沿江旅游资源丰富,应该大力发展内河邮轮旅游业,充分利用内陆河流旅游资源,推广邮轮文化与邮轮旅游理念,让内陆沿河城市居民也能就近乘坐到豪华河轮出游。

3. 加大邮轮专业人才培养和引进力度

随着我国邮轮产业的迅速发展,邮轮产业对高级导游、专业船员的要求也日益增大,培养邮轮产业专业的服务人员已经是我国邮轮产业发展的重要任务,针对邮轮产业中人才缺乏的问题,建议相关部门采取相应的管理措施,加速对邮轮人才的培养和引进,吸取具有高素质的船员和精通多国语言的高级导游,培养相应的邮轮产业管理人才,培养具有邮轮旅游服务、邮轮市场经营和港口码头建设方面的多方面人才,同时向其他国家和地区学习其先进的管理技术,引进国外高级管理人才。

4. 提升港口综合服务

各邮轮码头不断优化港口服务、逐步简化游客通关流程,邮轮服务接待水准不断提高。进一步推进"无摩擦登船"模式,推广"邮轮便捷通关条形码",积极争取"多点挂靠"政策,提高中国登船体验,与国际接轨。此外,目前邮轮港口城市中邮轮经济的贡献不足,邮轮经济停留在邮轮靠泊航次上,只见邮轮不见经济。面对现状,各个港口应该努力拓宽服务领域,形成综合服务优势,拓展邮轮产业各项服务,进一步挖掘邮轮产业对经济的贡献。同时还需要构筑多层次、差异化的邮轮港口体系,加强顶层设计,推动各港口差异化发展,避免同质化竞争。

5. 制定邮轮安全管理规范

在邮轮安全管理方面,建议参照《美国 2010 年邮轮安全法案》,规定在乘客房间的门上安装窥视孔、摄像头和延时电子门锁等;设定邮轮上的栏杆高度最少达到 42 英寸;为邮轮乘客发放安全手册;设定邮轮上的医务人员必须拥有较高学历和正式资格,还要接受过处理应对性侵犯案件的培训。另外,邮轮上必须配备有抗逆转病毒药物。邮轮还要保证受害者能拥有电话和网络联系执法机构、法律顾问和第三方组织。这些法律的制定,必将很好地服务于旅客在邮轮上的观光、休闲、餐饮等行为,从而为健康发展邮轮业提供良好的保障。

6. 发展邮轮建造产业

欧洲地区邮轮制造业赚取了大量超额利润,国产邮轮与国内邮轮公司正处于起步阶段,自主研发邮轮领域仍属空白。此外,还需大力发展游艇游船业。中国进军世界邮轮建造市场,首先需要对国外豪华邮轮的船型做深入研究,同时通过对豪华邮轮潜在客户和休闲娱乐方式需求及发展方向进行调研分析、定位,结合最新规则规范要求,适时推出航行于中日韩以及东南亚水域、以满足中国游客为主的休闲娱乐型豪华邮轮。

中国进军世界邮轮建造市场,CCYIA认为未来几年需要开展以下6项基础性工作:一是将邮轮制造列入我国装备制造业规划;二是参考国际通行的相关法规,开拓我国邮轮建造中金融信贷的操作模式以及评估标准,特别期待国家制定、出台邮轮制造业的财政扶持政策、税收优惠政策;三是需要对国际邮轮的船型、关键技术进行深入研究,并充分了解国际邮轮在港口国需要遵守的环保、排放、岸电标准种类和细则,加快制定我国邮轮建造规范、标准;四是需要对中国消费者的邮轮休闲、娱乐、度假方式进行分析、定位;五是充分了解邮轮建造中的交易通则;六是与欧洲邮轮制造企业合作,走合作发展之路,以实船建造项目带动整体技术提升,最终达到邮轮领域"国轮国造"的目标。[①]

7. 邮轮金融和登记政策

从对社会经济贡献来看,邮轮产业中金融业的经济贡献较大,创造的就业岗位数量也多。建议在邮轮旅游综合发展实验区试点设立邮轮单船融资租赁公司,通过银行融资、邮轮产业基金或者邮轮信托产品等方式解决融资问题,免征融资租赁公司营业税,按照国际惯例给予其流转税、印花税、折旧税的优惠;同时引入有经验的海外邮轮经营团队运营船舶,让投资者分享邮轮经济发展的持

---

① 参见《中国邮轮产业发展报告(2018)》。

续收益。此外，允许邮轮企业开设离岸账户，为其境外业务提供资金结算便利。积极鼓励各类社会资本参与邮轮设施投资和邮轮产业链发展。允许邮轮企业注册外籍邮轮，从而允许邮轮招聘外籍船员，放宽免税购物、涉外文化演出等经营活动的限制。可参照国外做法，延长邮轮报废的船龄限制规定，从而降低折旧成本。

附录1　见证中国邮轮产业的 100 件大事[①]

1. 2006 年 7 月 2 日,上海港国际客运中心邮轮码头开港,歌诗达邮轮旗下"爱兰歌娜号"在上海首航,开启中国母港运营。

2. 2006 年 11 月,中国邮轮产业发展大会在上海首次召开。

3. 2006 年 11 月,三亚凤凰岛邮轮码头开港。

4. 2007 年 10 月,厦门国际邮轮中心开港。

5. 2008 年 6 月,国家发改委下发《关于促进我国邮轮业发展的指导意见》,这是促进中国邮轮发展的第一个部级文件。

6. 2008 年 10 月 23 日,首届亚洲邮轮大会在上海港国际客运中心举行。

7. 2009 年 1 月,由中交协会邮轮游艇分会、上海市虹口区政

---

① 载于《邮轮志》2018 年 6 月刊。

府共同完成的《2008—2009 年中国邮轮发展报告》（邮轮白皮书）在上海正式发布。

8. 2009 年 2 月 14 日，皇家加勒比游轮旗下"海洋神话号"在上海首航，开启中国母港运营。

9. 2009 年 10 月，交通运输部首次发布公告，允许外籍邮轮在华开展多点挂靠业务，允许其运营中连续挂靠我国两个以上的沿海港口。

10. 2010 年 6 月，天津国际邮轮港开港。

11. 2010 年 5 月 1 日—8 月 6 日世博会开幕期间，上海港出入境邮轮艘次达到 56 艘次，比同期增长了 160％。

12. 2010 年 9 月 27 日，由普陀山佛教协会与台湾中华护僧协会主办的"南海观音慈航宝岛"活动，包租歌诗达"经典号"由舟山起航直航台湾。

13. 2010 年 11 月 24 日，《国际邮轮口岸旅游服务规范》行业标准通过全国旅游标准化技术委员会审查。

14. 2010 年，上海市旅游局受市政府的委托起草制定《上海市邮轮产业十二五发展规划》，这是第一次由政府主导，以规划的形式将邮轮产业纳入政府主体工作之中。

15. 2011 年 7 月 15 日，上海边检部门正式启用新型装备——"邮轮管控系统"，以有力保障豪华邮轮在港安全。

16. 2011 年 9 月 28 日，上海国际邮轮旅游人才培训基地举行挂牌仪式。

17. 2011 年 10 月，上海吴淞口国际邮轮港开港。

18. 2012年1月14日,国家旅游局发出《关于批准开通三亚至越南海上邮轮边境旅游线路的复函》,同意开通三亚至越南海上邮轮边境旅游线路,旅客只需办理出入境通行证即可成行。

19. 2011年11月,中国第一家外商独资邮轮船务公司歌诗达邮轮船务(上海)有限公司落户上海。

20. 2012年4月18日,由上海海事大学、英国海贸(国际)传媒集团和上海国际港务(集团)股份有限公司三方共同创办的"上海海事大学亚洲邮轮学院"在上海虹口区成立。

21. 2012年4月26日,重庆市游轮旅游业中首家获得全国旅游标准化试点的企业——重庆长江黄金游轮公司在渝启动标准化试点工作。

22. 2012年6月26日,由上海宝山区人民政府、上海工程技术大学、CCYIA联合组建的上海国际邮轮学院揭牌成立。

23. 2012年7月,韩国旅游发展局在上海召开邮轮说明会,宣布对乘坐豪华邮轮访韩的中国游客可免签入境3天。

24. 2012年10月15日,国家旅游局正式批复同意,在上海设立首个中国邮轮旅游发展实验区。随后,天津(2013年)、深圳(2016年)、青岛(2016年)、大连(2017年)、福州(2017年)也相继获批成立。

25. 2013年1月26日,海航邮轮旗下中国内地首艘豪华邮轮"海娜号"在三亚凤凰岛首航,开启中国母港运营。

26. 2013年1月,工银金融租赁有限公司与银海邮轮公司宣布,双方将合作开展五星级邮轮"银影号"的融资租赁业务。本次交易是中资金融机构首次进入国际高端邮轮市场。

27. 2013年2月17日,上海海事部门给予邮轮优先通行权,在国际邮轮进出港的时间段,要求商船为邮轮让路,首先确保邮轮的准点率。

28. 2013年4月6日,丽星邮轮旗下"双子星号"在上海首航,开启中国母港运营。

29. 2013年4月28日,西沙邮轮旅游试点开通,"椰香公主号"客滚轮执行了该航次。

30. 2013年6月,香港启德邮轮码头开港。

31. 2013年6月,上海市旅游标准化技术委员会正式成立邮轮专业委员会。

32. 2013年7月1日,新版《中华人民共和国出入境管理法》规定,乘坐邮轮的外国旅客可以享受24小时过境免签政策,同时对外国船员入境手续进行大幅简化。

33. 2013年7月3日,皇家加勒比游轮有限公司获得中国政府批准,正式设立全资子公司代替其在中国的代表处。

34. 2013年7月中旬,中交协邮轮游艇分会联合皇家加勒比、歌诗达、丽星、地中海4家国际邮轮公司制定《文明邮客公约》。

35. 2013年9月2日,交通运输部发布了《关于促进航运业转型升级健康发展的若干意见》,明确指出培育、有序发展邮轮运输,允许中资"方便旗"邮轮沿海多点挂靠,支持开辟大陆与港澳台邮轮航线。

36. 2013年10月29日,"海洋水手号"邮轮从香港出发前往台湾,香港启德邮轮码头正式开始母港生涯。

37. 2013年12月18日,首届中国内河游轮国际旅游营销论坛在黄浦江上的"世纪传奇号"游轮上举行,上海至扬州内河游轮航线开航。

38. 2013年12月,交通运输部发布《关于进一步促进台湾海峡两岸海上直航发展政策措施的公告》,出台了11项促进台湾海峡两岸海上直航的政策措施。

39. 2014年2月27日,上海海事大学组织的全球首期邮轮EMBA班开班。

40. 2014年3月18日,交通运输部出台《关于促进我国邮轮运输业持续健康发展的指导意见》,拟建亚太最大邮轮市场。

41. 2014年5月22日,公主邮轮旗下"蓝宝石公主号"在上海首航,开启中国母港运营。

42. 2014年7月,烟台邮轮母港开港。

43. 2014年7月15日,公主邮轮在上海成立其中国船务管理公司——寰球船务(上海)有限公司。

44. 2014年8月16日,渤海轮渡旗下"中华泰山号"在山东烟台首航,开启中国母港运营。

45. 2014年8月9日,《国务院关于促进旅游业改革发展的若干意见》正式出台,明确指出继续支持邮轮游艇等旅游装备制造国产化,积极发展邮轮游艇旅游,增开国际、国内邮轮航线,优化邮轮出入境等政策。

46. 2014年10月,由上海国际邮轮经济研究中心主编、中国社会科学文献出版社出版的《2014中国邮轮产业发展报告（邮轮绿皮书）》正式发布。

47. 2014年10月，舟山群岛国际邮轮港开港。

48. 2014年，由携程旅行网与皇家加勒比国际游轮公司共同组建的中国第一家本土邮轮公司——天海邮轮公司正式成立。

49. 2014年11月21日，意大利邮轮造船企业Fincantieri公司与嘉年华邮轮公司、中船集团签署了两项谅解备忘录（MOU），三巨头联手打造中国邮轮建造"铁三角"。

50. 2015年1月4日，歌诗达"大西洋号"驶入崇明岛的上海华润大东船舶工程有限公司干船坞，开始为期18天的航修。这是我国首次承接运营邮轮的维修订单。

51. 2015年2月16日，国家旅游局对外发布《关于内地旅行团乘邮轮从香港赴台湾后前往日本和韩国旅游事项的公告》。

52. 2015年4月10日，交通运输部公布《全国沿海邮轮港口布局规划方案》。

53. 2015年5月，青岛邮轮母港开港。

54. 2015年5月15日，天海邮轮旗下"天海新世纪号"在上海首航，开启中国母港运营。

55. 2015年6月，上海港首次出现8艘邮轮（"海洋水手号""海洋量子号""维多利亚号""大西洋号""赛琳娜号""蓝宝石公主号""天海新世纪号"和"海娜号"）同时运营的盛况。

56. 2015年8月20日，CCYIA会长单位——中国船舶工业集团公司与中国投资有限责任公司在北京签署全面战略合作框架协议暨豪华邮轮产业合资协议。

57. 2015年8月20日,凯撒旅游宣布正式组建邮轮销售公司,在未来三年内将持续加大对邮轮业务的投入,力争打造全国最大的,线上线下一体化的邮轮销售平台。

58. 2015年10月16日,21世纪海上丝绸之路邮轮旅游发展联盟在三亚宣布成立。

59. 2015年11月2日,"中华泰山号"从青岛邮轮母港前往中国台湾基隆、台中、高雄、花莲4港,开启金秋环岛之旅。此航线是山东省首条目的港为台湾的邮轮航线。

60. 2015年11月4日,以海口为母港的丽星"天秤星号"越南之旅正式开启。2015年5月15日,天海邮轮旗下"天海新世纪号"在上海首航,开启中国母港运营。

61. 2016年1月1日,《邮轮码头设计规范》正式实施。

62. 2016年1月,广州港南沙国际邮轮港开港。

63. 2016年1月30日起,江浙沪144小时过境免签政策开始实施。

64. 2016年3月4日,云顶邮轮集团在广州成立其中国船务管理公司——广州云顶船务有限责任公司。

65. 2016年3月26日,冠达邮轮宣布正式进入中国市场。

66. 2016年4月12日,"赞礼女神"正式揭晓,范冰冰成为全球首位华人邮轮教母。

67. 2016年4月19日,交通运输部发布《关于修改〈港口经营管理规定〉的决定》。

68. 2016年4月22日,歌诗达"幸运号"在上海首航,开启中国母港运营。

69. 2016年5月,国内第一家国际邮轮旅游服务中心——上海国际邮轮旅游服务中心正式成立。

70. 2016年6月10日,嘉年华集团旗下"黄金公主号"在天津首航,开启中国母港运营。

71. 2016年6月23日,《上海市推进国际航运中心建设条例》发布,这是一部国际航运中心建设的框架性立法,也是中国第一部关于航运中心建设的地方性法规。

72. 2016年7月,大连港国际邮轮中心开港。

73. 2016年7月10日,太湖国际邮轮旗下"辉煌号"在上海首航,开启中国母港运营。

74. 2016年7月17日,上海吴淞口国际邮轮港启用首个岸基供电系统,是目前世界最大的邮轮变频岸电系统,也是亚洲首套邮轮岸电系统。

75. 2016年9月,中国邮轮旅游服务联盟正式在天津成立。

76. 2016年11月,深圳太子湾邮轮母港开港。

77. 2016年11月13日,云顶集团星梦邮轮旗下首艘邮轮"云顶梦号"在广州南沙邮轮港首航,开启中国母港运营。

78. 2016年11月30日,质检总局出台《出入境邮轮检验检疫管理办法》,并于2017年1月1日正式实施。

79. 2016年12月12日,凯撒旅游与MSC地中海邮轮共同宣布推出国内首条"环中国海"邮轮航线。

80. 2016年12月28日,中国首支邮轮产业基金正式签约,由中船邮轮基金管理有限责任公司负责管理,主要投向豪华邮轮的设计制造、投资运营以及配套服务等方面。

81. 2017年2月8日,诺唯真游轮在上海成立其中国船务管理公司——欧罗索芙特游轮船务(上海)有限公司。

82. 2017年6月28日,诺唯真游轮旗下首艘专为中国游客定制的"喜悦号"在上海首航,开启中国母港运营。

83. 2017年11月24日,上海邮轮船票制度试点实施方案获通过。

84. 2017年12月,温州国际邮轮港开港。

85. 2017年1月14日,歌诗达"大西洋号"历时46天航行后返回天津,结束首个中国出发的"环南太平洋寻梦之旅"。

86. 2018年2月7日—2月16日,丽星邮轮旗下"双子星号"停靠三亚凤凰岛国际邮轮码头,并化身"海上酒店"。

87. 2017年3月6日,地中海邮轮在上海成立其在中国船务管理公司——地中海邮轮船务(上海)有限公司。

88. 2017年7月6日,"处女星号"于上海开启8天7晚黄金母港航线。

89. 2017年11月2日,维京游轮中国办公室正式成立,在华开拓欧洲河轮旅游新局面。

90. 2017年11月20日,星梦邮轮旗下"世界梦号"抵达香港,举行首航典礼暨命名仪式。

91. 2018年3月7日,中国首个豪华邮轮制造配套项目在招商重工(江苏)有限公司开工。

92. 2018年3月8日,维京游轮旗下"维京太阳号"环球首航抵达上海港国际客运中心码头,并举行命名典礼。

93. 2018年3月27日,国务院办公厅发布《关于促进全域旅游发展的指导意见》,再次提出积极发展邮轮游艇旅游。

94. 2018年3月27日,由青岛国际航运服务中心和青岛港航发展研究院共同编制的国内首支邮轮经济发展指数——《青岛邮轮经济发展指数》在青岛正式发布。

95. 2018年4月8日,世纪游轮"世纪天子号"在上海港国际客运中心正式开启"上海—南京"全年航季。

96. 2018年4月13日,中央决定支持海南全岛建设自由贸易试验区,稳步推进中国特色自由贸易港建设。

97. 2018年4月,连云港邮轮港开港。

98. 2018年5月18日,地中海邮轮"地中海辉煌号"在上海首航,开启中国母港运营。

99. 2018年5月24日,云顶邮轮集团联手中国引航协会、深圳港引航站和香港领港会举办"2018邮轮引航技术研讨会"。

100. 2018年6月13日,丽星邮轮旗下"宝瓶星号"在青岛首航,开启中国母港运营。

附录2 2018年中国邮轮产业大事记[1]

1月2日,大连市政府网站发布《大连市人民政府办公厅关于加快邮轮旅游发展实验区建设的实施意见》。

1月3日,厦门国际邮轮母港迎来2018年首艘国际邮轮"七海航海家号",630名国际游客抵厦展开新年旅程,厦门国际邮轮母港2018年邮轮运营新征程也由此开启。

1月4日,广州南沙区旅游局、南沙入境边防检查站联合举行新闻发布会,宣布于2018年春节前启用新的邮轮系统,旅客通关时间将提高到不超过5秒,进一步提升游客通关效率。

1月9日,诺唯真集团宣布重组亚太地区业务。

1月23日,上海全面启动邮轮船票试点工作。

---

[1] 载于《邮轮志》2019年1月刊。

1月,烟台市重大基础设施建设新闻发布会召开,会上提出烟台国际邮轮母港工程2019年5月开工建设,2020年建成投产。

1月,大连市邮轮旅游产业促进会日前成立。此举将促进大连市邮轮旅游产业做大做强、规范有序发展,进一步推进大连市旅游产业转型升级、提质增效。

1月,MSC地中海邮轮与支付宝达成全球战略合作,将成为全球首个全船队覆盖支付宝服务的国际邮轮品牌。

2月1日,交通运输部、国家发展改革委、国家旅游局、国家铁路局、中国民用航空局、国家邮政局及中国铁路总公司发布《关于加快推进旅客联程运输发展的指导意见》。

2月11日,中国船舶工业集团旗下广船国际有限公司、中国船舶工业贸易公司与瑞士地中海航运集团、意大利Onorato航运集团旗下MOBY公司在北京签署4+2+2艘2 500客/3 765米车道豪华邮轮型客滚船建造合同。

2月7日—2月16日春节期间,丽星邮轮旗下"双子星号"停靠在三亚国际邮轮码头,为旅客提供"邮轮酒店"体验。

2月,天津港口岸首个船舶岸基供电项目在东疆正式开启"上海—南京"全年航季。

3月2日,上海市交通工作会议召开,市交通运输体系规划,着力加快航运中心建设。

3月7日,中国首个豪华邮轮制造配套项目在招商重工(江苏)有限公司开工。

3月8日,维京游轮旗下"维京太阳号"环球首航抵达上海港国际客运中心码头，并举行命名典礼。

3月8日，厦门国际邮轮母港迎来"新浪漫号"——全国首条跨东南亚六国"一带一路"航线。

3月15日，Cruise and maritime voyages旗下"哥伦布号"120晚环球航行首抵上海港国际客运中心站，对上海进行了首次访问。

3月20日，携程旅行网和皇家加勒比游轮公司宣布双方将于2018年秋天关闭天海邮轮合资公司。

3月27日，国务院办公厅发布《关于促进全域旅游发展的指导意见》，再次提出积极发展邮轮游艇旅游。

3月27日，由青岛国际航运服务中心和青岛港航发展研究院共同编制的国内首支邮轮经济发展指数——青岛邮轮经济发展指数在青岛正式发布。

3月，皇家加勒比国际游轮面向广大旅业合作伙伴发布"北极星计划"，包含"博士堂""星旅程""星奖励"三个部分。

3月28日，公主邮轮宣布，正式携手阿里巴巴集团旗下"飞猪"平台，揭幕其官方旗舰店。

4月8日，世纪游轮"世纪天子号"在上海港国际客运中心正式完成项目核准。

4月13日，中央决定支持海南岛全岛建设自由贸易试验区，稳步推进中国特色自由贸易港建设。

4月15日，著名海洋科考船"塔拉号"（TARA）探险船停靠国客中心游艇码头，开始为期半个月的春季科普活动。

4月25—26日，由天津东疆保税港区管理委员会联合金融时报社、波罗的海航运公会共同举办的以"砥砺前行——探索中国邮轮产业本土化发展之路"为主题的第四届"中国海事金融（东疆）国际论坛"在天津滨海新区召开。

4月28日，上海市虹口区政府和国客中心常态化举办访问港邮轮欢迎仪式。期间访问港邮轮"银影号"靠泊上海港国际客运中心，码头迎来第150万名境外游客。

4月，连云港邮轮港开港。

5月17日—5月18日，以"产业链·融合·发展"为主题的2018广州邮轮发展圆桌会议在南沙召开。

5月18日，地中海邮轮"地中海辉煌号"在上海吴淞口国际邮轮港首航，开启中国母港运营，同时港口迎来第1 000万名游客。

5月22日，举办上海现代服务业联合会邮轮经济服务专业委员会成立揭牌仪式暨"上海邮轮产业发展：回顾与展望"论坛。

5月24日，云顶邮轮集团联手中国引航协会、深圳港引航站和香港领港会举办"2018邮轮引航技术研讨会"。

6月12日，招商局重工（江苏）有限公司建造的极地探险邮轮（CMH-196-1项目）在公司3号船台举行了隆重的合拢仪式。

6月13日，丽星邮轮旗下"宝瓶星号"在青岛首航，开启中国母港运营。

6月15日，上海"全球新品首发地"启动仪式在上海展览中心友谊会堂呈现。虹口区"一滴水"国际邮轮港（上海国客中心邮轮码头）入选2017—2018年全球新品发布人气榜单。

6月21日，交通运输部部长李小鹏在北京会见了嘉年华集团总裁兼首席执行官阿诺德·唐纳德(Arnold Donald)先生,双方就中国邮轮市场发展、嘉年华集团在华业务等交换了意见。

6月27日,由中国旅游研究院主办,《人民日报》提供媒体支持的《中国入境旅游发展年度报告2018》《中国出境旅游发展年度报告2018》发布会暨"一带一路"旅游合作研讨会在北京举行。

7月8日,招商局工业集团与福建国航远洋运输(集团股份有限公司)就《豪华邮轮项目合作框架协议》细项达成合作共识。

7月11日,第14届中国航海日在上海开幕,活动的主题是"航海新时代,丝路再出发"。

7月13日,吴淞口国际邮轮港1号航站楼正式启用,同时试行旅客车辆进港预约制度。

7月17日,温州港口岸状元岙港区国际邮轮码头通过启用验收。

7月22日,天津市旅游局与天津国际邮轮母港政企合作,携手深拓北京邮轮旅游市场。

8月6日,"中华泰山号"在山东威海港开通首条国际邮轮航线。

8月28日,中船集团与芬坎蒂尼集团在北京签署全面战略合作备忘录。

8月31日,皇家加勒比国际游轮宣布与银联国际深化合作,携手推出银联信用卡在线值船行前绑定服务。

8月,同程邮轮上线邮轮管家小程序打造同程邮轮服务品牌。

9月2日,歌诗达邮轮旗下"幸运号"正式进驻青岛母港。

9月3日,厦门船舶重工股份有限公司为维京客轮承建的首制2 800客邮轮型客滚船(488A船)在船体车间开工。

9月5日,上海市委、市政府召开上海市旅游发展大会,副市长陈群就《关于促进上海旅游高品质发展、加快建成世界著名旅游城市的若干意见》做出相关说明。

9月9日,云顶集团旗下丽星邮轮在大连为旗下"处女星号"举办首航仪式。

9月11日,由上海吴淞口邮轮港发展有限公司承担的国家级"上海吴淞口国际邮轮港服务标准化试点项目"顺利通过终期验收。

9月11日,上海港国际客运中心开发有限公司作为中国港口协会邮轮游艇分会会长单位,主持召开了2018年第一次游艇工作会议。上海市交通委、黄浦海事局以及12家游艇俱乐部代表出席了会议。

9月11日,云顶邮轮集团宣布,星梦邮轮船队将于2019年春季迎来新成员——排水量达75 338吨、可搭载187名游客的"探索梦号"(前身为"处女星号")。

9月17日,云顶由集团下星梦出"世界梦号"抵达深圳邮轮母港,开启首航,带领鹏城旅客开启越南之旅。

9月18日,招商局邮轮制造有限公司正式注册成立。

9月18日,青岛市政府召开《青岛国际邮轮港区管理暂行办法》发布会。

9月19日,由上海港国际客运中心举办的上海旅游节系列活动"2018年上海邮轮游艇旅游节"在北外滩滨江正式拉开帷幕。

9月23日,"世界梦号"停靠香港启德邮轮码头,码头迎来第200万位旅客。

9月27日,交通运输部水运局发布《〈关于促进我国邮轮经济发表的若干意见〉政策解读》。

9月30日,云顶邮轮集团旗下丽星邮轮在天津为"探索梦号"举办首航庆祝典礼。

10月8日,上海市人民政府发布《关于促进本市邮轮经济深化发展若干意见》。

10月10日,总吨重达10.3万吨的国际邮轮歌诗达"幸运号"首航大连港。

10月12日,蛇口邮轮母港迎来开港2周年。

10月16日,维京游轮公司下最新下水的奢华国际邮轮"维京猎户座号"(Viking Orion)首次靠泊国客中心邮轮码头。

10月18日,由中国交通运输协会邮轮游艇分会(CCYIA)、上海海事大学亚洲邮轮学院、中国港口协会邮轮游艇码头分会三家联合出品的《2017—2018年中国邮轮发展报告》(《邮轮白皮书》)线上发布。

10月19日,广州南沙开发区口岸办起草的《关于进一步推进南沙口岸改革创新工作方案》正式印发实施。

10月24日,2018 Seatrade亚太邮轮大会在上海举办,本届大会围绕"品味、品质、品牌"主题开展,聚焦中国邮轮市场下一个黄金十年。

11月1—3日,第十三届中国邮轮产业发展大会暨国际邮轮博览会(CCS13)在深圳蛇口举办。

11月2日,MSC地中海邮轮在深圳举办"地中海辉煌"(MSC Splendida)2019华南航线发布会。

11月6日,嘉年华集团宣布,其与中国船舶工业集团有限公司的邮轮合资公司——"中船嘉年华邮轮有限公司"于近期成立。

11月9日下午,中国港口协会邮轮游艇码头分会2018年年会暨邮轮产业港航交流会在温州邮轮港举办。

11月9日,召开邮轮旅游推介会暨歌诗达"新浪漫号"首航新闻发布会。

11月15日,国家移民管理局宣布,自2019年1月1日起,新增厦门海港口岸、青岛海港口岸,实施外国人144小时过境免签政策。

2018年11月22日,福建平潭港区金井作业区3号泊位改造邮轮码头项目邮轮码头项目已批复,首个邮轮码头明年开工建设。

11月29日,天津市印发《天津市邮轮旅游发展三年行动方案(2018—2020年)》。

11月30日,启德邮轮码头携手星梦邮轮首推"高铁+邮轮"之旅。

2018年12月,青岛市发布邮轮旅游最新政策,并在上海组织召开青岛邮轮旅游恳谈会。

参 考 文 献

[1] BREA, The Contribution of Cruise Tourism to the Southeast Asia Region in 2014, prepared for CLIA Southeast Asia, September 2015.

[2] BREA, The Contribution of the International Cruise Industry to the U.S. Economy in 2016, prepared for Cruise Lines International Association, May 2017.

[3] BREA, The Economic Contribution of Cruise Tourism to the North Asia Region in 2016, prepared for CLIA North Asia, May 2017.

[4] CLIA Australia, Australia Cruise Impact Study, October 2018.

[5] Vayá, Esther, García Sanchis, José Ramón, Murillo Viu, Joaquín, et al. Economic impact of cruise activity: The Port

of Barcelona. Aqr Working Papers，2016(3)：1-14，107-116.

[6] 程成、栗坤、何政：《中国—东盟区域旅游一体化机制探析》，载于《特区经济》,2012 年第 7 期,第 155—157 页。

[7] 丁宁：《首艘国产豪华游轮有望在上海诞生》，载于《中国旅游报》,2015 年 10 月 28 日。

[8] 巩文丽：《我国邮轮旅游人才培养机制创新研究》,大连海事大学硕士论文,2015 年 4 月。

[9] 广西新闻网新闻稿：《共建 21 世纪海上丝绸之路 旅游助推区域经济一体化》,http://www.gxnews.com.cn/staticpages/20170916/ newgx59bc6bc5-16532062.shtml，2017 年 9 月 16 日。

[10] 和讯新闻稿：《2011 年中国十大贸易伙伴半数来自亚洲》,http://news.hexun.com/2012-02-07/137849582.html，2012 年 2 月 7 日。

[11] 贾艳慧、沈艳兵、冯晓东：《基于"一带一路"视角下的我国邮轮旅游产业发展问题研究》,载于《城市》,2017 年第 8 期。

[12] 李小年、颜晨广：《中国发展邮轮产业的若干政策与法律问题》,载于《中国海商法研究》,2013 年第 24 卷第 3 期。

[13] 李玉华：《上海开发邮轮旅游的 SWOT 分析》,载于《特区经济》,2001 年第 6 期,第 37 页。

[14] 李志勇、徐红宇：《基于欧盟经验的中国—东盟旅游一体化建设》,载于《广西社会科学》,2016 年第 7 期。

[15] 倪菁:《亚洲邮轮旅游市场发展对中国邮轮旅游业的启示》,载于《淮海工学院学报(人文社会科学版)》,2016年5期。

[16] 澎湃新闻《中国游客已成多国最大客源,十大出境游目的地主要仍在亚洲》,http://money.163.com/16/0809/11/BU19CN3600253B0H.html,2016年8月9日。

[17] 上海青年报新闻稿:《上海国际邮轮旅游人才培训基地启用》,http://roll.sohu.com/20111124/n326731425.shtml,2011年11月24日。

[18] 上海青年报新闻稿:《上海国际邮轮旅游人才培训基地启用》,http://roll.sohu.com/20111124/n326731425.shtml,2011年11月24日。

[19] 孙瑞红、叶欣梁、徐虹:《中国邮轮市场的价格形成机制与"低价困境"研究》,载于《旅游学刊》,2016年第31卷第11期。

[20] 唐莉:《上海邮轮市场发展研究》,载于《世界海运——邮轮游艇》,2015年第5期,第38页。

[21] 天津市旅游局新闻稿:《天津边检启用自助查验通道推进邮轮旅游通关便利化》,http://www.tjtour.gov.cn/News/201703/201703061625100.htm,2017年3月6日。

[22] 天津市旅游局新闻稿:《天津边检启用自助查验通道推进邮轮旅游通关便利化》,http://www.tjtour.gov.cn/News/201703/201703061625100.htm,2017年3月6日。

[23] 汪泓等:《邮轮绿皮书:中国邮轮产业发展报告(2016)》,社会科学文献出版社2016年版。

[24] 汪泓等：《邮轮绿皮书：中国邮轮产业发展报告（2017）》，社会科学文献出版社 2017 年版。

[25] 汪泓等：《邮轮绿皮书：中国邮轮产业发展报告（2018）》，社会科学文献出版社 2018 年版。

[26] 王珺、王湘琳、夏雅俐：《上海建设亚太邮轮中心的 SWOT 分析——兼与香港、新加坡的比较视角》，载于《求实》2010 年第 2 期。

[27] 网易新闻稿：《外交部部长助理胡正跃谈中国亚洲外交》，http：//news.163.com/10/1104/00/6KJV1AHL00014JB5.html，2010 年 11 月 4 日。

[28] 新浪网新闻稿：《中方追加百亿美元信贷支持东盟》，http：//news.sina.com.cn/o/2011－11－19/040123490434.shtml，2011 年 11 月 19 日。

[29] 新闻稿：《香港借"一带一路"发展旅游促民心相通开展新商机》，http：//www.tengtv.com/news/show－545408.html，2016 年 6 月 17 日。

[30] 新闻稿：《中国游客邮轮赴日本可免签》，http：//money.163.com/15/0319/10/AL2H123800253B0H.html，2015 年 3 月 19 日。

[31] 叶欣梁、梅俊青：《2018 中国邮轮经济运行分析与发展预测》，上海交通大学出版社 2018 年版。

[32] 于国政、陈唯、周玲：《中国周边国家跨境旅游合作研究》，载于《旅游资源》，2015 年第 5 期。

[33] 余珍艳:《中国—东盟海洋经济合作现状、机遇和挑战》,华中师范大学硕士论文,2016年4月。

[34] 中国交通运输协会邮轮游艇分会、上海海事大学亚洲邮轮学院、中国港口协会邮轮游艇分会等编:《中国邮轮发展报告》,旅游教育出版社2018年版。

[35] 中国交通运输协会邮轮游艇分会等:《2016—2017年中国邮轮发展报告》(邮轮白皮书)。

后　记

本书是在我主持的 2016 年上海市政府发展研究中心邮轮经济专项决策咨询项目"'一带一路'背景下亚洲邮轮港口城市区域合作研究"以及"上海邮轮旅游服务贸易发展研究报告(2017—2018)"的基础上修改完善的。感谢上海市商务委、交通委、中交协邮轮游艇协会,中国港口协会邮轮游艇分会、上海吴淞口国际邮轮港发展有限公司金艳华、梅俊青,上海国际邮轮经济研究中心等为本书的撰写提供一手资料。也感谢上海对外经贸大学法学院的杨明同学,上海国际问题研究所的杨理伟同学,上海社会科学院应用经济研究所副研究员徐丽梅,研究生王吉、凌璐等对本书"创新篇"的贡献。同时,也非常感谢上海工程技术大学叶欣梁,上海港国际客运中心黄海东、徐珏慧等专家在本书写作过程中提供的帮助。本书成书较为匆忙,有待深化和完善,数据更新也不及时,敬请各位读者、业界专家谅解,不吝批评与指正!

图书在版编目(CIP)数据

亚洲邮轮旅游协同创新发展研究 / 李小年著 .— 上海：上海社会科学院出版社，2020
ISBN 978 - 7 - 5520 - 3032 - 7

Ⅰ.①亚… Ⅱ.①李… Ⅲ.①旅游船—旅游业发展—研究—亚洲 Ⅳ.①F593.068

中国版本图书馆 CIP 数据核字(2020)第 048279 号

亚洲邮轮旅游协同创新发展研究

著　　者：	李小年
责任编辑：	温　欣
封面设计：	周清华
出版发行：	上海社会科学院出版社
	上海顺昌路 622 号　邮编 200025
	电话总机 021 - 63315947　销售热线 021 - 53063735
	http://www.sassp.cn　E-mail:sassp@sassp.cn
排　　版：	南京展望文化发展有限公司
印　　刷：	常熟市大宏印刷有限公司
开　　本：	710 毫米×1010 毫米　1/16
印　　张：	20
插　　页：	2
字　　数：	206 千字
版　　次：	2020 年 4 月第 1 版　2020 年 4 月第 1 次印刷

ISBN 978 - 7 - 5520 - 3032 - 7/F・607　　　　　定价：108.00 元

版权所有　翻印必究